ULLSTEIN

Linda Georgian

Schutz-Engel

Wie wir unsere himmlischen Helfer finden

Aus dem Amerikanischen
von Christa Zettel

Ullstein

Besuchen Sie uns im Internet:
www.ullstein-taschenbuch.de

Ullstein Esoterik
Herausgegeben von Michael Görden

Aus dem Amerikanischen übersetzt von Christa Zettel

Titel der Originalausgabe
YOUR GUARDIAN ANGELS
Erschienen bei Simon & Schuster Inc., New York

Umwelthinweis:
Dieses Buch wurde auf chlor- und säurefreiem Papier gedruckt.

Ullstein ist ein Verlag der Ullstein Buchverlage GmbH, Berlin.
1. Auflage November 2004

Umschlaggestaltung: FranklDesign, München
Titelabbildung: Edward Burn Jones, Bridgeman Art Library
Druck und Bindearbeiten: Ebner & Spiegel, Ulm
Printed in Germany
ISBN 3-548-74179-7

Inhalt

FÜR ALL JENE MENSCHEN, die sich einsam fühlen, die glauben, keine Aufgabe zu haben; für die Wahrheits-Sucher, für alle Suchenden; für jene, die einen Überfluß an materiellen Reichtümern besitzen, die jedoch die spirituellen Reichtümer vermissen; für jene, die Schmerz und Not erleiden. Mögen die Engel euch allen Trost sein und Sicherheit bringen, so daß auch ihr mit den Engeln fliegen könnt.

Teil eins

Eine Reise mit den Engeln

Der Grund, weshalb Vögel fliegen können und wir nicht, ist einfach der, daß sie vollkommenes Gottvertrauen besitzen und wir nicht, weil Gottvertrauen zu haben bedeutet, Flügel zu besitzen.

J. M. Barrie: The little white bird

Eine Freundin erzählte mir zwei Witze, die sie kürzlich gehört hatte, die auf anschauliche Weise unsere Schwierigkeiten illustrieren, die wir mit der göttlichen Hilfe haben. Wie können wir wissen, wann Ereignisse von Gott dirigiert werden? Wie können wir wissen, daß die Engel, Gottes Boten, uns zu Hilfe kommen? Diese Witze, sagte sie, stimmen uns nachdenklich: Wieviel müssen wir tun? Ist es damit getan, uns einfach zurückzulehnen und auf ein Wunder zu warten? Wieviel genau ist daran UNSER ANTEIL?

Es hatte den ganzen Tag geregnet, als ein Mann mit seinem Jeep zu Mr. Jones' Haus auf dem Land hinausfuhr, um nach dem achtzig Jahre alten Farmer zu sehen.

»Mr. Jones!« rief der Mann von seinem Jeep aus dem alten Mann zu, der auf der Veranda saß. »Der Regen wird ziemlich stark, und sie sagen, daß der Fluß ansteigt. Sie sollten besser machen, daß Sie von hier wegkommen. Ich nehme Sie mit. Kommen Sie, springen Sie in den Wagen!«.

»Nein, danke«, antwortete Mr. Jones. »Mir kann gar nichts passieren. Gott wird für mich aufpassen.«

»Sind Sie sicher, Mr. Jones?« fragte der Mann.

»Ja«, versicherte Mr. Jones. »Fahr nur weiter, Junge. Gott wird auf mich aufpassen.«

Nun, es regnete und es regnete. Und am frühen Abend war Mr. Jones' Landstraße überflutet. Das Wasser stieg so hoch, daß Mr. Jones nicht mehr auf der Veranda sitzen konnte. Er kletterte auf einer Leiter auf das Verandadach und setzte sich nieder.

Ein Nachbar paddelte in einem Kanu vorüber.

»Mr. Jones, das Wasser steigt ziemlich hoch. Weshalb kommen Sie nicht mit mir?« schlug der Nachbar vor.

»Nein, danke«, bestand Mr. Jones. »Du paddle nur weiter, Junge. Gott wird auf mich aufpassen.«

Der Regen fiel die ganze Nacht. Das Wasser stieg so hoch um Mr. Jones' Haus, daß er auf das Dach klettern mußte, um trocken zu bleiben.

Um Mitternacht flog ein Polizeihelikopter ein, und Mr. Jones hörte die Stimme eines der Stellvertreter des Sheriffs.

»Mr. Jones, wir sind hier, um Ihnen zu helfen. Ich werde diesen Korb hinunterlassen, und Sie steigen hinein. Keine Angst, Sie werden sicher sein«, schrie der Sheriff-Stellvertreter.

»Nein, danke«, schrie Mr. Jones zu dem Helikopter hoch. »Sie fliegen nur weiter, Junge. Gott wird auf mich aufpassen.«

»Sind Sie sicher, Mr. Jones?« schrie der Deputy zurück.

»Ja«, bestand Mr. Jones. »Und nun fliegen Sie los! Gott paßt schon auf mich auf.«

Der Helikopter flog in die Nacht davon.

Um 2 Uhr früh geriet Mr. Jones doch in Panik. Das Wasser stand so hoch, daß es kaum noch einen trockenen Ort auf dem Dach gab. Er stand auf dem höchsten Punkt, sah in den Himmel hoch, erhob seine Hände, und rief aus: »Gott, wie konntest Du mir das antun! Ich dachte, Du würdest mich RETTEN!«

Der Himmel öffnete sich, Licht ergoß sich über Mr. Jones, und er hörte die klare, schallende Stimme Gottes: »WAS GLAUBST DU, WER DEN JEEP, DAS KANU UND DEN HELIKOPTER GESCHICKT HAT?«

Stimmt nachdenklich, nicht wahr? Wie erkennen wir göttliche Hilfe? Vielleicht glauben wir, daß sie nur in extremen Zufällen oder übernatürlichen Wundern sichtbar wird? Und wegen dieser Mißverständnisse versäumen wir die ganz normalen, sogar winzigen Dinge, die Gott uns sendet oder für uns tut.

Der zweite Witz wirft noch mehr Fragen auf.

Ein Mann betritt eines Samstagmorgens die Synagoge, um zu beten, wie er das sein ganzes Leben lang getan hat. Aber dieser Samstag ist anders. Er hat eine besondere Bitte. So bleibt er nach dem Gottesdienst, als alle anderen nach Hause gehen, in dem Gotteshaus sitzend zurück, weil er ein Gespräch mit Gott zu führen hat.

»Gott«, sagt er. »Ich brauche Deine Hilfe. Es ist nicht für mich, es ist für meine Familie. Ich muß in der Lotterie gewinnen. Meine Mutter benötigt eine Operation, mein Sohn braucht eine Zahnspange, meine Tochter will auf das College. Ich habe einfach nicht genug Geld, um für alle zu sorgen. Ich verdiene ganz gut, aber ich habe nicht genug. Sie brauchen meine Hilfe, und ich weiß nicht, was ich sonst tun kann. So, bitte, Gott, kannst Du mir helfen, in der Lotterie zu gewinnen?«

Der Mann geht nach Hause, und als die Lotterie-Gewinne der Woche verkündet werden, ist er niedergeschlagen, weil er nicht gewonnen hat. Am nächsten Samstag betet er wieder in der Synagoge.

»Gott«, sagt er, »vielleicht hast Du mich nicht verstanden, als ich letzte Woche hier war. Ich muß in der Lotterie gewinnen. Ich bin kein selbstsüchtiger Mann. Es ist nicht für mich. Es ist für meine Familie. Meine Mutter braucht eine Operation, mein Sohn eine Zahnspange, meine Tochter muß auf's College, und jetzt habe ich auch herausgefunden, daß wir eine neue Heizung brauchen! Ich habe nicht genug, um für all das zu sorgen. BITTE, GOTT, ich muß in der Lotterie gewinnen!«

Der Mann geht wieder nach Hause, und als die Lotterie-Gewinne verkündet werden, ist er sicher, daß er gewinnen wird, aber er tut es nicht. In Tränen aufgelöst betet er am folgenden Samstag in der Synagoge zu Gott.

»Gott«, ruft er aus, »kannst du meine Gebete nicht hören? Ich muß in der Lotterie gewinnen. Ich SCHWÖRE, es ist nicht für mich. Es ist für meine Familie. Ich bin ein guter Mann, ich arbeite hart, und sie brauchen so viel, und ich kann es ihnen nicht geben. Meine Mutter benötigt eine Operation, mein Sohn braucht Zahnspangen, meine Tochter Geld für's College, wir brauchen eine neue Heizung, und diese Woche fand ich auch noch heraus, daß meine Frau eine Überfunktion der Schilddrüse hat. Gott, HILF mir, in der Lotterie zu gewinnen!«

Nun, der Himmel öffnet sich, und Licht fällt in das Heiligtum der Synagoge nieder, als der Mann die Stimme Gottes hört. »SOHN, KOMM MIR HALBWEGS ENTGEGEN ... KAUFE WENIGSTENS EIN LOS!«

Wir sind in einer Partnerschaft mit Gott, der göttlichen Kraft, der Höheren Macht, wie immer es für dich richtig erscheint, ihn oder sie zu nennen.

Mr. Jones mußte lernen, Hilfe zu erkennen, wenn sie geschickt wird. Der Bittsteller mußte lernen, seinen eigenen Teil zu tun. Metaphorisch ausgedrückt, müssen wir alle erst einmal ein LOS KAUFEN.

Ich habe immer an Engel geglaubt, sogar bevor ich wußte, was sie tun.

In der Kirche hörten wir, daß sie um uns herumflattern. Und meine Mutter erzählte mir, daß die Engel immer hier sind und daß ich einen für mich alleine hätte, vielleicht mehrere. Ich glaubte ihr.

Eines Tages bekam ich auf meinem Dreirad die Idee, daß es großartig wäre, die Stiege hinaufzufahren. Ich war erst vier, wußte also nicht, daß Dreiräder und Stiegen nicht zusammenpassen.

Sobald ich an diesen brillanten Plan gedacht hatte, fühlte ich in meinem Geist die entgegengesetzte Vorstellung. Die kleine Stimme sagte: »Tu's nicht.« Aber ich war vier und wußte noch nicht, daß man auf diese kleine Stimme hören sollte, weil sie oft mehr weiß, als man selbst. Also fuhr ich mein Dreirad mutig und bestimmt die Stiege hinauf. Nun, ich versuchte es. Offensichtlich kam ich nicht sehr weit und fiel die Treppe runter. Beim Sturz schlug ich mir einen Zahn aus, aber es war nur ein Baby-Zahn. Es hätte schlimmer sein können.

Das ist meine erste Erinnerung an die kleine Stimme, das innere Fühlen ... meinen Schutzengel. Ich hatte seinen Ratschlag nicht befolgt und wünschte mir, den Zahn in der Hand, ich hätte es getan.

Schutzengel und Engel im allgemeinen nehmen einen großen Anteil in einer katholischen Erziehung ein. Ich lernte früh, daß sie mehr tun, als herumzuflattern. Meine Mutter lehrte mich, daß unsere Instinkte, die kleine Stimme, die wir alle innerhalb unserer selbst haben, oder die Intuition, die Stimme der Engel ist, die göttliche Hilfe weiterleitet. Sie erzählte mir, daß man sie immer hören kann, solange man ihr nur Aufmerksamkeit schenkt. Und daß man auch antworten kann, ja tatsächlich mit den Engeln KOMMUNIZIEREN kann. Ich hatte Glück, daß ich so früh im Leben davon erfuhr; die meisten Menschen erfahren das nicht mit so jungen Jahren. Einige Menschen erfahren es NIEMALS.

Meine Mutter war eine ziemlich bemerkenswerte Frau. Sie war auf eine Weise sehr konventionell mit ihrem Rosenkranz und ihren Kerzen, aber sie hatte auch ihre unkonventionelle Seite. Ihr ganzes Leben lang war sie fähig, Menschen mit ihren Händen zu heilen. Sie sagte, daß die Engel durch sie arbeiteten. Sie gab damit nie besonders an, aber bei Zusammenkünften der Familie wurde sie immer aufgesucht, wenn jemand unter Schmerzen litt. Man wußte immer, zu wem man gehen konnte.

Sie war auch mit großer intuitiver Kraft und einer gewissen Hellsichtigkeit gesegnet. Sie sagte, das sei ein Geschenk von Gott, Botschaften, die durch Engel überbracht werden. Sie sagte, daß ihr Vater (den ich niemals kannte, weil er bereits verstorben war) diese Gaben auch besessen hätte. Die beiden waren die einzigen in ihrer Familie, die diese Art von Fähigkeiten hatten.

Und dann kam ich des Weges.

Als ich heranwuchs, wurde langsam klar, daß ich die Gaben meiner Mutter und meines Großvaters besaß. Ich wuchs mit diesem Talent heran, mit dieser geistigen Offenheit, die ich als vollkommen normal empfand.

Mein Vater glaubte an Gott, aber diskutierte niemals Religion oder Spiritualität. Er behielt seine Gedanken für sich selbst, aber er sorgte immer dafür, daß ich am Sonntag zur Kirche ging.

Meine ältere Schwester, Sandra, fiel irgendwo in das Spektrum zwischen meinem Vater und meiner Mutter. Sie besaß ein spirituelles Empfinden, aber ihre Erfahrungen waren ziemlich milder Natur.

Als ich fünf Jahre alt war, hatte ich eine persönliche Beziehung zu meinen Schutzengeln. Ich wußte nicht nur, wie ich mich öffnen und dieser inneren Stimme vertrauen konnte, sondern wußte auch bereits, wie ich um Hilfe ersuchen konnte. Das bedeutete nicht, daß ich immer ihrer Führung folgte! Manchmal können Kinder, sogar solche, die es besser wissen, ziemlich dickköpfig sein.

Wie an jenem Tag, als ich in den Bach fiel.

Mein Spielplatz war ein 365-Morgen-Golfplatz. Mein Vater war für den Rasen des Golfplatzes der Stadt von Cleveland verantwortlich, und wir lebten in einem zweistöckigen Gebäude in dem Komplex, der das Klubhaus und ein Sportgeschäft umfaßte. Viele andere Familien lebten in der Zeit der späten vierziger und fünfziger Jahre oberhalb ihrer Geschäfte, aber meines Vaters Arbeitsplatz war nicht ein Schuhgeschäft oder ein Laden, es war ein Golfplatz.

Was für eine großartige Weise aufzuwachsen! Ich hatte eine schier unendliche Grünfläche zum Spielen und Bäume und meinen ganz privaten Bach. Ich pflegte lange Spaziergänge zu machen und zu beten, und dann kleine Frösche und Fische zu beobachten.

Eines Tages, als ich zehn war, ging ich auf dem Golfplatz entlang des Baches spazieren. Die Felsen, die das Wasser abgrenzten, waren schlüpfrig, und die kleine innere Stimme warnte mich: »Gib acht!« Aber ich ignorierte sie und ging auf den Felsen weiter, und hops! – rutschte ich geradewegs in den Bach.

Göttliche Unterstützung ist ziemlich geschickt, aber wenn Du sie ignorierst, hilft Dir das nicht besonders.

Ich kam aus dem Bach heraus, ein wenig durchnäßt, aber ansonsten war ich in Ordnung.

Meine Familie war eine typische Mittelstandsfamilie. Alle meine Großeltern stammten aus Palermo in Sizilien, und so ähnelte das Heranwachsen in meiner Familie so ziemlich dem, was man in Filmen sieht – die typisch italienische Aufregung, Emotion und Intensität.

Meine Mutter Maria und mein Vater Anthony ermutigten uns literarisch, athletisch und sozial. Die liebevolle Umgebung unseres Zuhauses, das meine Mutter mit einer Statue hier, einem Kreuz dort und vielen religiösen Bildern dekoriert hatte, gab uns die Zuversicht, die wir in der Welt draußen benötigten. Ich liebte die Schule und den Sport und liebte es, in beiden Auszeichnungen zu gewinnen: Geschichte, Englisch, Französisch, Fußball, Feldhockey, Pfadfinden, Ballspiel, Golf und Stab-Wirbeln. Ich schien eine angeborene Selbst-Disziplin zu besitzen und lernte tatsächlich GERNE, so daß mich niemand jemals daran erinnern mußte, meine Hausaufgaben zu machen oder mich für eine Prüfung vorzubereiten. Ich hatte eine Ader für Perfektionismus, und was ich mir am meisten wünschte, war, die Beste meiner Klasse zu sein.

Wenn ich eine Prüfung hatte, spürte ich, daß die Engel mir halfen. Sie beschützten mich, wenn ich Sport betrieb. Ich wuchs heran und fühlte mich gesegnet. Natürlich half es, wenn ich der inneren Stimme folgte. Wann immer ich es nicht tat, wie auf dem Dreirad und bei dem Bach, landete ich in der Patsche.

In Zeiten der Not oder wenn ich beunruhigt oder verängstigt war, pflegte ich an meine Schutzengel zu denken. Das beruhigte mich. Die Botschaft war: »Wir haben die Dinge im Griff, also hab keine Angst.«

Dann, als ich zwölf war, begannen außergewöhnliche Dinge zu geschehen.

Die Engel begannen, Überstunden zu machen.

Ich war in der Anfangsklasse der Highschool und saß eines Tages in der Klasse, als ich etwas bemerkte, was wie Farben um Kopf und Schultern meines Lehrers aussah. Dann kamen mir ein Flugzeug und das Wort »Philadelphia« in den Sinn.

Nach der Stunde sprach ich zu meinem Lehrer, und er sagte mir, daß er vorhatte, nach Philadelphia zu fliegen.

Was ging hier vor?

Später erfuhr ich, daß ich seine Aura gesehen hatte, oder das Energiefeld, das alle lebenden Dinge umgibt. Intuitiv hatte ich begonnen, Gedanken von anderen aufzunehmen. Ich erfuhr, daß man das Telepathie nannte, die häufigste Form geistiger Fähigkeiten. Das Gefühl, »etwas zu wissen«. Mit der Zeit verstärkte sich meine Intuition und trat häufiger hervor. Ich beobachtete die Dinge und entdeckte, daß ich in über 80 Prozent der Fälle recht hatte.

Als ich ein Teenager war, erzählte ich meinen Freunden nichts davon. Aber ich erzählte es meiner Mutter. »Keine Sorge«, sagte sie zu mir. »Ich habe diese Gabe auch, und ebenso hatte sie mein Vater.« Sie war also von meinem Großvater über meine Mutter an mich weitergegeben worden. Es ängstigte mich nicht, und ich dachte niemals, daß ich seltsam oder auf irgendeine Art übernatürlich begabt wäre. Es war nur ein Geschenk Gottes.

In der Zwischenzeit studierte ich hart, betrieb Sport und hatte Spaß in der Highschool. Während meiner Senior-Jahre in Warrensville Heights High war ich die Tambourmajorin im historischen Umzug der Miss Teenage Cleveland, in dem ich meinen Stab mit grenzenloser Energie und Kunstfertigkeit herumwirbelte. Ich sah wie das typische amerikanische Mädchen aus, wie eine Barbie-Puppe, mit meinem gelockten Haar, glänzenden Augen und einem strahlenden Lächeln.

Die Welt lag mir zu Füßen. Ich besaß in der katholischen Kirche eine solide Glaubensbasis, eine aufgeschlossene Meinung gegenüber Spiritualität und Metaphysik, die ich meiner Mutter, meinen eigenen Erfahrungen und meinem ständigen Fragen und Nachforschen verdankte, und ich war auf dem Weg an die Universität!

1963 schloß ich die Highschool ab, verbrachte ein Jahr an der Universität von Miami, Florida, und schrieb mich dann an der Universität von Ohio ein. Schließlich begann ich mit Freunden über meine Überzeugungen und Erkenntnisse zu sprechen. Meine Zimmernachbarinnen kamen zu mir um Rat. Sie wollten wissen, wie ihre Noten sein würden, oder ob ein Junge, den sie mochten, sie anrufen und zu einem Rendezvous bitten würde. Ich war ihre Kummerkastentante. Meine Intuition und die Unterstützung durch meine Engel wuchsen und wurden ausgeprägter. Ich fühlte mich Gott nahe und war glücklich, daß ich den Menschen helfen konnte.

1968 schloß ich mit einem Diplom in Erziehung an der Universität von Ohio ab und zog mit meiner Familie nach Fort Lauderdale, Florida. In diesem Jahr starb mein Vater, nur achtundfünfzigjährig, an Leukämie. Das Band zwischen meiner Mutter und mir wurde jetzt noch stärker.

Während meiner Jugend hatte ich manchmal, später ständig engelhafte Formen gesehen. Sie waren wie ein milchig weißer Nebel, der auf meiner Höhe schwebte, nicht über mir. Wenn mich diese engelhafte Form berührte, spürte ich Wärme und ein Prickeln und schließlich eine tiefe Entspannung.

Die Engel, die mich leiteten, vermittelten mir niemals den Eindruck, daß sie Namen hätten. Aber ich spürte, daß ich zwei Schutzengel hatte, die immer bei mir waren, einen männlichen und einen weiblichen.

Mein Berufsleben war vorgezeichnet: Ich würde Gymnastik und Sportpädagoik lehren. Mein Zusatz-Diplom im Bereich Lernstörungen machte ich am Florida Institute of Technology. Als Thema meiner Diplomarbeit wählte ich »The Nutritional Approach to Learning Disabilities« (Lernstörungen und richtige Ernährung). Mein Interesse an ganzheitlichen Gesundheitslehren hatte während meiner Kindheit begonnen, als ich nach Möglichkeiten suchte, um meine Migräne zu heilen. Meine Migräneanfälle waren so ein Segen für mich, denn die Suche nach Heilung öffnete mir Türen in die spirituelle Welt.

Als ich Anfang zwanzig war, erkannte ich, daß mein Konzept von Gott sich von einem begrenzten Verständnis, wer »Er« war, nun weiterentwickelt hatte. Ich begann zu erkennen, daß »Er« war, nun weiterentwickelt hatte. Ich begann zu erkennen, daß »Er« ein unendlicher Ozean geistiger Schwingungen ist, eine kosmische Kraft von grenzenloser Intelligenz und Liebe. Ich erkannte, daß diese Höhere Intelligenz verschiedenen Völkern unter vielen verschiedenen Namen bekannt war. »Er« ist neutral: weder Mann noch Frau, weder persönlich noch unpersönlich.

Aus einer Gewohnheit, die auf meine katholische Erziehung zurückgeht, beziehe ich mich auf Gott oft als »Er«. Aber ich dachte niemals, daß Gott eine männliche Form wäre. Ich verstand damals und verstehe heute, daß Gott eine Energie ist, unbestimmbar, nicht begrenzt durch irgendeine Religion, ein Dogma, eine Ideologie, ein Glaubensbekenntnis oder eine vorgefaßte Idee. Durch meine Studien und Reisen erkannte ich, daß wir alle als Sein Abbild erschaffen sind und daß wir uns daher bemühen sollten, uns selbst nicht zu begrenzen.

Mein erster Schritt zu diesen Reisen begann 1970, als ich mich entschloß, nach Japan zu gehen. Ich beschäftigte mich mit dem Konzept der Reinkarnation (Ich bin immer noch nicht – nicht einmal jetzt – sicher, wie ich dazu stehen soll!) und glaubte, daß ich zumindest ein früheres Leben in Japan gelebt hätte; Zeit in Japan zu verbringen schien mir ein guter Ansatzpunkt zu sein, um weiterzuforschen.

Ich würde in einem fremden Land sein, in dem ich die Sprache der Menschen nicht kannte. Ich würde sicherlich von der Führung durch Gott und seine Engel abhängen. »Ohne Reiseführer«, sagte ich zu mir, »wird das sicherlich mein Vertrauen und meine Kommunikation mit Gott auf die Probe stellen.«

Und wie es das tat! Es gibt eine besondere innere Heiterkeit, die entsteht, wenn man seinem inneren Führer folgt. Und sie begann vom ersten Augenblick an, als ich mir diese Reise vorstellte, und hielt während meines ganzen Aufenthalts in Japan an.

Sehr zur Überraschung meiner Familie und Freunde verkaufte ich von einem Tag auf den anderen mein Auto, gab meinen Job als Lehrerin auf und kaufte ein One-Way-Ticket nach Tokio. Ich war fünfundzwanzig Jahre alt und begierig darauf, die Welt zu sehen.

Einige Tage, bevor ich abreiste, sagte mir meine Intuition, daß ich eine wichtige Kontaktperson für meine Reise im Tokio-Restaurant in Fort Lauderdale treffen würde. Ohne diese ungewöhnliche Vision in Frage zu stellen, ging ich geradewegs dorthin.

Die Engel führten mich zur richtigen Zeit an den rechten Ort. Ich traf in dem Restaurant zwei japanische Geschäftsleute, die sich erboten, eine Familie in Osaka anzurufen, von der sie überzeugt waren, daß sie mich einladen würden, bei ihnen zu wohnen. Ich hatte noch nicht einmal amerikanischen Boden verlassen, und schon war mein Vertrauen in die göttliche Führung bestätigt worden.

Meinen ersten Monat in Japan verbrachte ich bei dieser Gastfamilie. Ich unternahm die üblichen touristischen Aktivitäten: Ich besuchte die Weltausstellung in Tokio, die Oper, die Märkte und kulturelle Veranstaltungen. Aber ich meditierte auch, betete und studierte östliche Philosophie.

Als ich fühlte, daß es an der Zeit war, Osaka zu verlassen und weiterzureisen, bestieg ich den Express-Zug nach Tokio.

Da ich keine Seele in dieser Stadt kannte, meditierte ich in der Bahnhofshalle und stellte mir vor, daß jemand, der Englisch sprach, zu mir kommen und mich dort hinführen würde, wo ich bleiben sollte. Plötzlich bekam ich den Eindruck, daß ich mich am falschen Ort befand. Ich erinnerte mich daran, daß ich während meines einmonatigen Zwischenaufenthaltes in Hawaii, bevor ich in Japan eintraf, die Hickam Air Force-Basis angerufen und mich erkundigt hatte, wo die größte US-Basis in Japan lag. Sie befand sich in Tachikawa, die zweitgrößte in Yokohama.

Jetzt, in der Bahnhofshalle entschied ich, daß eine von beiden mein Ziel sein würde, und nicht Tokio. Ich fühlte, daß ich nach Tachikawa gehen sollte, und bestieg den Zug für die einstündige Fahrt. Ich wußte, ich würde dorthin geführt werden, wo ich hingehörte.

Erschöpft und etwas entmutigt kam ich gegen zehn Uhr nachts an, stand alleine, ohne irgend jemand zu kennen, auf dem Bahnhof herum, neben meinen absurd großen Koffern, und dachte immer noch positiv! Weil ich wußte, daß meine Bedürfnisse, welcher Art auch immer, befriedigt werden würden. Ich wußte, daß alles zur Prüfung meines Vertrauens gehörte, also fuhr ich fort, mir selbst zu sagen: »Ich weiß, daß mich die Unendliche Intelligenz an den richtigen Ort führen wird.« Ich hatte gelernt, daß Gedanken reale Energien sind und daß wir mit ihnen unser eigenes Schicksal gestalten können.

Ich verließ den Bahnhof. Als ich durch die engen Straßen wanderte, hörte ich Musik, die aus einer Bar im zweiten Stock eines Gebäudes kam. Es war beinahe Mitternacht. Ich mußte mich ausruhen, und so ging ich hinein. Ich setzte mich, und Minuten später setzte sich eine junge japanische Frau, die ungefähr in meinem Alter zu sein schien, an meinen Tisch.

»Mein Name ist Hiroko«, begann sie. »Und Deiner?«

»Linda«, antwortete ich.

»Wo wohnst Du?« fragte sie.

Ich sagte ihr, daß ich das noch nicht wüßte.

Sie lud mich ein, zumindest diese Nacht in ihrem Haus zu verbringen. Und wo lebte sie? – In Tokio! Ich wurde nach Tachikawa geführt, um einen Aufenthaltsort in Tokio zu finden.

Die beiden Städte liegen etwa eine Stunde voneinander entfernt, und Hiroko arbeitete in der Tachikawa Air Force-Basis. Ein weiterer engelhafter »Zufall«. Ich begleitete sie am nächsten Morgen zur Arbeit. Wir fuhren mit dem kostenlosen Bus für Militärpersonal und Arbeiter der Basis. An der Bushaltestelle traf ich eine junge Amerikanerin, die mich in ihr Haus einlud, wo ich von ihrer Familie herzlich willkommen geheißen wurde.

Ihr Vater war ein Militärbeamter, der fünf Basen leitete, und er half mir, Militärpässe zu erhalten, so daß ich mit Militärflugzeugen und -bussen reisen und alle Klubs und Geschäfte in der Basis besuchen konnte. Während meines restlichen Aufenthaltes in Japan lebte ich bei dieser großzügigen Familie und arbeitete beim Roten Kreuz im Spital der Basis, wo ich im Vietnam-Krieg verwundete Soldaten betreute.

Nach einem Jahr Aufenthalt in Japan kehrte ich im Sommer 1971 nach Fort Lauderdale zurück. Ich war ruhelos, weil ich in der östlichen Philosophie keine Antworten gefunden hatte, nur mehr Wissen, das zu noch mehr Fragen führte.

Als ich versuchte, das Leben, das ich zurückgelassen hatte, wieder aufzunehmen, begann ich, noch mehr über Gesundheit und Spiritualität zu lernen. Ich entschloß mich, in meinem Beruf als Lehrerin zu bleiben, aber ich wollte mich darauf konzentrieren, eine ganzheitliche Lebensweise zu unterrichten. Ich wußte, daß ich auf diese Weise noch mehr tun konnte, anderen zu helfen, und fühlte, daß ich durch die Weiterentwicklung meiner intuitiven Fähigkeiten den Menschen eine größere Hilfe sein konnte.

Dann, in einer heißen, schwülen Nacht in diesem Sommer, saß ich einmal allein am Ufer der Biscayne Bay in Miami und realisierte, daß ich an einem Scheideweg in meinem Leben stand. Ich wußte, daß ich stärkere intuitive – physische – Fähigkeiten besaß als die meisten Menschen: Ich war hellsichtig, konnte Auren sehen und die Führung Gottes und der Engel fühlen. Ich war auf meiner Suche nach den Wahrheiten, die sich mir entzogen, in den Fernen Osten gereist. Ich hatte in vergoldeten Tempeln und in uralten Schreinen, in abgelegenen Kirchen und in großen Kathedralen gebetet. Ich hatte versucht, alles mögliche über die Menschen, die ich traf, zu lernen. Ich hatte mein Gottvertrauen auf vielerlei Weise auf die Probe gestellt. Aber ich fühlte, daß etwas fehlte.

Ich war ein normales menschliches Wesen, eine junge Frau, die, wie die meisten Menschen, manchmal durch den frivolen Lebensstil rundherum beeinflußt wurde. Obwohl ich nicht mein *ganzes* Wesen in den Dienst Gottes gestellt hatte, fühlte ich doch, daß ich von ihm für eine besondere Aufgabe ausgewählt worden war. Ich wußte nur nicht, worin diese Aufgabe bestand, und obwohl ich während des letzten Jahres wiederholt um Führung gebeten hatte, hatte ich keine klaren Antworten erhalten.

In dieser Nacht war ich verzweifelt und unglücklich. Die Wasser der Bucht hoben sich und sprühten, die dunklen Wogen brachen zu meinen Füßen, die Lichter der Stadt tanzten auf der aufgewühlten Oberfläche. Alles, was ich in diesem Moment tun konnte, war zu beten. Ich sagte Gott, daß ich in diesem Augenblick mein Leben an ihn zurückgab; daß ich nicht länger irgend etwas wollte, das nicht zu meinem besten diente.

»Ich möchte nichts mehr in meinem Leben tun außer *Deinen* Willen«, sagte ich.

Plötzlich fand ich mich selbst mit einem neuen inneren Frieden auf das ruhige Wasser starren, als ob die emotionale Reinigung, die ich soeben erfahren hatte, die Wasser der Bucht und meinen Geist gleichzeitig beruhigt hätte.

Am folgenden Morgen wurde ich durch eine Stimme geweckt.

»Linda, ich möchte Dir helfen«, sagte sie.

Überrascht setzte ich mich im Bett auf. Ich dachte, ich hätte geträumt.

»Wir werden mit Dir arbeiten und Dich führen«, fuhr die Stimme fort. »Wir werden Dir viele Möglichkeiten geben, um Dir bei der Verwirklichung Deiner gewählten Arbeit zu helfen.«

Gott hatte schließlich auf meine Gebete geantwortet. Ich fühlte, daß die Stimme göttlichen Ursprungs war. Gehörte sie einem meiner Schutzengel? Einem anderen engelhaften Wesen? War die Stimme im Raum oder in meinem Kopf? Ich kann keine dieser Fragen objektiv beantworten.

Seit diesem Morgen, dem 30. Juli 1971, wird mein Leben von Gott und seinen engelhaften Boten geleitet. Ich kann ihre Anwesenheit fühlen. Jenen, die bezweifeln, daß diese Kräfte existieren, kann ich nur zeigen, wie sie diese Kommunikation selbst erfahren können.

Während der letzten zwanzig Jahre reiste ich viel, studierte und lehrte Menschen aller Altersgruppen und Herkunft die Prinzipien einer ganzheitlichen Gesundheitslehre für Geist, Körper und Seele. Wenn wir unserer inneren Führung folgen, ist die göttliche Hilfe durch die Engel ein Meilenstein für ein gesundes Leben.

Ich lerne genauso gerne von einer weisen alten KAHUNA in den Bergen von Hawaii, wie ich mit einer Nonne in Los Angeles, einem Rabbi in Philadelphia, einem Priester in New Mexiko oder einem Atheisten in Seattle über das Universum diskutiere. Wir alle habe viel voneinander zu lernen und viele Ideen miteinander zu teilen.

Durch meine eigenen Radio- und Fernsehprogramme sowie durch Gastauftritte bei anderen und meine häufigen Vorträge hatte ich das Glück, vielen Menschen zu begegnen, die viele Geschichten zu erzählen hatten. Ich bin ihnen allen dankbar, daß sie mein Leben und das Leben vieler anderer bereichert haben.

Als ich ankündigte, daß ich Geschichten von helfenden Schutzengeln sammeln würde, um sie in ein Buch über die Kommunikation mit Engeln aufzunehmen, antworteten Menschen aus dem ganzen Land mit Briefen, Anrufen und sogar per Fax!

Diese Leute unterscheiden sich nicht von Ihrer Familie, Ihren Kollegen und Freunden. Sie alle machten Erfahrungen, die einen bleibenden Eindruck hinterließen und die in manchen Fällen ihr Leben veränderten. Sie sind Christen, Juden oder gehören keiner offiziellen Religion an. Sie sind Ärzte, Polizisten, Krankenschwestern, Hausfrauen, Journalisten, Schulkinder, Sekretärinnen, Geschäftsleute und Künstler. Sie haben eine College-Ausbildung und höhere akademische Grade oder sie haben niemals eine weiterführende Schule besucht. Sie leben in großen Städten, in Vororten, in Kleinstädten und auf dem Land. Sie sind männlich und weiblich, liberal, konservativ oder irgendwo dazwischen.

Manche wissen genau, was sie von ihren Erfahrungen halten sollen, und manche glauben aus ganzem Herzen daran, daß ihr Leben von Engeln begleitet ist. Manche hatten außerhalb ihres engsten Freundes- und Familienkreises niemals darüber gesprochen. Manche hatten bisher niemals irgend jemandem davon erzählt. Manche hatten seit Jahren in der Öffentlichkeit darüber gesprochen.

Sie alle erzählen die Wahrheit, so wie sie sie erfahren haben.

Einige ersuchten darum, unter anderem Namen genannt zu werden, aber die meisten nennen ihren wirklichen Namen.

In beinahe jeder Geschichte gab es Zeugen für die Erfahrungen.

Es scheint, als ob die Engel ihrer Arbeit ungezwungen und offen nachgehen.

Als ich im ganzen Land Vorträge über Engel hielt, waren die Menschen darauf erpicht, sich zu öffnen. Wenn ich von meinen Erfahrungen erzählte, fühlten sie sich bereit, ihre eigenen wiederzugeben. Einige der Erfahrungen, die Sie hier lesen können, stammen von Menschen, die zu meinen Vorträgen kamen oder die Interviews im Radio oder Fernsehen gehört hatten. Einige sind von meinen Klienten. Und einige sind von Leuten, die zufällig von diesem Buch hörten, die durch Freunde, Kollegen oder die Medien an mich verwiesen wurden.

Es ist wunderbar, dieses neue Interesse an den Engeln zu sehen. Sie waren immer bei uns, und obwohl ich nicht glaube, daß sie in unserer modernen Welt komplett von *allen* ignoriert wurden, waren sie für den größten Teil des zwanzigsten Jahrhunderts mit Sicherheit in der *Öffentlichkeit* außerhalb von Kirchen, Synagogen und Moscheen total abwesend.

Aber während der letzten Jahre ist das Bewußtsein für Engel wieder aufgeblüht. In Büchern, in Zeitschriften und Magazinen, bei Talk-Shows und in Nachrichtensendungen – jedermann spricht über Erfahrungen mit Engeln, über die Lehre von den Engeln und vom Anstieg des Interesses an allem und jedem, was mit Engeln zu tun hat. Göttliche Hilfe durch Vermittlung der Engel gilt nun nicht nur in bezug auf den Glauben, sondern auch in bezug auf optimale physische und emotionale Gesundheit. Sich mit der Bitte um Führung und Stärke an eine Höhere Kraft zu wenden, war immer die Basis des Zwölf-Schritte-Programmes der Anonymen Alkoholiker, und die Kraft der Engel hat bereits ihren Weg in einige der Zwölf-Schritte-Programme gefunden.

Sogar die Psycho-Neuroimmunologie, ein relativ junger Zweig der Medizin, der sich mit der Verbindung von Psyche und Körper befaßt, studiert bereits die Engel-Kraft.

Ladies' Home Journal, eine der auflagenstärksten US-Frauen-Zeitschriften, veröffentlichte die Erfahrungen von Lesern mit Schutzengeln.

Während Engel in der Kunst schon jahrhundertelang Thema waren und schon seit Jahrzehnten in Liedtexten, Filmen und TV-Programmen vorkamen, sind sie seit kurzem auch Gegenstand von Seminaren und Workshops, nationalen Konferenzen und Versammlungen und sogar von Sammler-Klubs.

Während ich dieses Buch zusammenstellte, gab CBS News gegen Ende 1993 das Resultat einer nationalen Umfrage bekannt: 67% der Amerikaner glauben an Engel, 54% glauben, daß sie einen Schutzengel besitzen, und 12% sagen, daß sie mit Engeln kommunizieren.

»Sie glauben, und daher sehen sie«, sagte CBS-Korrespondent Harry Smith.

Eine kürzliche Gallup-Umfrage zeigt, daß 80% der Amerikaner glauben, daß Gott Wunder bewirken kann. Und eine Studie des National Opinion Research Center in Chicago besagt, daß 57% der Amerikaner täglich beten, 78% zumindest einmal in der Woche, und nur 1% betet niemals.

Engel spielen in jedermanns Leben eine enorme Rolle, ob die Menschen sich ihrer bewußt sind oder nicht, ob sie das Engel-Kraft nennen oder nicht.

Wir müssen uns nur umsehen, um zu erkennen, daß eine höhere Kraft unsere Welt leitet, denn es ist einfach ein Wunder, daß wir hier sind, daß wir überleben, daß es uns gutgeht.

Wissenschaftler suchen nach Antworten und geben zu, daß das Unbekannte, das Wunderbare, die kreative Kraft im Universum schwer zu fassen ist. Sie widersteht jeder Definition. Sie kann nicht quantifiziert werden.

In ›*The Mind of God*‹ beschreibt der Wissenschaftler Paul Davies diese Suche: »Ich begann meine Forschung zu Themen wie dem Ursprung des Universums, der Natur der Zeit und der Vereinheitlichung der Gesetze der Physik und fand mich selbst dabei plötzlich auf einem Territorium, das für Jahrhunderte beinahe ausschließlich zum Bereich der Religion gehört hatte. Doch nun ist da die Wissenschaft, die entweder Antworten liefert auf das, was als dunkles Mysterium belassen worden war, oder andererseits entdeckt, daß die Konzepte, aus denen diese Mysterien ihre Kraft bezogen, tatsächlich bedeutungslos oder sogar falsch sind.« Wissenschaft und Religion versuchen ständig die Fragen des jeweils anderen Bereiches zu beantworten. Sie taten es stets und werden es vermutlich immer tun. »Durch meine wissenschaftliche Arbeit kam ich mehr und mehr zu der Überzeugung, daß das physikalische Universum so wunderbar und erstaunlich aufgebaut ist, daß ich es nicht einfach nur als bloße Tatsache akzeptieren kann.« Er stellt abschließend fest: »Da muß es, scheint mir, eine tiefere Ebene der Erklärung geben. Ob jemand diese tiefere Ebene ›Gott‹

nennen will, ist eine Frage von Geschmack und Definition.«

Werden wir jemals *beweisen* können, daß es einen Gott gibt, eine Höhere Macht, eine Universelle Intelligenz, eine Kreative Kraft? Niemand kann das heute beantworten. Können wir *beweisen*, daß es engelhafte Wesen oder Kräfte gibt? Auch das kann heute niemand beantworten.

Der sogenannte Beweis ist jedermanns individuellem Glauben überlassen. Die Geschehnisse dagegen sind auch ohne Beweis einleuchtend.

Mein Dank geht an alle jene, die so großzügig von ihrer Zeit und ihrem Herzen gaben, um ihre Erfahrungen auf diesen Seiten mitzuteilen.

Wie die Dichterin Emily Dickinson schrieb:

Ich sprach niemals mit Gott,
noch besuchte ich den Himmel;
Doch bin ich des Ortes gewiß,
als ob der Plan wär' gegeben.

Teil Zwei

Engel-Kunde

Lobt den Herrn, ihr seine Engel,
ihr starken Helden, die seine Befehle vollstrecken,
seinen Worten gehorsam!

Psalm 103,20

Religionen und Traditionen haben eine Hierarchie der Engel erstellt, eine Bürokratie, die uns verwirren und sogar von der wahren Natur der Führung und des Schutzes durch Engel ablenken kann.

Es ist nicht nötig, sich die langen Listen von Namen der Engel einzuprägen, ihre Positionen und Pflichten, weil das nicht das ist, worauf es ankommt. Was wichtig ist, ist um vieles einfacher. Wenn man die Bürokratie wegnimmt, bleibt eine Beziehung – eine persönliche Beziehung zu den GEFÜHLEN, die uns leiten, und diese Gefühle, so glauben viele von uns, sind unsere Engel.

Es ist interessant, die Geschichte der Engel zu studieren, weil uns das eine Perspektive gibt, weil sie uns den langen Weg zeigt, den der Glaube nahm, und uns mit einem Bezugsrahmen und einer Basis für unser Bewußtsein von den Engeln versorgt.

Alle Urvölker besitzen Vertrauen in das Unsichtbare, in das Universum, in eine Macht oder in Mächte, die mit uns arbeiten. Der einzige Unterschied besteht darin, wie jede Gruppe das Göttliche beschreibt.

Die Engelkunde ist reichhaltig, variierend und oft verwirrend. Jede der großen Weltreligionen, die an einen einzigen Gott glaubt, besitzt ihre eigene Version der Engel-Geschichte, ihrer Organisation und ihrer Pflichten, aber es gibt vieles, das sich überschneidet, so daß es möglich ist, allgemein anerkannte Traditionen INNERHALB von Judentum, Christentum und Islam wie auch UNTEREINANDER anzuführen.

Obwohl wir in Amerika dazu neigen, Engel mit dem Christentum und besonders mit dem Katholizismus zu verbinden, ist die Vorstellung von Engeln keine Erfindung des Christentums. Das Christentum ist nicht einmal zweitausend Jahre alt und hat vieles von seinem Wissen über Engel von anderen Religionen aus alter Zeit übernommen, vorwiegend vom Judentum, da Jesus Christus Jude war.

Christentum und Judentum haben das Alte Testament gemeinsam, in dem häufig auf Engel Bezug genommen wird. Und im Neuen Testament des Christentums nehmen die Engel weiterhin einen bedeutenden Platz ein. Sie sind bei wichtigen Ereignissen, im Alten wie im Neuen Testament immer gegenwärtig, mit Botschaften von Gott und mit ihrer Hilfe.

Während Engel in vielerlei Variationen und mit verschiedenen spezifischen Aufgaben auftreten können, stimmen diese drei Religionen doch grundsätzlich darüber ein, daß ein Engel ein BOTE Gottes ist. Und daß die Engel VOR den Menschen erschaffen wurden.

Grundsätzlich sind Engel eine Klasse für sich. Sie sind nicht die Seelen geliebter Verstorbener und waren tatsächlich niemals menschlich oder sterblich. Sie sind nicht die Götter der Griechen, Römer oder anderer Mythologien. Engel sind fähig, die Gestalt von Menschen anzunehmen, um uns zu helfen, aber sie bleiben gewöhnlich nicht für sehr lange hier, sobald ihre Aufgabe erledigt ist. Kaum dreht man sich um, sind sie verschwunden und nehmen dabei alles wieder mit, was immer sie mit sich gebracht haben mögen.

Da wir alle wissen, daß es bei jeder Regel Ausnahmen gibt, werden Sie nicht allzusehr überrascht sein zu hören, daß es hier ebenfalls eine gibt: Von dem alten Schriftgelehrten und Propheten Henoch heißt es, daß er durch den Erzengel Michael in den Himmel gebracht wurde, wo Gott ihn in einen Engel verwandelte.

Lassen Sie uns unsere Reise durch die Geschichte der Engel mit den Essenern beginnen, einer jüdischen Sekte, die vor viertausend Jahren im Mittleren Osten von Bedeutung war. Auch zu Christi Zeiten gab es noch Essener, und es wird angenommen, daß er bei ihnen während seiner Jugend lernte.

Die Essener, eine besonders spirituelle Gruppe, die sich selbst als Bruderschaft bezeichneten und einer mehr esoterisch geprägten Linie folgten als die Mehrheit der Juden, glaubten an einen Baum des Lebens mit sieben Zweigen, die sich in den Himmel erstrecken, und mit sieben Wurzeln, die in die Erde wachsen. Die Engel waren sowohl im Himmel als auch auf der Erde mit verschiedenen Aufgaben betraut. Diese Engel, die unter der Führung eines himmlischen Vaters und einer irdischen Mutter standen, besaßen keine Namen. Erst später gaben Judentum und Christentum diesen engelhaften

Schwingungen Namen und physische Beschreibungen, die vertrauten menschlichen Formen ähnelten. Die sieben Erzengel basieren auf den sieben Engeln der Essener, die im Himmel und auf der Erde arbeiteten.

In der alten persischen Religion Zoroasters gebot Gott über sieben spezielle Geister, die verschiedene Funktionen auf Erden für ihn erfüllten. Diese Religion war voller Engel und beeinflußte das alte Judentum um 1000 v. Chr. besonders im Hinblick auf die sieben besonderen Engel, die später im Christentum als Erzengel bekannt wurden.

Die spirituelle und mystische Tradition des alten Judentums blühte für Tausende von Jahren. Bei den Juden heißt es, daß, als Gott den Menschen erschaffen wollte, die Engel fragten: »Was ist der Mensch, daß Du an ihn denkst? Was suchst Du von ihm zu erhalten?«

Gott antwortete: »Er wird mein Gesetz und meine Gebote erfüllen.«

»Wir werden sie erfüllen«, boten die Engel an.

»Ihr könnt es nicht«, sagte Gott.

»Weshalb?« fragten sie.

»Es steht geschrieben: ›Stirbt ein Mensch, ihr sterbet nicht. Trägt eine Frau Kinder, ihr traget keine Kinder. Ißt ein Mensch, ihr esset nicht.«

Also geschah es während Gottes emsigen Tagen der Schöpfung, daß Er den Engeln klarmachte, daß sie nicht sterbliche Menschen sein würden. Nein, Gott hatte für die Engel anderes vor. Sie sollten mit Ihm im Himmel sein und ihm bei der ordnungsgemäßen Leitung des

Universums helfen. Sie sollten über die Menschen wachen, ihnen helfen, ihnen Botschaften von Gott bringen.

Stirbt ein aufrechter Mensch, so erscheinen ihm drei Gruppen von helfenden Engeln, die seinen Eintritt in den Himmel und in den Frieden verkünden, schreibt ein alter jüdischer Lehrer, Rabbi Me'ir. Ein anderer Gelehrter, Rabbi Phinehas, behauptet, daß es einen Engel gibt, der besonders damit beauftragt ist, unsere Gebete zu sammeln und sie Gott zu übergeben. Rabbi Joseph ben Judah lehrte im zweiten Jahrhundert, daß Engel die Menschen am Sabbat vom Tempel zurück in ihre Wohnungen begleiten.

Die jüdischen Lehren weisen auch darauf hin, daß die Engel Gottes Familie sind und daß wir, obwohl sie seine Arbeit tun, DIREKT zu Gott beten können. Im Talmud, der Sammlung jüdischer Tradition, Gesetze und Theologie, heißt es: »Befindet sich ein Mensch in Not, lasse ihn nicht Michael oder Gabriel anrufen, sondern lasse ihn direkt mich anrufen, und ich werde ihn sofort erhören.«

Engel sollten nicht Objekte der Ehrfurcht oder Verehrung sein; DAS war Gott vorbehalten. Und Engel, obwohl sie ewig leben, können doch die Herrlichkeit Gottes nicht sehen. Nur Menschen können Gott sehen, aber nicht, solange sie leben, nur im Augenblick ihres Todes.

Die ursprünglichen Lehren weisen auch darauf hin, daß ein Engel, der unter dem Gebot Gottes handelt, erstaunliche Kräfte besitzt, aber einem Sünder, der sagt: »Ich bereue«, keinerlei Schaden zufügen darf.

Die Engel im Dienste Gottes haben viele Pflichten,

aber die wichtigste ist, über uns auf Erden zu wachen. Die alten Rabbis erzählen viele Geschichten von Wundern: Wie ein Engel beispielsweise ein ertrinkendes Mädchen rettet. Das Alte Testament überliefert viele solche Erzählungen.

Man glaubte auch, daß »wenn ein Mensch seinen Weg geht, ihm eine Engelschar vorausgeht und verkündet: ›Macht Platz für das Abbild des Heiligen Einen, gesegnet sei Er‹.« Die Engel lieben und beschützen die Menschen, weil sie nach dem Abbild Gottes geschaffen sind, schreibt Rabbi Joshua ben Levi in der Mitte des zweiten Jahrhunderts.

Nach jüdischer Lehre vermehren sich die Engel nicht. Alle Engel, die jemals existieren werden, existieren bereits. Und diese Engel haben sehr viel zu tun. Sie kommen, um zu helfen, aber auch, um zu feiern. Und das ZUSÄTZLICH zu den Schutzengeln, die jeder immer um sich hat.

Wie viele Schutzengel haben wir? Die Religionen stimmen in ihren Antworten nicht überein. Nach der ursprünglichen jüdischen Lehre sind jedem Juden elftausend Schutzengel zugewiesen. Im Christentum ist die Zahl der Schutzengel, die einem Gläubigen zugewiesen sind, längst nicht so groß. Katholiken glauben, daß uns bei unserer Geburt mindestens ein Schutzengel zugewiesen wird. Das Christentum begrenzt aber die Zahl unserer Schutzengel nicht. Im wesentlichen können wir so viele haben, wie wir nach Gottes Meinung benötigen.

Bedenkt man die schwierigen Bedingungen, unter denen die Juden in alter Zeit lebten, und besonders die Verfolgung, die sich in vielen Teilen der Welt bis in die Gegenwart fortsetzt, überrascht es nicht, daß jedem Juden elftausend Schutzengel zugewiesen werden sollten.

Die jüdische Philosophie lehrt, diese Welt sei eine »Universität für die Seele«. In »Jewish Ethics, Philosophy and Mysticism« schreibt Louis Jacobs: »Jüdischer Mystizismus... ist ein Zweig der jüdischen Philosophie, aber mit größerer Betonung auf individueller Erfahrung und einer direkten Bewußtheit vom Göttlichen«, und »der Mystiker sucht in seinem persönlichen Leben jene Ideen zu erfahren, über die die Philosophen sprechen.«

Teil dieser direkten Erfahrung des Göttlichen ist der Verkehr mit Gottes Engeln. Da der jüdische Mystizismus die Grundlage für den christlichen Glauben von den Engeln bildete, finden wir große Ähnlichkeiten in den beiden Denkschulen in bezug auf Engel.

An der Wurzel des Glaubens in jeder Religion steht eine Überzeugung, die der jüdische Philosoph Joseph Albo im fünfzehnten Jahrhundert so ausdrückte: Wir dürfen nicht denken, daß etwas unmöglich ist, nur weil unser Verstand nicht erklären kann, wie es funktioniert. Da Gott und seine Engel in seinem Auftrag in unser Leben öfter eingreifen, von Zufällen bis zu größeren Wundern, sind wir an die Worte dieses Philosophen erinnert. Der Mystiker jedoch ist unersättlich neugierig und sucht die unmittelbare Erfahrung auch des Göttlichen.

Wir assoziieren Mystizismus oft nur mit den östlichen Religionen, wie Buddhismus und Hinduismus, Taoismus und Zen-Meditation, oder mit der Visionssuche der Indianer. Aber das mystische Judentum, wie es vor Hunderten und Tausenden von Jahren allgemein praktiziert wurde, und in geringerem Maße auch heute noch, ist sehr ähnlich. Während es sicherlich Unterschiede in der Annäherung und den Methoden gibt, ist das Ziel das gleiche: mit Gott eins zu werden. Die jüdische Mystik glaubt, daß der Mensch buchstäblich nach dem Abbild Gottes erschaffen ist, so daß die Mystik als Prozeß beschrieben wird, sich so lange zu vervollkommnen, bis der Mensch nichts außer Gott reflektiert.

Ein Mystiker ist nicht unbedingt ein außergewöhnlicher Mensch. Jeder – Mann, Frau oder Kind –, der Kenntnis des göttlichen und des göttlichen Aspektes aller Dinge sucht, hat etwas von einem Mystiker in sich. Jeder, der nach einem Buch über Engel greift, besitzt die Neugierde des Mystikers!

Das mystische Wissen des Judentums, aus dem der christliche Glaube an Gott, die Engel und das Universum erwuchs, ist in der Kabbala enthalten, die kein Buch ist, sondern ein System mystischer Lehren. Dieses System wurde im zwölften Jahrhundert Kabbala genannt, was »Tradition« bedeutet, es war jedoch seit alters her praktiziert worden. Seine Lehren wurden mündlich von Generation zu Generation weitergegeben. Die Kabbala ist am besten als ein Denksystem zu verstehen, als ein Weg, die Welt und den Himmel zu erfahren, ein Weg, um in die Mysterien des Universums einzutauchen.

Sie ist keine intellektuelle Beschäftigung mit oder eine Beschreibung von religiösen Gesetzen. Noch ist sie eine Interpretation von Lehrmeinungen. Sie enthält Anleitungen zu Meditation und Versenkung. Doch während bei anderen spirituellen Wegen die Schüler dazu angehalten werden, sich für ihre Suche beispielsweise an einen ruhigen Ort auf einer Bergspitze zurückzuziehen, übt sich der jüdische Mystiker in der Versenkung, während er in der Mitte seiner Gemeinschaft und der Welt lebt. Das war so seit alters her. Früher legten Mystiker großen Wert auf Visionen und Versenkung. Während des Mittelalters in Spanien und im Mittleren Osten konzentrierten sie sich auf die prophetischen Aspekte der Meditation. Europäische Mystiker, besonders in den jüngst vergangenen Jahrhunderten, beteten intensiv.

Im jüdischen Mystizismus blieb der Weg fünftausend Jahre lang der gleiche. Perle Epstein schreibt in »KABBALAH: THE WAY OF THE JEWISH MYSTIC«, daß der Suchende »Gottes Gegenwart aus den Sternen, den Menschen, der Nahrung – aus allem Leben um ihn herum destilliert. Haben sich seine Sinne weiter verfeinert, dringt er in die ätherische Welt engelhafter Wesen, reiner Farbe und reinen Klanges ein, bis er schließlich die unmanifestierte Ebene des Bewußtseins erreicht, die DEVEKUT genannt wird, das Eindringen in Gott, den höchsten Zustand, der für menschliches Bewußtsein erreichbar ist.«

Die Arbeit des Mystikers findet im Geist statt. Um schließlich die Ebene der Engel und Gott zu erreichen, übt sich der Mystiker in Meditation, Kontemplation, Gebet, Analyse, Denken und Visualisieren.

Eine verbreitete mystische Übung ist es, die Reise zu Gott zu visualisieren. Diese Reise kann am besten anhand der Metapher vom Baum des Lebens erklärt werden, eines Baums, dessen Zweige von zehn verschiedenfarbigen Sphären gebildet werden, von denen jede eine aufsteigende »Welt« oder Ebene spiritueller Erkenntnis repräsentiert. Dieser Baum wächst in einem Garten, der PARDES genannt wird. Aber bevor man in den Garten kommt, geht man durch das Reich der Ophanim hindurch, Engel, die die Form von Rädern annehmen. Diese Räder sind auch in der Engel-Hierarchie enthalten, die das Christentum später im vierten Jahrhundert offiziell verkündete.

In »THE BOOK OF DIRECTION TO THE DUTIES OF THE HEART«, einem wichtigen mystischen Anleitungsbuch aus dem elften Jahrhundert, von Bahya ben Joseph Ibn Paquda, führt die spirituelle Reise zu den Sphären der Engel und zum Einswerden mit Gott, durch die zehn Ebenen des Lebensbaumes, die jeweils durch ein Tor voneinander getrennt sind, durch das der Suchende hindurchgehen muß.

ERSTES TOR: Studium des Göttlichen in der Natur. Das bedeutet jeden Aspekt unserer irdischen Welt, vom einfachsten Organismus bis zum Menschen.

ZWEITES TOR: Geziemende Verehrung Gottes, die aus diesen Betrachtungen resultiert.

DRITTES TOR: Vertrauen. Zuversicht alleine in Gott und Vertrauen in die göttliche universelle Ordnung.

VIERTES TOR: Zustimmung. Mit Deinem Leben zufrieden werden, zu wissen, daß Du auch durch die Prüfungen des Lebens lernst und daß Du Dich in einer Partnerschaft mit Gott befindest.

FÜNFTES TOR: Heuchelei. Prüfung Deiner Aufrichtigkeit und Deines Glaubens durch Versuchung in Form von Zweifel, Zorn und Verneinung.

SECHSTES TOR: Demut.

SIEBENTES TOR: Reue. Du begegnest Deinen vergangenen Sünden, prüfst ehrlich Deine Handlungen und bereust in Wort, Gedanken und Tat.

ACHTES TOR: Prüfung der Seele.

NEUNTES TOR: Abstinenz. Selbstdisziplin, um sich der Korruption zu enthalten.

ZEHNTES TOR: Heiligkeit.

Wenn der Suchende durch das zehnte Tor hindurchtritt, verläßt er die Ebene der Furcht, die Angst vor dem Göttlichen, und tritt in die Ebene der Liebe ein, in der er die Liebe des Göttlichen direkt erfährt.

Mystiker behaupten aber nicht, daß wir nicht mit den Engeln kommunizieren könnten, so lange wir keine Visionen haben, die uns den Baum des Lebens entlang durch jedes Tor und in den Schoß Gottes führen. Wir stehen mit unseren Schutzengeln und anderen Engeln ständig in Verbindung, ob wir uns dessen bewußt sind oder nicht. Alles, was nötig ist, ist beispielsweise, daß wir Hilfe brauchen – und schon beschaffen sie sie. Es kann sich um eine Hilfe handeln, die wir sofort erkennen können oder auch erst viel später, aber ihre Hilfe ist da. Oft müssen wir nicht einmal denken, »Oh, jetzt brauche ich Hilfe«. Sie sind uns bereits einen Schritt voraus und helfen uns.

Mystiker versuchen ihren Weg bis zur Ebene der Engel und des Göttlichen zu visualisieren. Nach einer derartigen Serie von Visionen hat beispielsweise Henoch, der große alte Schriftgelehrte, die Ebenen des Himmels beschrieben. Über diese Visionen konnte der durchschnittliche Mann von der Straße vom Himmel, von den Engeln und von Gott erfahren, von ihren Pflichten und ihrer Umgebung. Die Mystiker, die diese geistigen spirituellen Reisen antraten, kamen zurück und berichteten den anderen, was sie sahen. Diese Visionen sind die Basis für alles, was auch heute noch Juden und Christen über den Himmel gelehrt wird.

Henoch, Noahs Großvater, stellte die meiste Information zur Verfügung. »Auf dem mystischen Weg zur Vervollkommnung... öffnen Einsamkeit und Gebete sein inneres Auge für die Welt engelhafter Wesen«, schreibt

Perle Epstein in »KABBALAH: THE WAY OF THE JEWISH MYSTIC«. »Bald ist Henoch fähig, sich mit Leichtigkeit zwischen der Welt der Menschen und der himmlischen Ebene der Engel hin- und herzubewegen. Als göttlicher Bote, ermuntert er die Menschen, sich von ihren vorwiegend weltlichen Tätigkeiten ab- und spirituellen Tätigkeiten zuzuwenden, während seine hoch entwickelten geistigen Fähigkeiten es ihm ermöglichen, die göttlichen Mysterien direkt von den Lippen der Engel aufzunehmen.«

Henoch unternahm viele Reisen in den Himmel und zurück und beschrieb sie in Metaphern und mit vielen Details. Während seiner letzten meditativen Reise als Sterblicher trifft Henoch beim Eintritt in den himmlischen Palast die erste Ordnung von Engeln. Sie lehren ihn Geheimnisse, und er trifft die göttliche Qualität des VERSTEHENS, eine Frau auf einem Thron. Dann trifft er einen Aspekt Gottes, von dem er sagte, er habe einen Kopf »weiß wie Wolle«, der begleitet ist von einem Wesen, das Henoch für einen Messias hält, ein Mensch, »dessen Gesicht voller Güte war, wie einer der heiligen Engel«. Henoch reist über sieben Berge, lernt von Engeln in einem Tal die Geheimnisse von Blitz und Donner und trifft schließlich Gott, den Henoch den »Alten der Tage« nennt. Sobald Henoch Ihn auf seinem Thron sitzen sieht, wird er lebend in den Himmel aufgenommen und wird zum Engel Metatron.

Der Erzengel Michael erklärt Henoch alle Geheimnisse der sieben Himmel. Gott ist von Tausenden, vielleicht Millionen von Engeln umgeben: Seraphim, Cherubim und Ophanim. Henoch sagt: »Und mein ganzer Körper entspannt sich, mein Geist wurde verklärt. Und ich rief mit einer lauten Stimme.«

Das Buch Henoch, drei Chroniken von Henochs mystischen Reisen in den Himmel und seine Beschreibung und schließliche Transformation in einen Engel, wurden um das zweite Jahrhundert v. Chr. zusammengestellt. Sie sind eine der lebendigsten Beschreibungen des Reiches der Engel und der zehn Himmel.

Im Alten Testament werden nur die Engel Michael und Gabriel mit Namen genannt. Michael reiste mit den Juden aus Ägypten und durch die Wüste, übergab Moses die Zehn Gebote und befreite Daniel aus der Löwengrube. Gabriel brachte Daniel viele Botschaften, unter ihnen die Prophezeiung vom Kommen eines Messias. Später, im Christentum, werden diese Engel Erzengel genannt.

Der Erzengel Raphael erscheint nicht im Alten oder Neuen Testament, sondern im apokryphen Buch Tobit, das die Geschichte eines Mannes, Tobias, erzählt, dem der Erzengel Raphael hilft, wobei er als Mensch auftritt.

Einige Passagen des Alten Testaments beziehen sich auf Engel als heilige Wächter, ein Bezug auf den schützenden Aspekt der Engel.

Im Alten Testament finden sich viele Beispiele dafür, daß engelhafte Qualitäten Menschen zugeschrieben werden. Bei 2. Samuel 14,17 sagt eine Magd, die König David um Hilfe ersucht, »Denn mein Herr, der König, ist gerade wie der Engel Gottes: Er hört Gutes und Böses.« Sie preist die Fähigkeiten des Königs, und bei 2. Samuel

14,20 heißt es, König David ist »weise wie der Engel Gottes, der alles weiß, was im Land geschieht«.

Im Neuen Testament überbringt Gabriel Gottes Botschaft an Maria, daß sie Jesus gebären wird, und sobald er geboren ist, verkündet Gabriel die Neuigkeit den Hirten.

Als Joseph an Maria zweifelt, weil sie schwanger ist, erscheint ihm im Traum ein Engel und sagt: »Fürchte dich nicht, Maria als deine Frau zu dir zu nehmen; denn das Kind, das sie erwartet, ist vom Heiligen Geist« (Matthäus 1,20).

Sofort nach Jesu Geburt plant König Herodes, den Neugeborenen zu töten. Wieder erscheint ein Engel Joseph im Traum, dieses Mal mit einer Warnung und einer Lösung: »Steh auf, nimm das Kind und seine Mutter, und flieh nach Ägypten; dort bleibe, bis ich dir etwas anderes auftrage; denn Herodes wird das Kind suchen, um es zu töten« (Matthäus 2,13).

Der Engel erfüllte sein Versprechen, indem er Joseph wieder im Traum erschien. »Steh auf, nimm das Kind und seine Mutter, und zieh in das Land Israel zurück; denn die Leute, die dem Kind nach dem Leben getrachtet haben, sind tot« (Matthäus 2,19-20).

Joseph, Maria und Jesus gingen nach Israel, aber nicht zurück nach Judäa, weil dort Archelaus nach dem Tod seines Vaters Herodes regierte. Aus Angst, daß der neue König den Tod von Jesus wünschen könnte, ging Joseph statt dessen in das Gebiet von Galiläa, nachdem er wieder in einem Traum gewarnt worden war.

Die Mission der Engel wird im Neuen Testament bei Hebräer 1,14 klar definiert: »Sind sie nicht alle nur dienende Geister, ausgesandt, um denen zu helfen, die das Heil erben sollen?«

Bei Hebräer 2,7 wird Jesus Rolle erklärt: »Du hast ihn nur für kurze Zeit unter die Engel erniedrigt. Du hast ihn mit Herrlichkeit und Ehre gekrönt, alles hast Du ihm zu Füßen gelegt.«

Eine der berühmtesten Erwähnungen von Engeln ist gleichfalls im Neuen Testament zu finden: »Vergeßt die Gastfreundschaft nicht; denn durch sie haben einige, ohne es zu ahnen, Engel beherbergt« (Hebräer 13,2). Man kann es eben niemals mit Sicherheit wissen, nicht wahr?

Die Himmlische Hierarchie

Auf der Grundlage der Lehren der jüdischen Mystiker, des Buchs von Henoch und anderen jüdischen und christlichen Schriften verfaßte Dionysius Areopagita im fünften Jahrhundert eine Schrift »Über die himmlische Hierarchie«, das die Basis für die heute allgemein akzeptierte Auffassung bildet.

Neun Ordnungen von Engeln umgeben Gottes Thron, und sie sind alle in drei Gruppen oder Triaden geteilt. Innerhalb jeder Triade gibt es drei Arten von Engeln, die Chöre genannt werden. Die erste Triade ist Gott am nächsten, gefolgt von der zweiten und der dritten. Der erste Chor der ersten Triade ist Gott am allernächsten, und so geht es rangabwärts weiter.

Erste Triade
1. Seraphim
2. Cherubim
3. Ophanim

Zweite Triade
4. Herrschaften
5. Mächte
6. Gewalten

Dritte Triade
7. Fürstentümer
8. Erzengel
9. Engel

Die Chöre der ersten Triade sind Engel, die immer vor dem Angesicht Gottes stehen. St. Thomas lehrte, daß diese Chöre niemals auf die Erde kommen. Sie sind auch als Gottes »vertraute Engel« bekannt.

Hauptaufgabe der Seraphim ist das ewige Umkreisen von Gottes Thron, während sie auf Hebräisch ein Gebet singen, das bis heute Teil des jüdischen Gottesdienstes ist, bekannt als Kadosh. Jeder Seraphim singt: »Heilig, Heilig, Heilig ist der Herr der himmlischen Heerscharen, die ganze Erde ist erfüllt von Seiner Herrlichkeit.« Das wurde als ein Gesang der Schöpfung und der Schwingung der Liebe interpretiert. Diese Engel sind reines

Licht und reiner Gedanke. Propheten, die sie in Visionen sahen, sagen, sie sehen wie »flammende Engel« aus.

Die CHERUBIM bewachen den Weg zum Baum des Lebens, östlich vom Garten Eden. Oft werden die Cherubim als Verkörperung von WISSEN gesehen. Der Prophet Hesekiel sah vier Cherubim mit jeweils vier Gesichtern und vier Flügeln. Und obwohl sie am häufigsten auf diese Art beschrieben werden, haben doch Maler und Künstler der späteren Jahrhunderte die dicklichen, kindhaften Engel ihrer farbenprächtigen Werke ebenfalls Cheruben oder Cherubim genannt.

Die OPHANIM, auch als Räder oder Throne bekannt, sind Gottes Mittel zur Fortbewegung. In Hesekiels Visionen befuhren Cherubim diese Räder mit vielen Augen und Flügeln, und Henoch sagte, sie sähen wie »feurige Kohlen« aus.

Die CHÖRE DER ZWEITEN TRIADE sind die dienenden Engel, die die größeren Dinge des Universums hüten.

Die HERRSCHAFTEN überwachen die himmlische Arbeiterschar und regeln die Pflichten jedes Engels.

Die MÄCHTE bewirken Wunder und spenden den Menschen Mut. Je zwei Mächte begleiteten Christus in den Himmel und assistierten Eva bei der Geburt von Kain. Sie segnen auch mit Gottes Gnade.

Die GEWALTEN beschützen den Himmel vor Dämonen.

Es gibt auch die Ansicht, daß sie über unsere Seele wachen, während wir den ständigen Kampf zwischen Gut und Böse austragen. Sie dienen den Seelen als Führer, die nach dem Austritt aus dem Körper die Orientierung verlieren. Wegen ihres fortgeführten Kampfes gegen das Böse glauben einige, daß die Gewalten die meisten Engel an Luzifer verloren, als dieser versuchte, die Kontrolle über den Himmel zu übernehmen, unterlag und dann in die Hölle fiel, wo er als Satan, assistiert von anderen gefallenen Engeln, regiert.

Die CHÖRE DER DRITTEN TRIADE sind die dienenden Engel, die uns hier auf der Erde direkte Aufmerksamkeit schenken.

Die FÜRSTENTÜMER beschützen Religionen, Nationen und Städte.

Die ERZENGEL sind die wichtigsten Abgesandten und Boten zwischen Gott und den Menschen. Der Islam erkennt vier Erzengel an, während Judentum und Christentum sieben nennen. Alle haben Namen, besitzen besondere Pflichten und Qualitäten und werden oft mit menschlichen Charakteristiken beschrieben.

Die ENGEL sind den Menschen am nächsten und schließen unsere Schutzengel ein. Im Hebräischen heißen sie mal'akh, was »Boten« bedeutet. Das englische Wort ANGEL und das deutsche Wort ENGEL kommt vom griechischen ANGELOI, was gleichfalls »Bote« bedeutet.

Die Erzengel

Unter den zahllosen Engeln, die die himmlischen Bereiche bevölkern, sind jene, denen von den vielen Religionen und Kulturen der Welt Namen gegeben wurden. Das sind die Engel, von denen wir seit unserer Kindheit hörten, jene, die uns erfreuten und die ihre Weisheit nicht nur in der Bibel oder anderen religiösen Geschichten weitergaben, sondern die auch in unsere volkstümlichen Erzählungen einflossen.

Im Buch Henoch, drei Chroniken, die um das zweite Jahrhundert v. Chr. zusammengestellt wurden, beschreibt Henoch seine Reise in den Himmel. Hier beobachtet er die Engel in all ihrer offiziellen Pracht. Er beschreibt ihre Positionen, Pflichten und Charaktere, ihre äußere Erscheinung und ihre Geschichte. Er stellt sogar ein »Who's Who« der Engel zusammen, das sieben Erzengel nennt, »die heiligen Engel, die wachen«. Diese werden heute, gemeinsam mit einigen anderen, die über die Jahrhunderte hinweg ihren Platz in der Liste fanden, sowohl von Juden wie auch von Christen im allgemeinen als Gottes heiligste, vertrauteste Engel betrachtet.

Henoch, der schließlich in den Himmel aufgenommen und in den mächtigen Engel Metatron verwandelt wurde, schrieb seine Bücher, als er noch ein irdischer Schriftgelehrter war. Er teilt die sieben Erzengel wie folgt ein:

* URIEL	steht über der Welt.
* RAPHAEL	steht über den Seelen der Menschen.
* RAGUEL	rächt sich an der Welt der Lichtkörper.
* MICHAEL	steht über dem größten Teil der Menschheit und über dem Chaos.
* SARAQUEL	steht über den Seelen, die im Geist sündigen.
* GABRIEL	steht über dem Paradies, den Schlangen und den Cherubim.
* REMIEL	steht über jenen, die aufsteigen.

Sieben Erzengel sind auch im katholischen Buch Tobit erwähnt, in dem der Erzengel Raphael sie als Engel beschreibt, die »bereitstehen und der Herrlichkeit Gottes vorausgehen«. Das »el« am Ende jedes Engelnamens bedeutet »scheinendes Wesen«.

Dionysius, der im fünften Jahrhundert das Werk »ÜBER DIE HIMMLISCHE HIERARCHIE« schrieb, mit einer hierarchischen Auflistung von Engeln und himmlischen Wesen, die noch heute allgemein anerkannt wird, behauptete, daß die Erzengel Boten sind, die göttliche Verordnungen weitergeben und damit das wichtigste Verbindungsglied zwischen Gott und der Menschheit darstellen. Sie befehligen die Engel im Himmel, schrieb er, und sie bekämpfen die Söhne der Finsternis.

Nur Michael und Gabriel sind im Alten Testament namentlich erwähnt. Im Neuen Testament werden die sieben Engel, die gemäß der Offenbarung vor Gott stehen, zumeist als Erzengel betrachtet.

Fünfzehn berühmte Engel, von denen viele als Erzengel angesehen werden, erhielten in der Engelkunde die größte Aufmerksamkeit und nehmen bis heute in unserer Vorstellung einen wichtigen Platz ein.

Michael

Michael ist wohl der berühmteste und am beständigsten genannte Engel überhaupt. Katholiken kennen ihn auch als »heiligen Michael«. Gemeinsam mit Gabriel, Raphael und Uriel wird Michael als einer der großen Engel angesehen. Diese vier stehen in Christentum, Judentum und Islam immer an der Spitze der Liste der Erzengel. Michael, dessen Name bedeutet »Wer ist wie Gott?«, soll Gott am nächsten sein. Er wird als der mächtigste Verteidiger des Himmels beschrieben, der Engel, der den Kampf gegen das Böse führte und Satan und die gefallenen Engel aus dem Himmel verbannte.

»Michael ist der Atem des Geistes des Erlösers, der am Ende der Welt den Antichristen bekämpfen und vernichten wird, wie er es am Anfang mit Luzifer tat«, sagte der hl. Thomas.

Michael wurde durch die ganze Biblische Geschichte hindurch als Beschützer und Verteidiger des jüdischen Volkes verstanden. Er zog mit ihnen von Ägypten und durch die Wüste. Es war Michael, der Mose die Zehn Gebote von Gott übergab. Mit dem Heraufkommen des Christentums wurde Michael als »der Verteidiger der katholischen Kirche« bekannt. Katholiken kennen ein besonderes Gebet an den Erzengel Michael, in dem sie ihn um Schutz vor allem Bösen bitten. Als Engel des Letzten Gerichtes wird Michael angerufen, wenn Menschen krank sind, und besonders, wenn der Tod naht. Während des Mittelalters glaubte man, Michael geleite die Seelen in das Leben nach dem Tod. Auch heute noch wird sein Geist angerufen, wenn Menschen beten: »Heiliger Sankt Michael, bitte für uns, jetzt und in der Stunde unseres Todes«.

Michael war immer ein vielbeschäftigter Erzengel. Er hielt Abraham davon ab, seinen Sohn Isaak zu opfern (obwohl dies in einigen Überlieferungen dem Engel Metatron zugeschrieben wird), er erschien Mose in dem brennenden Dornbusch, errettete Daniel aus der Löwengrube und erschien Johanna von Orléans.

Die Essener betrachteten Michael als den Engel der Erde, der den Körper regeneriert. In den Schriftrollen vom Toten Meer wird er als »Fürst des Lichtes« bezeichnet.

So wichtig war Michael, daß er sogar durch einen eigenen Feiertag geehrt wurde. Das Michaeli-Fest entstand im Römischen Reich im fünften Jahrhundert und bekam während des Mittelalters, als Michael als Schutzheiliger der Ritter galt, sogar noch mehr Bedeutung. In der römisch-katholischen und der anglikanischen Kirche wird Michaeli am 29. September begangen. In der griechischorthodoxen, armenischen und koptischen Kirche ehrt man ihn am 8. November.

In England ist es Sitte, zu Michaeli eine gebratene Gans zu essen, ein Brauch, der auf frühere Jahrhunderte zurückgeht, als eine Gans Teil der Pachtzahlungen an die Grundbesitzer war. »Ißt Du eine Gans zu Michaeli, wirst Du während des ganzen Jahrs keinen Geldmangel leiden«, besagt ein altes englisches Sprichwort. In Großbritannien ist Michaeli traditionell einer der vier Tage des Jahres, an denen bestimmte Rechnungen eingezogen werden, der vierteljährliche Gerichtshof beginnt und ein akademisches Jahr in Oxford und Cambridge beginnt.

Kaiser Konstantin schrieb seine Siege Michaels Schutz zu und erbaute ihm zu Ehren nahe Konstantinopel eine Kirche, das Michaelion. Die Kirche zog eine Flut von Pilgern an, von denen viele krank waren und von denen es heißt, daß sie durch Michaels Vermittlung geheilt wurden. So stark war der Glaube in dieses Erzengels Kraft von Gott, daß quer durch Europa Kirchen zu seinen Ehren erbaut wurden. Christen in Ägypten weihten ihm sogar den Nil!

In der Kunst wird Michael gewöhnlich mit einem blank gezogenen Schwert dargestellt, aber in der islamischen Tradition heißt es, daß er smaragdgrüne Flügel mit safranfarbenen Haaren besitze, jedes mit Millionen von Gesichtern, Mündern und Zungen.

In der Hierarchie der Himmel herrscht Michael über den Vierten Himmel.

Es ist Michael, der erscheinen wird, wenn sich die

Welt in größter Not befindet, so besagt das Buch Daniel im Alten Testament.

Gabriel

Gabriel ist nach Michael der zweitwichtigste Erzengel und sitzt zur linken Hand Gottes. Gabriel, dessen Name bedeutet »Gott ist meine Stärke«, ist der einzige weibliche Erzengel, obwohl die Diskussion über sein oder ihr Geschlecht noch andauert, weil sie sich bei verschiedenen Gelegenheiten auch männlich gezeigt hatte und es den männlich dominierten Gesellschaften immer widerstrebte, die Möglichkeit und die Bedeutung eines weiblichen Erzengels anzuerkennen.

Gabriel wurde immer mit Empfängnis und Geburt assoziiert. Als Engel der Inkarnation sagte sie Daniel das Kommen eines Messias voraus, verkündete Maria, daß sie Jesus gebären werde, und erzählte Zacharias, daß seine Frau Elisabeth Johannes den Täufer zur Welt bringen werde. In der katholischen Kirche entspricht das Ave-Maria dem Gruß, den Gabriel bei Verkündigung der wunderbaren Empfängnis Maria gab. »Gegrüßet seist Du, Maria, voll der Gnade, der Herr ist mit Dir, gesegnet bis Du unter den Frauen.«

Gabriel soll auch Jesu Geburt den Schafhirten von Bethlehem verkündet haben. Anschließend leitete er den Gesang der Engel: »Ehre sei Gott in der Höhe und Friede den Menschen auf Erden, die guten Willens sind.«

Gabriels Emblem ist die Lilie, die Empfängnis symbolisiert, und es heißt, daß sie die Seelen während der neun Monate im Mutterleib unterweist. Die alten Essener betrachteten sie als den Engel des Lebens, »der in die Glieder eintritt und dem Körper Stärke gibt«. Mit Bezug auf Leben anderer Art wird sie als Erwecker, als Engel der Träume, Engel des Wissens und in der jüdisch-christlichen Tradition auch als Engel der Verkündigung, der Auferstehung, der Gnade und der Offenbarung bezeichnet.

Sie regiert den Ersten Himmel, wo Adam und Eva leben, den Himmel, der unserer Welt am nächsten ist, und wurde so auch als Verwalterin von Eden bezeichnet. Als Erzengel, der das Paradies hütet, koordiniert sie alle anderen Engel.

Im Alten Testament hat der Prophet Daniel sowohl in Visionen wie auch während Gebeten engen Kontakt mit Gabriel, und in Kapitel 10, Vers 5 und 6, beschreibt er Gabriel als einen Mann »der in Leinen gekleidet war und einen Gürtel aus feinstem Gold um die Hüften trug. Sein Körper glich einem Chrysolith, sein Gesicht leuchtete wie ein Blitz, und die Augen waren wie brennende Fackeln. Seine Arme und Beine glänzten wie polierte Bronze. Seine Worte waren wie das Getöse einer großen Menschenmenge.«

Gabriel wurde auch mit 140 Flügelpaaren gesehen.

Eines der eindrucksvollsten Wunder im Alten Testament, die Teilung des Roten Meeres, wird Gabriels Einschreiten im Auftrag Gottes zugeschrieben.

Im Islam gilt Gabriel als Engel der Wahrheit und wird

niemals weiblich gesehen. Im Koran, dem heiligen Buch des Islam, den Gabriel Mohammed im Jahr 610 diktierte, erfreut sich Gabriel, nicht Michael, des Titels »Anführer aller Engel«.

Der Erzengel Gabriel gilt als Herrscher über die Cherubim und wird auch als Heiliger verehrt. Er ist der Engel aller guten Nachrichten. Katholiken begehen das Fest des heiligen Gabriel am 24. März.

Raphael

Der drittwichtigste Erzengel ist Raphael, »der Glänzende, der heilt«. Gott gab Raphael die Kraft zu heilen und die Fähigkeit, Menschen aus Gefahren zu retten. Er wird im Alten und im Neuen Testament nicht namentlich genannt, nimmt jedoch im Buch Tobit eine zentrale Stellung ein. Hier erfahren wir am meisten über dieses freundliche, humorvolle und sanfte himmlische Wesen, das als Anführer der Schutzengel bekannt ist. In dieser Erzählung erscheint er als ein Mann mit Namen Asarja und hilft Tobias auf unterschiedlichste Weise während einer gefährlichen Reise. Erst gegen Ende enthüllt er seine wahre Identität als Raphael. Er lehrt Tobias, Teile eines Fisches als Heilmittel zu verwenden, er beschützt ihn vor Gefahr, und er spielt sogar den Heiratsvermittler und findet für ihn eine schöne, tugendhafte und reiche Frau.

Der Name Raphael bedeutet »Gott hat geheilt« oder »Medizin Gottes«.

Es heißt, daß er die Wunden von Märtyrern heilt und

sie in ihren Qualen tröstet. Wegen seines großen Erfolgs bei der Beschützung Tobias' wird Raphael auch heute noch zum Schutz von Reisenden angerufen. Ebenso ist er Schutzpatron der Kranken und Verletzten, und es heißt, daß er Krankenhäuser besucht.

Im Alten Testament war es Raphael, der den Schmerz von Abrahams Beschneidung linderte und der Noah das Buch des Engels Raziel gab, das nicht nur medizinisches Wissen enthielt, sondern auch alle notwendigen Informationen zum Bau der Arche.

Der Engel der Sonne der alten Essener, der dem Körper das Feuer des Lebens gibt, war wohl Raphael. Als Engel der Wissenschaft und der Erkenntnis oblag ihm auch die Aufgabe, den Baum des Lebens in Eden zu hüten.

Offiziell regiert Raphael über den Zweiten Himmel und ist der oberste Anführer der Mächte.

Uriel

Mit Uriel ist die oberste Staffel der Erzengel komplett. Als einer der vier Engel, die vor dem Angesicht Gottes stehen, tritt Uriel den Seelen der Sünder entgegen und zieht sie für ihre Handlungen zur Verantwortung. Er ist als Engel der Reue bekannt und sein Name bedeutet »Feuer Gottes«. Sein Symbol im Christentum ist eine offene Hand, die eine Flamme hält. Er ist ein Engel, dem man lieber nicht begegnen möchte, wenn man Unrechtes getan hat. Er war angeblich der Erzengel, der mit einem feurigen Schwert in der Hand am Tor zum Garten

Eden stand. Seinem Bild entsprechend wacht er auch über Gewalt und Donner.

Als Engel der Musik besitzt Uriel jedoch nach christlicher Tradition auch eine freundlichere Seite. Im Islam ist Israfel das musikalische himmlische Wesen, und im Judentum ist es Metatron, der Meister der himmlischen Gesänge genannt wird. Uriel ist auch der Engel der Poesie.

Im Alten Testament wurde Uriel von Gott gesandt, um Noah vor der Sintflut zu warnen. Gemäß jüdischer Tradition gab er den Juden die mystische Kabbala. Er ist der Engel, der Prophezeiungen interpretiert.

Raguel

Raguel bedeutet »Freund Gottes« und als solcher begleitet im Buch Henoch dieser Erzengel Henoch in den Himmel. Henoch schreibt, daß er »Rache an der Welt der Gestirne« nimmt, aber das bedeutet nicht, daß Raguels Aktivitäten nur negativ sind. Er richtet jedoch über seine Mitengel und es heißt, daß er auch über ihr gutes Benehmen wacht.

Saraquel

Der Erzengel Saraquel ist auch als Sariel bekannt. Er richtet wie Raguel ein wachsames Auge auf seine himmlischen Kollegen. Henoch schrieb, daß Saraquel für das Geschick der Engel verantwortlich ist, die das Gesetz übertreten. Wie Raphael ist auch dieser Erzengel ein Heiler, und viele sind der Ansicht, daß er Mose unterrichtete.

Remiel

Dieser Erzengel ist auch unter dem Namen Ramiel, Jeremiel und Phanuel bekannt. Sein Name bedeutet »Gnade Gottes« und »Angesicht Gottes«. Beides bezieht sich auf seine primäre Aufgabe, als Engel der Hoffnung die Seelen vor Gericht zu führen und diejenigen, die den Eintritt ins Paradies erwarten, nach dem Tod zu beaufsichtigen.

Er wird in der Kabbala genannt, dem mystischen Weisheitssystem, das den Weg der Seele zu Gott und die Kommunikation mit Engeln beschreibt. Als Engel, der für alle »wahren Visionen« zuständig ist, interpretiert er diese für die Sterblichen.

Metatron

Im mystischen Judentum, besonders in der Kabbala, gilt Metatron als übergeordneter Engel, der sogar Michael an Bedeutung überragt. Sein Name bedeutet »Dem Thron am nächsten«, und die jüdisch-christliche Welt kennt ihn als Fürsten des göttlichen Angesichts, Engel der Bundeslade und König der Engel, dessen schwere Verantwortung in der Erhaltung der Welt besteht. Seine Pflichten überschneiden sich mit jenen der anderen Erzengel und Engel. Im Talmud ist er das direkte Verbindungsglied zwischen Gott und der Menschheit, und in der Kabbala spiegelt sich seine Bedeutung im Titel »Engel des Herrn« wider.

Er soll 36 Flügel besitzen, je sechs mal sechs, und unzählige Augen, die er zweifellos benötigt, um über die ganze Welt, wie wir sie kennen, zu wachen. Im Judentum ist Metatron auch der Meister des himmlischen Gesanges. Mit einer Größe zwischen 2,5 m und 4 m ist er der größte Engel und eine ziemlich imposante Erscheinung. Teil seiner Mission ist es, diejenigen zu strafen, die nicht gehorchen.

Henoch, der große Schriftgelehrte, der schließlich für immer in den Himmel aufgenommen wurde, wurde von Gott mit Hilfe des Erzengels Michael in Metatron verwandelt, indem er ihn ölte und als Engel kleidete. Da Henoch als Schriftgelehrter bekannt war, wurde Metatron zum himmlischen Schreiber, der alles aufzeichnet, was in der himmlischen Welt geschieht.

Was wäre die Engelkunde ohne einander widersprechende Interpretationen und Geschichten? Metatron wird weithin als himmlische Manifestation von Henoch anerkannt, aber in manchen Kreisen heißt es auch, er sei bereits bei der Schöpfung anwesend gewesen, also lange bevor Henoch auf Erden wandelte.

Metatron hat einen Zwillingsbruder, Sandalphon, von dem es heißt, daß er den Fünften Himmel regiert.

Raziel

Der Name Raziel bedeutet »Geheimnis Gottes«, und dieser bedeutende Engel ist als »Engel der geheimen Regionen und der höchsten Mysterien« bekannt. Von ihm stammt das »Buch des Engels Raziel«, das allerdings nicht in dem Sinne geschrieben ist, wie wir auf Erden Bücher schreiben. Es findet sich in keiner Bibliothek und in keinem Archiv, denn in diesem Buch hat Raziel in der Sprache der Engel alles himmlische UND irdische Wissen niedergeschrieben.

Die Legende berichtet, daß er dieses »Buch« Adam übergab. Von dort kam es schließlich in die Hände von Henoch, der Teile daraus in seine Schriften übernahm. Auch Salomon hatte das Buch des Engels Raziel in seinem Besitz. Wo es danach verschollen ist, weiß niemand mit Sicherheit – zumindest nicht auf Erden. Eine mündliche Version ist jedoch Teil der mystischen Traditionen der Kabbala.

In seinem Buch erläutert Raziel fünfzehnhundert Schlüssel zu den Mysterien des Universums, aber unglücklicherweise sind sie in der Sprache der Engel niedergeschrieben, die sogar manche der größten Engel nicht verstehen.

Der Sohar, ein weiteres mystisches Werk im Judentum erklärt, daß Raziel jeden Tag auf dem Gipfel des Berges Horeb steht und diese Geheimnisse der ganzen Menschheit enthüllt.

Raziel hat auch offizielle Pflichten im Himmel. Er ist

der Oberste der Throne. Meist wird er als hell leuchtendes weißes Feuer beschrieben.

Anael

In der alten Lehre der Essener entspricht Anael dem Engel der Luft, der den Körper mit Luft versorgt. Er regiert den Dritten Himmel und ist einer der Herrscher der Fürstentümer.

Zebul

Zebul regiert den Sechsten Himmel am Tag.

Sabath

Sabath regiert den Sechsten Himmel bei Nacht.

Cassiel

Cassiel regiert den Siebenten Himmel, wo Gott lebt, umgeben von Seraphim, Cherubim und Ophanim.

Luzifer

Er war ursprünglich Gottes meistgeliebter Engel, doch er rebellierte und wurde mit vielen anderen Rebellen aus dem Himmel verbannt. Er trat seine Herrschaft in der Hölle an und ist auch als Satan bekannt.

Moroni

Moroni, der Engel der Mormonen, erschien Joseph Smith 1823 im Staate New York und führte ihn zur Entdeckung und Übersetzung von Schriften, die zum Buch Mormon wurden. Smith gründete dann die Mormonen-Sekte, die Kirche Jesu Christi der Heiligen der letzten Tage.

Erst im vierten Jahrhundert wurden Engel zu einer Hauptthematik in der Kunst.

Künstler gaben ihren Engeln Flügel, wodurch alle Ordnungen ziemlich ähnlich aussehen. Es wird angenommen, daß das geschah, um sie in den Zeichnungen, Gemälden und Skulpturen von den Menschen unterscheiden zu können.

Während der folgenden Jahrhunderte waren Engel und Engelskunde in kulturellen Kreisen und Künstlerkreisen große Mode. Die Museen sind voll mit religiösen Kunstwerken vom Mittelalter bis zur Renaissance, und viele davon zeigen Engel oder haben sogar Engel zum Hauptthema.

Auch in religiösen Kreisen, besonders innerhalb der katholischen Kirche, waren Engel stark in Mode.

Heilige sprachen häufig über Engel und bezogen sie in ihre Schriften ein. Der heilige Klemens, der heilige

Gregor der Große, Origenes und andere christliche Weise lehrten, daß jedes Land, jedes Städtchen, jede Stadt, jedes Dorf und jede Familie einen Schutzengel besitzt.

Es heißt, daß die Erzengel Michael, Raphael, Gabriel und Uriel, die gemeinsam die Schutzengel beaufsichtigen, auch über die Nationen, Staaten und Städte wachen. Schutzengel, sei es von Völkern oder von Individuen, werden auch Wächter genannt.

Ein besonderer Engel, nahm man an, wacht über jede Stunde, jeden Tag, jede Nacht, jeden Monat und jede Jahreszeit.

Engel wurden auch anderen Bereichen zugeschrieben, zum Beispiel Matriel dem Regen, Sahaquiel dem Himmel, Shalgiel dem Schnee, Ramiel dem Donner, Gabriel den Träumen, Yroul der Angst, Zadkiel dem Gedächtnis, Rampel den Bergen und Achiaih der Geduld. Der heilige Thomas lehrte, daß jeder Stern, jeder Planet, die Sonne und alle anderen Himmelskörper jeweils einen Engel besitzen, um Unordnung unter den Millionen Sternen, die durch den Raum wirbeln, zu vermeiden.

Juden und Christen glauben gleichermaßen, daß die wichtigste Aufgabe der Engel die Fürsorge für die menschliche Rasse ist und daß jedem von uns bei der Geburt ein Schutzengel zugewiesen wird, der uns durch unser irdisches Leben führt und uns begleitet.

Der heilige Cyril sagte: »Wir brauchen die Mächte der Finsternis nicht zu fürchten, denn es steht geschrieben: Die Engel des Herrn werden sich um jene lagern, die ihn ehren, und sie befreien.«

Erst im zwölften Jahrhundert entstand in Spanien die Bezeichnung Kabbala für die mystischen Lehren der Juden, die eine Menge an Engelkunde enthalten, da der Weg zu Gott mit der Unterstützung von Engeln beschritten wird. Der Name Kabbala stammt von dem jüdischen Philosophen Ibn Gabriel und bedeutet »Empfangen« oder »Tradition«.

Eine der vielen Lehren der Kabbala konzentriert sich auf die zehn Engel oder die zehn göttlichen Attribute des Universums: Grundlage, Herrlichkeit, Ewigkeit, Schönheit, Kraft, Gnade, Kenntnis, Weisheit, Verständnis und Krone. Diesen zehn Engeln begegnet man bei der Reise durch den Baum des Lebens.

Im dreizehnten Jahrhundert brachte Moses de Leon, gleichfalls in Spanien, den Sohar in den Blickpunkt der Aufmerksamkeit. Dieser ausführliche mystische Kommentar zur Thora enthält auch andere Lehren. Sohar, was »Licht« bedeutet, wird auch das »Buch der Herrlichkeit« genannt und wird immer noch als eine der bedeutendsten der wenigen schriftlich fixierten kabbalistischen Lehren angesehen.

Als Moses de Leon den Sohar enthüllte, sagte er, daß er von dem Lehrer Rabbi Simeon ben Yohai im zweiten Jahrhundert aufgrund besonderer Mysterien, die von Gott verkündet wurden, niedergeschrieben worden sei.

Unter diesen Mysterien befinden sich die HÖHEREN WELTEN, jene spirituellen Welten, die den Menschen verborgen sind, und die OFFENBARTEN WELTEN, wie unsere eigene Erde. Der Sohar weist darauf hin, daß unsere Welt nicht ohne die anderen verstanden werden kann, da sie so sehr miteinander verwoben sind.

Die mystische Philosophie des Judentums verschwand im siebzehnten Jahrhundert von der Oberfläche und erschien im achtzehnten Jahrhundert als chassidische Bewegung in Osteuropa wieder. Der auffälligste Unterschied zwischen dieser Bewegung und jenen, die in den vergangenen Jahrhunderten Versenkung praktiziert hatten, war die Verfügbarkeit. Die Chassidim machten ihre mystischen Lehren für die Massen verfügbar, statt sie auf einige wenige auserwählte Gelehrte zu beschränken.

Im Christentum waren Engel und andere religiöse Figuren nicht mehr die beliebtesten Sujets der Künstler, aber sie blieben in den Herzen, den Gedanken und dem Wissen der Menschen sogar dann noch erhalten, als die Kirchen in vielen westlichen Ländern nicht länger die Regierungen dominierten.

Die größte Aufmerksamkeit erhielten Engel im Katholizismus, wo die Erzengel auch als »Heilige« bezeichnet wurden. Katholische Kinder wurden ermutigt, zu den Engeln zu beten und sie um göttlichen Schutz und Hilfe zu bitten.

Johanna von Orléans hatte im fünfzehnten Jahrhundert Visionen von Engeln, die sie beauftragten, Frankreich von den Engländern zu befreien. Im späten achtzehnten Jahrhundert, während er für die amerikanische Unabhängigkeit von den Briten kämpfte, berichtete George Washington, daß er gleichfalls einen Engel gesehen habe.

Im zwanzigsten Jahrhundert hatte jedoch Skeptizismus sich durchgesetzt. War man nicht Priester, Nonne, Geistlicher oder Rabbi, und erhob den Anspruch, einen Engel gesehen oder gefühlt zu haben oder von einem Engel Hilfe erhalten zu haben, löste das im besten Fall Gelächter aus, oder man wurde einfach für verrückt erklärt. Und Geistliche, die solches behaupteten, wurden oft von den Massen als religiöse Fanatiker abgetan. Ironischerweise glaubten jedoch sogar die größten Skeptiker, wenn auch privat und schweigend, daß eine unsichtbare Kraft, ein Schutzengel, sie vor Schaden beschütze und durch das Leben begleite.

In jüngster Zeit haben wir Engel, Engelkunde und die Gegenwart von Engeln in unserem Leben wiederentdeckt. Das bedeutet natürlich nicht, daß uns die Engel je verlassen hatten. Sie waren die ganze Zeit über da; es war nur so, daß WIR den Verdienst für IHRE Arbeit uns selbst zuschrieben, oder daß wir sie mit anderen Namen bezeichneten, wie Zufall, Synchronizität, Intuition, Vorgefühl oder Instinkt.

In vergangenen Zeiten wurden Menschen mit Engelserfahrungen respektiert und verehrt, als heilige Männer oder Frauen betrachtet, die vom Göttlichen gesegnet oder zumindest vom Glück begünstigt waren. Nun, da das einundzwanzigste Jahrhundert naht und wir wieder nach innen blicken und uns auf die Spiritualität in unserem Leben und in unserem Universum besinnen, erkennen wir, daß wir IMMER gesegnet waren.

Teil drei

Wahrnehmen der Engel

Denn als Glaubende gehen wir unseren Weg,
nicht als Schauende.

2 Korinther 5,7

ENGEL HALTEN NACH EINER ÖFFNUNG in unserem Bewußtsein Ausschau und schlüpfen dann in unsere Gedanken oder Träume. Aber sie können auch Ereignisse arrangieren, hilfreiche Menschen oder Umstände herbeiführen oder sich sogar selbst in Licht- oder Menschengestalt zeigen.

Teil 3 und 4 dieses Buches sind voll von Geschichten über Erfahrungen mit Engeln, die von Menschen aus dem ganzen Land stammen. Viele illustrieren die bisher aufgeworfenen Fragen über Engel, zeigen Engel in Aktion und erweitern unser Wissen über die Kraft von Engeln.

Wir werden die vielen Arten betrachten, wie wir mit dem Göttlichen kommunizieren, und erforschen, welche Rolle der Glaube in unserem Leben spielt.

Auch wenn es eine Vielzahl von Beweisen für Hilfe durch Engel gibt, so sind wir Menschen doch notorisch skeptisch gegenüber allem, was wir nicht mit unseren eigenen Augen sehen können.

Billy Graham sagte: »Engel sprechen. Sie erscheinen und tauchen immer wieder auf. Sie fühlen mit einem emotionalen Sinn. Auch wenn Engel auf ihren Wunsch sichtbar werden können, sind unsere Augen normalerweise nicht dafür geschaffen, sie zu sehen, genausowenig wie wir die Dimensionen eines nuklearen Feldes sehen können, die Struktur von Atomen oder die Elektrizität, die durch Kupferdrähte fließt. Unsere Fähigkeit, die Realität wahrzunehmen, ist begrenzt: Der Geruchssinn der Hirsche zum Beispiel übersteigt bei weitem die menschlichen Fähigkeiten. Seebarsche besitzen ein überaus sensibles inneres Radarsystem. Manche Tiere können Dinge in der Dunkelheit sehen, die unserer Aufmerksamkeit entgehen ... Weshalb also sollten wir es seltsam finden, daß der Mensch die Gegenwart engelhafter Gestalten nicht wahrnehmen kann?«

Joan Borysenko, eine anerkannte Psychologin und Wissenschaftlerin im Bereich der Psychoneuroimmunologie, dem Zweig der Medizin, der die Geist-Körper-Verbindung erforscht, glaubt, daß Spiritualität ein Schlüssel zur Heilung ist, und sie hat eine persönliche Beziehung zum Göttlichen.

Sie sagt: »Ich glaube, göttliche Hilfe kommt zu unterschiedlichen Menschen auf unterschiedliche Weise. Ich glaube an die Ebene der Engel, also rufe ich täglich die Engel an.«

Sie folgt dem Ritual eines alten jüdischen Gebetes, bei dem sie zuerst den Erzengel Michael an ihrer rechten Seite beschwört. Da er der Engel der Liebe ist, ersucht sie um seine Hilfe, »wahrhaft liebenswürdig und liebend« zu sein, wie sie sagt.

Dann beschwört sie an ihrer linken Seite den Erzengel Gabriel, der uns dabei hilft, die Angst zu besiegen. Vor sich beschwört sie den Erzengel Uriel, den Engel des klaren Geistes, und hinter sich den Erzengel Raphael, den Engel des Heilens.

Engel zu beschwören, sagt sie, bedeutet einfach, IHRE ANWESENHEIT ANZUERKENNEN.

Nach der Anrufung der Engel stellt sie sich göttliches Licht vor, das von oben her in ihr Herz und durch ihren Körper fließt. Dieses Licht wird im jüdischen Mystizismus *shekina* genannt – das göttliche Weibliche in der Schöpfung – und ist der Teil des Göttlichen, der in jedem von uns lebt. Sie endet mit einem Gebet für Eintracht und Schutz.

»Was für mich ungeheuer hilfreich war«, sagt sie, »ist die Erkenntnis, daß sich Hilfe überall um uns herum finden läßt, daß wir aber ewig im Zustand der Angst schmoren können, wenn wir nicht um diese Hilfe bitten. Doch wenn wir bereit sind, um Hilfe zu bitten, kommt Hilfe.«

Und dabei spielt es keine Rolle, was Deine Religion ist oder ob Du überhaupt einer Religion angehörst, wie Du mit dem Göttlichen und den Engeln kommunizierst und welche Form die Unterstützung durch Engel annimmt.

Engel – Fakten und Tatsachen

* Engel können sprechen. Sie können erscheinen und verschwinden. Sie haben starke Gefühle und Emotionen.
* Engel können sichtbar sein, wenn sie es wünschen.
* Engel können in jeglicher Form erscheinen, die unsere Vorstellungskraft akzeptiert.
* Wenn Du daran glaubst, können Dich mächtige Engel bei Deinen Lebenserfahrungen begleiten.
* Engel sind nicht allgegenwärtig: Sie können zu einer bestimmten Zeit nur an einem Ort sein.
* Es gibt keine Beschränkung in der Anzahl von Engeln, die Dir zu Hilfe kommen können.
* Engel können als blendendes weißes Licht erscheinen.
* Engel kontrollieren uns nicht, und sie können uns unsere Lernaufgaben nicht abnehmen. Sie haben die Fähigkeit, uns zu inspirieren und uns Botschaften zu senden, die uns in allen Lebensbereichen helfen.
* Engel sind sehr erfinderisch bei ihren Versuchen, mit uns zu kommunizieren, aber wir müssen zuhören.
* Engel besitzen einen starken Sinn für Humor.
* Engel inspirieren uns durch Einsicht und plötzliche brillante Ideen.
* Wenn Du Deine Aufmerksamkeit schärfst, werden Dir Engel in jedem Bereich Deines Lebens erscheinen.
* Engel sind unbeschwert und verspielt wie auch ernsthaft.
* Deine Suche nach Öffnung und Kommunikation mit Deinen Engeln beginnt in Deinem Herzen.
* Unsere Schutzengel bleiben nach dem Tod bei uns, führen uns, rekapitulieren mit uns die Lektionen, die wir gelernt haben und unterstützen unsere Seelen, während wir uns darauf vorbereiten, weiterzugehen.

Wie und weshalb kommen Engel zu uns?

Psalm 91, beginnend mit Vers 11, beantwortet diese Frage auf ganz einfache Weise.

Gott hat seinen Engeln befohlen, dich zu beschützen, wohin Du auch gehst. Sie werden Dich auf Händen tragen, damit du nicht über Steine stolperst. Löwen und Schlangen können Dir nicht schaden, du wirst sie alle niedertreten.

Im Auftrag Gottes können uns die Engel auf jede erdenkliche Weise helfen, gerade so, wie wir es benötigen.

Er hängt an mir mit ganzer Liebe,
darum werde ich ihn bewahren.

Wie Gott in diesem Vers sagt, helfen Er und seine Engel uns, weil wir Gottvertrauen und Liebe besitzen, weil wir GLAUBEN.

Wenn er in Not ist, bin ich bei ihm;
ich hole ihn heraus und bringe ihn zu Ehren.

In diesem Vers führt Gott seine einfachen Erklärungen weiter: *Ich gebe ihm ein langes, erfülltes Leben; er wird die Hilfe erfahren, auf die er wartet.*

Oft geschieht das mit Hilfe der Engel.

Ob man diese universelle Kraft als Gott bezeichnet, als Höhere Macht, als Schicksal oder als WAS auch IMMER, es ist jedenfalls schwer zu ignorieren, daß ETWAS da draußen mit uns eng verbunden ist und daß diese Kraft nicht notwendigerweise so weit »da draußen« ist, wie wir immer dachten, sondern im Grunde INNERHALB von jedem einzelnen von uns.

Aus der Geschichte kennen wir viele verschiedene Beispiele, wie Engel Menschen helfen. Doch es ist eine Sache, alte Erzählungen zu hören; so dramatisch und historisch sie sind, könnten sie uns doch unter Umständen den falschen Eindruck vermitteln, daß Engel nur großen religiösen Führern oder berühmten historischen Figuren helfen. Es ist deshalb etwas ganz anderes, von der Hilfe der Engel in heutiger Zeit zu hören, Geschichten, die genauso dramatisch sind wie in den alten Tagen, die doch nebenan und bei ganz gewöhnlichen Menschen wie mir und Dir geschehen sind. Die Engel sind da, wie man sieht, ALLEZEIT und bei uns ALLEN.

Andrew L. Goldman, ein achtunddreißigjähriger Polizeichef in Missouri, betrachtet Engel als seine stillen (und manchmal nicht so stillen) Partner.

»So bleibe ich am Leben«, sagt er schließlich und einfach. »Sie beschützen mich.«

Wenn er auf seine Karriere zurückblickt, besonders auf die frühen Jahre als Beamter in einer städtischen Polizeitruppe, als er regelmäßig mit einigen der unsaubersten Charaktere auf diesem Planeten zu tun hatte, dann stellt er fest, »daß es viele Male gab, die ich nicht hätte überleben dürfen. Aber wem sollen wir den Verdienst zuschreiben? Der Gnade Gottes, außersinnlicher Wahrnehmung, gesundem Menschenverstand oder einer Kombination aller drei? Am Ende sieht man meistens, daß etwas in einer bestimmten Weise ablaufen mußte, damit ich unbeschadet herauskommen konnte. Zurückblickend sehe ich, daß es manchmal göttliche Intervention war.«

Seine Freunde und Kollegen nennen ihn Andy, und dieser 1,70 m große und 110 kg schwere Schrank von einem Mann – rauh, artikuliert, belesen – läßt sein Ego und alles Kontrollverhalten beiseite, wenn er zwei verschiedene Geschichten von der Hilfe der Engel erzählt. Die erste illustriert seine Theorie von den Engeln als Partner der Polizei, und die zweite enthält eine gewisse Sanftheit, wenn er erzählt, wie ihm die Engel halfen, seine Frau zu treffen.

Als ich ein junger Polizist war und in einem ziemlich rauhen Vorort außerhalb von St. Louis arbeitete, pflegte ich auf den Parkplatz eines Theaters zu fahren und dort in meinem Wagen zu sitzen. Dort hatte ich einen großartigen Überblick, und ich hatte die Scheinwerfer an, so daß ich in die vorüberfahrenden Autos hineinsehen konnte. Ich sah nach den sprichwörtlichen »bad guys« aus.

Eines Nachts sehe ich dieses Auto mit drei Männern

darin. Etwas sagt mir, daß ich dieses Auto anhalten sollte. Also reihe ich mich hinter ihnen ein und warte auf einen Verstoß, damit ich einen Grund habe, sie anzuhalten. Aber sie machen nichts falsch. Trotzdem habe ich das Gefühl, daß mit diesen Leuten etwas nicht stimmt. Das einzige, was nicht in Ordnung ist und einen Grund liefert, sie an die Seite zu winken, ist das kleine Licht am Zulassungsschild, das nicht brennt. Nun, das ist eine Verkehrssünde, also halte ich sie an.

Der Fahrer hat keinen Führerschein. Die Beifahrer haben keine Ausweise bei sich, aber sie geben mir ihre Namen. Sie benehmen sich nicht, als ob sie irgend etwas zu verbergen hätten, sie sind nicht nervös, sie sehen auch nicht bedrohlich aus. Aber immer noch habe ich diese Vorahnung. Ich funke die Informationen durch, aber nach einem Blick auf meine Uhr weiß ich, daß auf der Station gerade ein Schichtwechsel bevorsteht. Ich weiß, daß der Kollege, der die Namen durch den Computer laufen läßt, es eilig hat, nach Hause zu kommen. Also frage ich mich, ob ich einen vollständigen Bericht über diese drei Männer erhalte, oder ob es der Computer-Mensch kurz macht, damit er nach Hause gehen kann.

Ich warte darauf, daß sie einen Bericht zurückfunken, und etwas sagt mir, daß der Name des Fahrers echt ist, daß aber die Beifahrer falsche Namen angegeben haben. Der Beamte funkt zurück und sagt mir, daß alle drei Männer okay sind – keiner von ihnen wird gesucht.

Aber dieses innere Gefühl sagt mir, ich solle den Fahrer verhaften.

»Sie sind unter Arrest«, sage ich zu dem Fahrer.

»Aus welchem Grund?« fragt er.

»Weil Sie kein Licht an Ihrem Nummernschild haben«, sage ich.

Er ist verblüfft. Ich kann selbst kaum glauben, was ich da mache, aber ich brauche einen Grund, um ihn zu verhaften, weil ich spüre, daß er etwas auf dem Kerbholz hat, und dieses Licht am Nummernschild ist der einzige Grund, den ich habe.

Ich lege ihm Handschellen an, um ihn mitzunehmen und gebe über Funk Anweisung, das Auto abzuschleppen.

Auf der Station übergebe ich ihn einem Adjutanten, damit er ihn aufnimmt. Jeder im Raum glaubt, daß ich verrückt bin. Ich gehe in den Nachrichtenraum, wo die Nachtschicht gerade ihren Dienst angetreten hat. Ich ersuche den neuen Mann, die Namen nochmals durchlaufen zu lassen. Ich WUßTE einfach, daß der andere nach Hause gehen wollte und keine komplette Computerprüfung durchgeführt hatte. Der Beamte führt sie aus, während ich zusehe, und sobald er den Namen des Fahrers eingibt, leuchtet es auf dem Bildschirm auf – Gesucht: Mord ersten Grades. Ich nehme eine Kopie des Computerausdrucks, bedanke mich und bringe sie dem Adjutanten, der den Fahrer aufnimmt.

»Lies das und bereue, Kleiner«, sage ich zu dem Adjutanten.

Alle im Raum hören auf zu arbeiten. Die anderen Polizisten können es nicht glauben.

Der Adjutant sieht mich an und sagt: »Andy, ich werde nie mehr an Dir zweifeln.«

Nun würde ich gerne die ganze Anerkennung dafür in Anspruch nehmen und sagen, daß ich ein großartiger Polizist mit großartigen Instinkten bin, aber ich glaube nicht, daß die Anerkennung mir gebührt. Ich glaube, die Menschen würden ein besseres Leben führen, wenn sie das anerkennen würden. In seiner Arroganz glaubt der Mensch, die Kontrolle zu haben. Über die Natur, über alles. Die Kühnheit des Menschen anzunehmen, er sei Meister über seine Umgebung und sogar Meister über sein Schicksal, ist einfach erstaunlich. Gott oder eine höhere Kraft sind Teil dieses Universums, und wir können das nicht einfach vergessen.

Wenn wir Gott um Hilfe ersuchen, liegt es bei Ihm – oder Ihr –, ob er direkt hilft oder einen Engel sendet. Und Du mußt gute Absichten haben, wenn Du um etwas bittest. Bitte, indem Du zu Gott sagst: »Gott, wenn es Dein Wille ist, dann laß es geschehen. Wenn nicht, dann ist es auch in Ordnung.«

Aber oft gibt uns Gott auch das, was wir brauchen, bevor wir noch eine Gelegenheit hatten, darum zu bitten.

Ich glaube, die Engel leiteten mich, als ich die Frau traf, die ich später heiraten sollte. Und ich war nicht einmal auf der Suche und hatte auch nicht darum gebeten.

Als ich mit 17 Jahren die Highschool in Maryland abgeschlossen hatte, übernahm ich zwei Jobs, bevor ich zur Akademie ging. Während des Tages arbeitete ich in einem Garten-Center.

Es war der 21. Juni 1973, eine magische Nacht, wie bei Shakespeare. Ich wollte zu Hause bleiben. Es war 7 Uhr 30, ich duschte und ging schlafen. Ich war so müde.

Da hörte ich eine Stimme in meinem rechten Ohr. Sie war nicht im Raum, sie war in meinem Kopf.

»Steh auf!« sagte sie. »Fahre nach Bel Air und suche Onkel Billy.« Das war der Spitzname meines Freundes Bill. Ich drehte mich um. Ich wollte nicht aufstehen. Ich war erschöpft und wollte nur schlafen. Aber die Stimme war ziemlich beharrlich.

»Steh AUF!« sagte sie wieder. »Fahre nach Bel Air und suche Onkel Billy!«

»Okay, okay, OKAY«, sagte ich schließlich laut.

Ich stand auf, zog mich an und ging gerade durch die Tür, als mein Vater auf mich traf, der wußte, daß ich früh schlafen gehen wollte. Er sagte: »Ich dachte, Du würdest schlafen. Wohin gehst Du?«

»Ich weiß nicht genau, warum«, antwortete ich. »Aber ich fahre nach Bel Air, um Onkel Billy zu suchen.«

Ich stieg in mein Auto und fuhr die wenigen Minuten nach Bel Air, umkreiste dreimal das Zentrum der Stadt und suchte nach Onkel Billy. Ich kam mir komisch vor. Ich wußte nicht einmal, ob er diese Nacht da sein würde. Nun, schließlich hielt ich bei einem Fast Food-Restaurant an – und plötzlich fährt Onkel Billy herein!

»Fahr mir nach«, sagte er aus dem Autofenster heraus.

Ich folgte ihm, und wir umfuhren die Stadt und parkten dann unsere Autos auf einem Parkplatz.

»Steig ein«, sagte er, »wir gehen auf eine Party.«

Ich sah in sein Auto und erkannte einige befreundete Jungs – und dieses blonde Mädchen,das ich von der Highschool her kannte, aber niemals kennengelernt hatte. Wir fuhren zu der Party, die im Freien auf einem Feld stattfand. Sue und ich wanderten bei Vollmondschein alleine herum und unterhielten uns die ganze Nacht. In dieser Nacht verliebten wir uns ineinander. Und ich wußte ganz genau, daß wir den Rest unseres Lebens gemeinsam verbringen würden.

Viel später erfuhr ich, daß sie, als sie sich in dieser Nacht für die Party anzog, zu sich gesagt hatte: »Heute Nacht treffe ich den Mann, den ich heiraten werde.«

Beinahe auf den Tag genau zwei Jahre später, am 19. Juni 1975, heirateten wir.

Andrew L. Goldman hörte auf seine »Vorahnung«. Das ist die Form, die Unterstützung durch die Engel am häufigsten annimmt, vor allem bei Menschen, die in Umständen arbeiten, wo es oft um Leben oder Tod geht.

Viele Polizeibeamte erzählten mir während der zwanzig Jahre, die ich als Vortragende durch das Land reiste, ähnliche Geschichten wie Andrew. Obwohl die Umstände verschieden waren, sind die Methoden der Engel doch immer die gleichen.

Es ist auch interessant zu bemerken, daß neben den Schutzengeln der Polizeibeamten noch weitere Engel an der Arbeit beteiligt sind. Jemand, der polizeiliche Hilfe oder Schutz braucht, ist von einer Schar von Engeln umgeben, die auch der Polizei helfen.

Casey Brennan, meine frühere Assistentin, ist eine kluge junge Frau, die ein enges Verhältnis zu ihren Engeln hat. Ihre verschiedenen Erfahrungen zeigen sowohl die ernste als auch die unbeschwerte Seite der Engel und ihrer Hilfe.

Nachdem ich über Engel gelesen hatte, beschloß ich, direkt zu ihnen zu sprechen. Ich hatte mich ihnen niemals zuvor auf diese Weise genähert.

Zu der Zeit befand ich mich gerade in einer nicht sehr glücklichen Beziehung, aber ich sah keinen direkten Anlaß, sie zu beenden – aus irgendeinem Grund zählte es für mich nicht, daß ich unglücklich war. Ich ersuchte meine Engel, mir Zeichen zu senden, um mir zu zeigen, ob diese Beziehung es wert war, sich weiter um sie zu bemühen oder ob es besser wäre, meine Koffer zu packen und zu gehen. Und tatsächlich kamen die Zeichen, eines nach dem anderen. Nachdem ich die Engel um Hilfe gebeten hatte, fand ich Beweise für seine Untreue. Es bedurfte noch einiger anderer Anzeichen, bis ich die Botschaft verstand, aber ich bin meinen Engeln sehr dankbar dafür, daß sie meinem Ansuchen nachgekommen sind und daß sie mit mir so geduldig waren.

Es gab auch einige Gelegenheiten, als meine Engel still auf mein Ansuchen reagierten. Zum Beispiel versuchte ich einmal, eine bestimmte Firma anzurufen, und die Leitung war ziemlich lang besetzt gewesen. Ich hatte wieder und wieder die Wiederholungstaste gedrückt, bis ich schließlich laut sagte: »Engel, bitte helft mir durchzukommen!« Als ich nochmals die Wiederholungstaste drückte, läutete endlich das Telefon.

Oft gingen Faxe nicht ordnungsgemäß durch, also begann ich, meinen Fax-Engel anzurufen. Wann immer ich das tue, geht mein Fax jetzt ohne Störung durch!

Mir Engel vorzustellen und sie um Unterstützung zu bitten, ist zu einer sehr hilfreichen Methode für mich geworden. Eines Nachts hatte ich starke Migräne, die nicht aufhören wollte, was immer ich auch versuchte. Also visualisierte ich einen wunderschönen Engel, der über meinem Kopf schwebte und dessen Flügel den Schmerz fortmassierten. Während ich mir das vorstellte, ersuchte ich den Engel, mich von meinem Kopfschmerz zu befreien. Nach fünf Minuten war der Schmerz verschwunden.

Als ich mich allein fühlte und mir eine Beziehung wünschte, entschloß ich mich, meinem Engel einen Brief zu schreiben, in dem ich um den perfekten Partner für mich bat. Ich zählte alle Eigenschaften auf, die ich mir wünschte, ohne auch nur ein einziges Detail auszulassen. Einen Monat später traf ich den Mann, dessentwegen ich an meinen Engel geschrieben hatte. Er besaß all die wundervollen Qualitäten, die ich in meinem Engelbrief erwähnt hatte, und ich bin glücklich, sagen zu können, daß wir eine wunderschöne, liebevolle Beziehung haben.

Die seltsamste und witzigste Erfahrung, die ich in letzter Zeit mit Engeln hatte, ereignete sich, als ich von meinem früheren Zuhause im Nordwesten nach Fort Lauderdale flog. Eine Frau, die ich niemals zuvor gesehen hatte, würde mich vom Flughafen abholen. Ich hatte vergessen, nach einer Beschreibung zu fragen. Wie würde ich sie erkennen? Gerade als ich daran dachte, ging eine Stewardeß den Gang entlang an meinem Sitz vorüber. Sie trug über ihrem Arm einen Pullover und hielt nach seinem Eigentümer Ausschau. An dem Pullover befand sich eine wunderschöne Anstecknadel mit einem Engel.

In diesem Augenblick wußte ich, daß die Frau, die mich vom Flughafen abholen würde, auch eine Anstecknadel mit einem Engel tragen würde. Ich war mir dessen gewiß.

Als ich das Flugzeug verließ und in das Flughafengebäude ging, sah ich tatsächlich unter den vielen Menschen, die auf Passagiere warteten, eine freundlich aussehende Frau, die eine Anstecknadel mit einem Engel trug. Sie wartete auf MICH.

Als Casey an ihren Engel einen Brief schrieb, in dem sie ihren perfekten Partner beschrieb und um sein Erscheinen bat, tat sie etwas, daß sich in komplexen Situationen oft als besonders nützlich erweist.

Es ist wichtig, daß wir die Dinge zuerst abklären, bevor wir die Engel um Hilfe bitten, und eine der besten Methoden dazu ist, seine Gedanken zu Papier zu bringen. Einen Brief an die eigenen Engel oder an die von jemand anderem zu schreiben, kann helfen, die Gedanken zu ordnen, zu sondieren, sie in eine Perspektive zu bringen und zu klären.

Casey entdeckte auch, daß die Engel uns immer wissen lassen, daß sie da sind. Die Anstecknadel mit dem Engel, die sie auf dem Pullover sah, war ein Zeichen, daß ihre Engel ihr Ansuchen vernahmen. Engel können ihre Anwesenheit auf vielerlei Arten zeigen, indem sie für Zeichen und Zufälle sorgen, die nicht unbedingt zu dem Wort ENGEL oder zu den üblichen Symbolen in Beziehung stehen müssen, auch wenn sie es manchmal tun. Ich habe bemerkt, daß die Dinge meistens WIRKLICH in Schwung kommen, wenn ich darum bitte, die Gegenwart der Engel gezeigt zu bekommen.

Unter welchen Umständen sollen wir die Engel anrufen?

Wenn es darum geht, Hilfe vom Universum zu erhalten, gibt es keine festen Regeln.

Deine Schutzengel sind immer bei Dir, und andere stehen für zusätzliche Hilfe zur Verfügung. Sie können in Deinem Interesse intervenieren, ob Du darum ersuchst oder nicht.

Wenn Du in Schwierigkeiten bist, kannst Du ganz sicher um Hilfe ersuchen.

Doch auch bei kleinen Dingen, die anderen unbedeutend erscheinen mögen, für Dich aber wichtig sind, kannst Du die Engel anrufen.

Ob es um ernste oder lustige Dinge geht – du kannst IMMER um Hilfe bitten.

Emily ist eine Zeitungs-Kolumnistin, die mit ihrem Mann und drei Kindern in einer Großstadt im Süden lebt. Sie hatte eine außergewöhnliche Erfahrung, die sie uns hier in ihren eigenen Worten mitteilt.

Ich möchte diese Geschichte nicht um alles in der Welt trivialisieren. Ich schrieb dieses Ereignis himmlischer Intervention zu, aber ich bin gewillt anzunehmen, daß ein Engel beauftragt war, sich mit meinen unmittelbaren Bedürfnissen zu befassen.

Im Juli 1979 befanden wir uns auf unserer Hochzeitsreise. Wir waren amerikanische Reformjuden, die das orthodoxe Judentum in einem sehr religiösen Viertel von Jerusalem, in Mea Sharim, ernsthaft studierten, wobei wir in den jüdischen Unterkünften der alten Stadt wohnten.

Ich fuhr mit dem Bus hin und zurück. Eines Tages besorgte ich nach Unterrichtsende etwas Gemüse, einige Zwiebeln, Tomaten, ein Huhn und eine Handvoll anderer Dinge. Dann bestieg ich den Bus.

Es dauerte etwa zwanzig Minuten bis zu der Bushaltestelle, die unserer Wohnung am nächsten lag, ganz am Ende der Route, direkt bei der Klagemauer. Jeden Tag stieg ich aus dem Bus aus, ging an der Mauer vorüber und stieg einige Treppen hoch, um den Innenhof zu erreichen, wo wir wohnten.

An diesem Tag stand ich auf, um den Bus zu verlassen, und mein Gemüse fiel rund um mich auf den Boden. Vom Huhn durchsickernde Flüssigkeit hatte das braune Packpapier aufgeweicht. Wäre ich an irgendeiner anderen Bushaltestelle gewesen, hätte ich einfach mein Gemüse in meinen Rock eingesammelt, ihn wie eine Tasche über meine Knie hochgeschnürt, und das hätte genügt. Aber ich war an der Mauer. Ich konnte nicht mit dem Rock über die Knie hochgezogen an der Mauer vorübergehen. Ich war noch nicht orthodox, aber so weit war ich schon.

Ich kroch auf dem Boden des Busses herum, um meine Sachen einzusammeln. Dabei sagte ich halblaut zu mir, mehr fluchend als betend: »Gott, ich wünschte, ich hätte eine Einkaufstasche!«

Gerade suchte ich unter dem Sitz vor mir nach einer Zwiebel, die aus meinem Schoß gefallen war, da sah ich einen beigen Plastiksack mit einem braunen Netzmuster dort liegen. Er paßte genau. Ich sammelte alles ein und nahm ihn mit nach Hause.

Wenn Dir durch ein offensichtlich durch Jerusalem bewirktes Wunder eine Einkaufstasche geschenkt wird, versuchst Du sie zu behalten. Aber als ich ein oder zwei Tage später nach dieser Einkaufstasche suchte, war sie verschwunden.

Emilys Geschichte ist ein klassisches Beispiel für »Bitte und Dir wird gegeben«. Hundertemale brauchte ich etwas, und die Engel versorgten mich damit. Wenn wir aufmerksam sind, dann werden wir all die Hilfe, die wir erhalten, wahrnehmen.

Da ich zu jener Zeit keine Beziehung hatte, erschien mir das die perfekte Gelegenheit, mir die Qualitäten, nach denen ich suchte, vorzustellen und die Engel um Hilfe zu ersuchen. Ein Teil der Liste war, was ich rein äußerlich als »meinen Typ« von Mann betrachtete. Dafür wählte ich einen gutaussehenden Mann aus einem Katalog. Natürlich erwartete ich nicht, diesem Mann zu begegnen, sondern konzentrierte mich nur auf sein Aussehen. Das Modell entsprach dem Typ von Mann, den ich unwiderstehlich fand.

Nicht lange danach ging ich in ein Restaurant, um Freunde zu treffen. Fast unmittelbar, nachdem ich durch die Tür gegangen war, stellte sich mir ein sehr gutaussehender, charmanter junger Mann vor. Wir setzten uns und unterhielten uns für eine Weile, und er bat mich um ein Rendezvous. Ich hatte das Gefühl, daß es in Ordnung war, mit ihm Essen zu gehen, daß er verläßlich war. Also sagte ich zu. Als wir uns über unsere Arbeit unterhielten, fand ich heraus, daß er ein Geschäftsmann aus dem mittleren Westen war. Im Wohnzimmer seines Hotelapartments, in dem wir uns kurz aufhielten, bemerkte ich auf seinem Couchtisch den gleichen Katalog, den ich zu Hause hatte – jenen, aus dem ich das Foto ausgeschnitten hatte.

»Das bin ich«, sagte er und zeigte auf das Foto des Traummannes, das ich zu Hause in meine Wunschliste aufgenommen hatte. »Ich arbeite nebenbei auch als Modell.«

Ich war schockiert. Ich hatte ihn nicht als den Mann aus dem Katalog erkannt. Und ich konnte nicht glauben, daß ich mit dem Mann aus meiner Wunschliste ein Rendezvous hatte!

All die Jahre später bin ich immer noch überrascht, daß die Engel ein Treffen zwischen uns arrangierten.

Es ist also möglich, genau dem oder das zu treffen,

worum Du gebeten hast. Aber es gibt keine Garantie für das, was danach geschieht. Dir wird eine Gelegenheit gegeben, und dann wird sich daraus entwickeln, was für Dich am besten ist.

August Priest, ein Masseur und Therapeut aus Arizona, ersucht oft um spirituelle Führung, wenn er eine seiner vielen Heiltechniken anwendet. Gewöhnlich verwendet er eine Akupunktur und indianische Methoden für physische und psychische Heilung, aber eines Tages zeigten ihm seine Engel etwas vollkommen Neues.

»Eine meiner Patientinnen hatte eine sechs Monate alte Tochter, die sehr an ihr hing. Wenn jemand anderer sie hielt, schrie sie«, erinnert sich August. »Ihre Mutter bat mich, sie für eine Minute zu halten, während sie etwas im Haus erledigte, und ich war nicht sicher, was ich tun sollte.«

Da er nicht wollte, daß das Baby schrie, ersuchte August um spirituelle Hilfe.

»Ganz unvermittelt wurde mir bewußt, daß ich ein lautes Geräusch machte, wie der Gesang eines Wales oder wie wenn man in eine Seemuschel bläst. Ich hatte das Gefühl, daß ich genau das tun sollte.«

Er konnte kaum glauben, was er sah.

»Ich drehte das Baby herum, und es weinte nicht, es gurrte!«

Er hatte niemals zuvor mit Tönen gearbeitet, entdeckte aber später, daß es eine wertvolle Heilmethode war.

»Die Schwingungen helfen besonders bei der Heilung emotionaler Probleme«, meint er. »Sie sind sehr beruhigend.«

August hat diese Technik bei seinen Patienten Hunderte Male angewandt, seit er vor vier Jahren ein schreiendes Baby damit beruhigte, und entdeckte, daß »jeder auf die Schwingungen auf eine bestimmte Weise reagiert.«

Bei jedem Patienten macht er es wie beim ersten Mal. »Ich lasse mich einfach von meiner Intuition, von meinen Engeln, leiten.«

Wie August entdeckte, arbeiten die heilenden Engel durch uns. Sie arbeiten durch unsere Hände und erlauben uns, andere und uns selbst zu heilen. Sie können auch über Musik und Duft, über Gehen und tiefes Atmen Heilung bringen – buchstäblich über alles, was unsere physische, emotionale und spirituelle Heilung erleichtert.

Neben einer entsprechenden Diät und Lebensweise rufe ich seit Jahren die Engel an, meine Migräne zu heilen. Wir arbeiten zusammen. Ich erinnere mich ganz deutlich an den Wendepunkt: Ich hatte wochenlang unter starken Schmerzen gelitten und nichts hatte den Migräneanfall zum Abklingen gebracht. Ich rief zu den Engeln um Hilfe und fühlte mich plötzlich ganz ruhig und warm, als ich eine Stimme sagen hörte: »Du wirst niemals wieder derartig leiden müssen.«

Obwohl ich seither in Abständen immer wieder an Migräne leide, hatte die Stimme recht: Ich habe niemals mehr so gelitten wie damals, und ich erfahre weiterhin Hilfe und Heilung von den Engeln.

Darline Beck, eine pensionierte Sekretärin aus Fort Lauderdale, erzählt mir seit vielen Jahren von ihren Erfahrungen mit Engeln. Diese besondere Geschichte, wie Darline sie hier erzählt, illustriert, wie verspielt Engel sein können.

Meine Zwillingsschwester Arline und ich glaubten immer schon an Schutzengel und baten immer um ihre Führung. Eines Tages suchte Arline, die Flugbegleiterin ist, erfolglos mindestens eine halbe Stunde lang nach ihren Uniformabzeichen. Unsere Mutter schloß sich der Suche gleichfalls an – umsonst. Panik! Bald mußte sie zum Flughafen aufbrechen, also stürzte auch ich mich in die Suche. Ich konnte die Abzeichen gleichfalls nicht finden.

»Laßt uns Herbert um Hilfe bitten«, sagte ich, mich auf ihren verstorbenen Mann beziehend. »Er hat immer so wunderbar auf Deine Geldbörse, die Schlüssel und die Abzeichen aufgepaßt. Vielleicht kann er Deine Abzeichen finden. Wo bewahrst Du seine Asche auf?«

Sie ging in das Zimmer, in dem seine Asche war, öffnete die Tür – und da waren ihre Abzeichen!

»Aber Mutter und ich haben hier bereits gesucht«, sagte meine durch die Entdeckung verstörte Schwester. »Und sie waren vorher nicht da!«

Waren sie die ganze Zeit über da? Materialisierten sie sich gerade in jenem Augenblick? Wir wissen es nicht.

»Danke, Herbert«, riefen wir alle laut und klar aus.

Wir fühlten das Lächeln auf seinem Gesicht, als er uns schalkhaft mit dem Finger drohte.

War Herbert dafür verantwortlich, oder unsere Schutzengel, oder beide?

Immer danke ich für alles meinen Engeln und Führern und vor allem Gott. Und seit ich mich weniger scheue, mit anderen über Engel zu sprechen, höre ich auch immer mehr andere Geschichten. Mehr Menschen, als wir denken, hatten bereits Erfahrungen mit Engeln, zögern aber, diese anderen mitzuteilen, aus Angst, daß jemand sie für verrückt halten könnte. Doch was mich betrifft, so hat das niemals jemand getan.

Was können die Engel für uns tun?

Auch wenn es Ihnen schwerfällt, das zu glauben – sie können alles für Sie tun, was sie tun MÖCHTEN. Als Gottes Botschafter kennen sie keine Begrenzungen.

Allerdings gibt es einige Einschränkungen: Sie sind hier, um uns zu helfen und um GUTES zu tun. Sie werden NICHT als rächende Armee auftreten. Sie werden Menschen keinen SCHADEN zufügen. Sie werden andere NICHT dazu zwingen, irgend etwas gegen ihren Willen zu tun. Sie mögen Menschen erleuchten, so daß sie ihre Meinung ändern, aber Zwang ist etwas, das nicht in Frage kommt.

Sie können ziemlich bemerkenswerte Dinge tun. Sie können ein Auto so bewegen, daß es keinen Zusammenstoß gibt. Sie können unbegrenzt Zufälligkeiten und Zusammentreffen arrangieren, so daß jemand zur richtigen Zeit am richtigen Ort ist, und genau das erhält, was er von einer Situation oder Person BRAUCHT, so lange es nicht eine Handlung gegen den Willen eines anderen oder etwas Negatives beinhaltet. Sie können Wunder bewirken.

Leigh, eine Journalistin Ende Dreißig, hat sich stets in ihrem Beruf wie auch in ihrem privaten Leben stark auf ihre Intuition und ihre Instinkte verlassen.

Seit ihrer Kindheit ist sie mit einem unheimlichen sechsten Sinn gesegnet, und sie fühlte, daß sie von schützenden Engeln geführt und unterstützt wurde. Erst seit kurzem, sagt sie, sieht sie es als eine Partnerschaft, und sie fragt sich, ob das auf die Weisheit ihrer zunehmenden Reife zurückzuführen ist.

Leigh hatte schon viele Erfahrungen, die als Unterstützung durch Engel interpretiert werden können – dramatische, praktische, humorvolle – und sie hat einige der bemerkenswerteren ausgewählt, um sie hier mitzuteilen.

An dem Tag, an dem sie begann, diese Geschichten zusammenzustellen, rief sie mich an und lachte.

»Du wirst nicht glauben, was ich gerade sah«, sagte sie. »Nun, vermutlich WIRST Du es glauben.«

»Was denn?« fragte ich.

»Ich kam soeben von einigen Besorgungen zurück, und als ich aus dem Parkplatz der Bank hinausfuhr, fuhr ein Auto an mir vorüber. Es erregte meine Aufmerksamkeit, weil es so etwas Sanftes an sich hatte. Hellgrau, groß und eckig, vielleicht zehn Jahre alt. Eine ältere Frau mit weißem Haar saß darin. Sie hatte einen rosa Pullover an, was seltsam war, weil es draußen so heiß ist. Sie sah aus, als käme sie geradewegs aus der Serie der »Walton« – sehr süß und großmütterlich, wie jemand, der immer Tee und Kuchen serviert und überall im Haus Spitzendeckchen hat. Aber es war ihr Zulassungsschild, das mich wirklich schaffte. Es war kein Scherzartikel, es war echt. Und es hatte keine Zahlen darauf, nur Buchstaben. Was glaubst Du, stand darauf?«

»Nun, was?« antwortete ich.

»EIN ENGEL«, sagte Leigh einfach. »Ich nehme an, ich muß nicht einmal fragen, ob das ein Zeichen war, oder? Ich lächelte den ganzen Weg nach Hause und fühlte mich, als ob mir das Universum zugewunken hätte.«

Das Universum hat seine eigene Art, das zu tun.

Vielleicht war das Zulassungsschild, das Leighs Weg gerade jetzt kreuzte, eine Botschaft von Gott, von den Engeln, die sagt, DANKE, DASS DU DEINE ERFAHRUNGEN MIT ANDEREN TEILST.

Seit etwa fünfzehn Jahren werden Leighs Arbeiten regelmäßig in den angesehensten Magazinen und Zeitschriften des Landes veröffentlicht. Oft, sagt sie, wird das Gespräch philosophisch, wenn sie Leute interviewt. Sie ist angenehm überrascht, daß beinahe alle der buchstäblich Hunderte von Menschen, die sie bisher interviewt hat, sich zu spirituellen Interessen und Ansichten bekannten.

»Künstler, Musiker, Tänzer, Schriftsteller, alle kreativ Tätigen, sprechen über ihr Talent und ihre Inspiration immer mit besonderer Ehrfurcht. Sie betrachten es als ein Geschenk von einer spirituellen Ebene. Die Muse des Künstlers ist ein Konzept, das viel mit Engeln zu tun hat. Und die Wissenschaftler sind besonders faszinierend, weil sie mit der Dualität von Glauben versus Beweis ringen. Einige glauben, daß die Wissenschaft nun langsam in das Territorium eindringt, das einst der Mystik vorbehalten war – daß die Physik beispielsweise nahe daran ist, zumindest theoretisch die Einheit zu beweisen, von der Philosophen und Mystiker seit Jahrhunderten sprechen.«

Leighs Erfahrungen mit den Engeln sind hier in ihren eigenen Worten wiedergegeben. Sie reichen von Erlebnissen während der Kindheit bis solchen aus jüngster Zeit, im persönlichen wie im beruflichen Bereich. Immer sieht man, daß das Universum einem nicht nur zuwinkt, sondern auch, daß es oft eine helfende Hand reicht.

Ich wuchs im Nordosten in einer konservativen jüdischen Familie auf. Die religiöse Erziehung war typischerweise mehr kulturell als religiös orientiert. Wir hatten an der Sonntagsschule und an der jüdischen Schule (zweimal in der Woche nach der regulären Schule) die übliche religiöse Erziehung und begingen zusammen die wichtigen Feiertage. Natürlich war ich durch meine Freundschaft mit Angehörigen verschiedener Religionen und durch den Schulchor, in denen wir immer Weihnachtslieder sangen, auch der christlichen Tradition ausgesetzt. Während unserer Feiertagsprogramme sangen wir auch jedes Jahr *Hannukah*-Lieder, üblicherweise die bekannten DREIDEL-Lieder über die Kreisel, mit denen Kinder spielen. So genoß ich eine ziemlich abgerundete Erziehung. Und als besonders neugieriges Kind wollte ich immer MEHR über ALLES wissen, ganz egal, was das Thema war.

Ich glaube, daß ich Glück hatte, so vielem ausgesetzt zu sein. Ich wußte, wie man eine Hühnersuppe kocht, aber auch, wie man einen Weihnachtsbaum dekoriert. Am Weihnachtsabend besuchten wir gewöhnlich Freunde, die uns aufforderten, den Schmuck aufzuhängen, Lametta zu verteilen und heiße Schokolade zu trinken. Ich war ziemlich an Geschichte interessiert, und so lernte ich auch etwas über den geschichtlichen Kontext der Religionen, nicht nur über ihre Feste. Ich wußte, daß das Christentum mehr war als der Weihnachtsmann und der Osterhase. Ich wußte, daß das Judentum mehr war als die Kerzen zu Hannukah oder *Matzoh* zum Passafest. Die Philosophie und der Mystizismus östlicher Religionen faszinierten mich. Ich war wahrscheinlich, als ich sechs Jahre alt war, schon ein richtiger Philosoph.

Aber wenn ich an Engel dachte, dachte ich immer an das Christentum – besonders an die katholische Kirche. Trotz meiner jüdischen Erziehung wußte ich nicht, daß Engel im Judentum eine Rolle spielten. Unsere Lehrer gingen niemals darauf ein. Als ich älter wurde, erkannte ich, daß der mystische Teil des Judentums nur im orthodoxen Zweig, unter den am striktesten praktizierenden Juden, wirklich lebendig war, und unter den ultra-orthodoxen, den Chassidim, die man an ihrer Ähnlichkeit mit dem Fiedler auf dem Dach aus *Anatevka* erkennen kann.

Im konservativen und reformierten Judentum, einer modernen, verwässerten Version des orthodoxen oder traditionellen Judentums, wurden Mystizismus und Spiritualität total vernachlässigt. Das hielt, und halte ich noch, für ziemlich traurig, weil das eigentlich der faszinierendste Aspekt JEDER Religion ist. Erst als Erwachsene entdeckte ich, daß Engel nicht das ausschließliche Eigentum der Christenheit sind, daß sie vielmehr aus der jüdischen Tradition in die christliche Überlieferung übernommen wurden. Engel sind im Judentum genauso bedeutend wie im Christentum. Darauf gehen sie zurück: auf das Alte Testament. Alte und zeitgenössische jüdische Schriften sind voller Hinweise auf Engel. Andere Juden, die ich kannte, waren genauso überrascht wie ich, das herauszufinden. Denn die mystischen Teile des Judentums wurden traditionellerweise vertuscht. In orthodoxen Kreisen wird seit langer Zeit empfohlen, daß Männer die Kabbala, das Zentrum jüdisch-mystischer Weisheit erst studieren, wenn sie vierzig Jahre alt und weise genug sind, um sie zu verstehen. Frauen wurden in der ganzen Geschichte niemals dazu ermuntert, die mystischen Aspekte des Judentums zu studieren.

Ich war erst elf, als ich für mich selbst entschied, daß ich an organisierter Religion nicht besonders interessiert war, daß es statt dessen für mich nur Gott und mich geben sollte. Eine persönliche, einfache Religion, die auf Gottvertrauen basierte, nicht auf Kultur oder Ritual. Ich saugte weiterhin alle Informationen wie ein Schwamm auf, aber ich hatte meine eigene spirituelle Identität, unabhängig von irgendeiner organisierten Religion, herausgebildet. Es war einfach. Es war klar. Ich mochte die Idee und fühle mich mit meinem Glauben immer noch enorm gut. Tatsächlich dachte ich immer, daß organisierte Religionen, Institutionen, das Gottvertrauen behindern können, weil sie zu viele Barrieren zwischen dem Individuum und Gott errichten.

Als ich ein Kind war, war mein Leben von Intuition, Zufällen, Synchronizitäten und ähnlichem erfüllt. Ich wußte, daß ich eine Art Empfangsstation für Informationen war – Informationen, die mich zumeist spontan erreichten; in den meisten Fällen ersuchte ich nicht besonders darum. Und zumeist geschah es außerhalb des Bereiches meiner fünf Sinne. Ich mußte nichts sehen, hören, berühren, schmecken oder riechen, um einen Beweis zu haben. Zumeist WUßTE ich die Dinge einfach, erkannte sie instinktiv oder intuitiv. Ich irrte mich bei diesen Dingen nur selten.

Wie man sich vorstellen kann, ist das für eine Journalistin sehr nützlich – die Fähigkeit, trotz Widersprüchen um mich herum die Wahrheit zu FÜHLEN; die Fähigkeit, Situationen genau wahrzunehmen; die Fähigkeit, zur rechten Zeit am rechten Ort zu sein. Vor nicht allzulanger Zeit dachte ich über diese Fähigkeiten nach und begann ein Muster zu erkennen.

Ja, wir berichten die Fakten, aber wir werden zu ihnen oft durch unsere Instinkte geleitet. Als Journalistin arbeite ich immer mit einer paradoxen Mischung von Skepsis und blindem Vertrauen. Ich bin skeptisch gegenüber allem, was ich sehe und höre, aber ich vertraue auf das, was ich fühle. Wie die meisten von uns, war ich immer stolz auf meine hoch entwickelte Intuition, meine Instinkte, meine Reaktionen. Ich bin so klug, dachte ich. Ich war gut dreißig Jahre alt, bevor ich das Offensichtliche erkannte – das sind keine Dinge, die ich mir zugute halten kann, sie sind vielmehr Teil eines Führungssystems, das durch das Universum zur Verfügung gestellt wird. Es kommt vom Schicksal. Oder von Gott. Oder von seinen Boten, den Engeln. Wie immer man es bezeichnet, ich erschaffe die Informationen oder die Umstände nicht, ich erhalte sie einfach von anderswo her.

Als ich diese Instinkte und Ereignisse von dieser Perspektive aus betrachtete, erkannte ich überrascht, wieviel Führung ich mein ganzes Leben lang erhalten hatte. Wie gut sich die Dinge entwickelten, wenn ich darauf hörte. Und wie schlecht, wenn ich es nicht tat. Doch selbst wenn ich nicht auf die instinktive Stimme hörte und die Dinge sich in eine chaotische Richtung entwickelten, kam am Ende immer etwas Gutes oder Instruktives dabei heraus. Ich glaube, auf diese Weise kommen wir zum richtigen Kurs zurück. Wir sind vielleicht etwas durcheinandergeschüttelt, aber wir kommen am Ende dorthin, wo wir hinkommen sollen.

Manchmal sind die Botschaften so stark, daß wir einfach auf sie hören und sie befolgen MÜSSEN. Und dann sind wir froh, es getan zu haben, weil wir noch am Leben sind, um darüber zu berichten.

Im Frühling 1974 waren Anne, meine beste Freundin, und ich achtzehn Jahre alt und gerade dabei, die Highschool abzuschließen. Gemeinsam mit einigen unserer anderen Freunde wollten wir an einer großen Universität einige hundert Meilen von unserer kleinen Stadt entfernt, studieren. Anne entschloß sich, ihr Auto nicht mitzunehmen. Wie die meisten ersten Autos von Teenagern war es ein Gebrauchtwagen mit viel Persönlichkeit, aber wenig Verläßlichkeit. Und davon abgesehen, dachte sie, würde sie auf dem Campus leben und es nicht wirklich brauchen.

Die Nacht, bevor der neue Eigentümer es übernehmen sollte, entschlossen wir uns, das alte Vehikel zu verabschieden, indem wir es zu einem letzten Abenteuer ausfuhren. Wir wollten in einem tollen Barbecue-Lokal essen gehen, in einer andere Stadt, die etwa zwanzig Meilen entfernt war. Es genügte uns nicht, nur um die Ecke zu fahren und irgendwo Hühnchen, Rippchen und Pommes frites zu holen. Wir wollten WIRKLICH FAHREN. Wir würden mindestens dreißig Minuten in jeder Richtung brauchen, und da gab es das zusätzliche Plus der Autobahn. Neue Ausfahrten nahe des Restaurants waren hinzugefügt worden, und wir wollten auch das ausprobieren.

Anne holte mich um fünf Uhr nachmittags ab. Die Fahrt zum Lokal war ereignislos. Wir gedachten all der Zeiten, in denen das Auto in der Werkstätte war. Dachten an den Mechaniker, den Anne inzwischen beinahe als Teil der Familie ansah.

Nach dem Essen fuhren wir ein wenig in der Stadt herum. Anne hatte sentimentale Gefühle.

»Das ist das letzte Mal, daß ich dieses Auto aus dem Parkplatz eines Restaurants hinausfahre«, seufzte Anne, als ob sie sich von der großen Liebe ihres Lebens verabschiedete. »Und das ist das letzte Mal, daß ich den Zündschlüssel umdrehe.«

Wir lachten und fanden noch viele »letzte Male«, bis die Sonne unterging. Es war beinahe acht Uhr und noch nicht ganz dunkel, als wir die neue Auffahrt auf die Autobahn zu suchen begannen. Wir konnten sie nicht finden. Wir sahen die Autobahn, aber keine Straße, die wir nahmen, führte uns zu ihr. Wir sahen keine Schilder, also fuhren wir weiter im Kreis und versuchten eine kleine Seitenstraße nach der anderen.

»Da vorne rechts«, sagte ich und zeigte hin, »vielleicht ist sie das.«

Als wir näher kamen, wußten wir, daß wir sie schließlich gefunden hatten. Die Auffahrt wurde zu einer Überfahrt, und trotz der Bäume, die uns die Sicht nahmen, konnten wir schließen, daß sie schließlich zur Autobahn führte.

Der graue Himmel war am Horizont orange und rosa gestreift. Wolkenfetzen hingen über uns. Die Autos auf der Autobahn begannen die Scheinwerfer einzuschalten. Anne hatte unsere noch nicht angeschaltet.

Ich hatte ein unheimliches Gefühl, als wir die Auffahrt hinauffuhren. Wo waren die vertrauten grün-weißen Zeichen? Anne erhöhte die Geschwindigkeit, damit wir uns schließlich mit 55 Meilen pro Stunde in den Verkehr einordnen könnten, und fuhr die Auffahrt hoch. Da sich die Auffahrtsrampe in eine Überfahrt teilte, konnten wir von unserem Standpunkt nicht erkennen, was hinter der Kuppe lag. Anne fuhr bereits 45 Meilen pro Stunde.

Plötzlich sah ich in meinem Geist einen Abgrund. Ich sah, daß die Straße gerade hinter der Kuppe endete. Daß die Auffahrtsrampe noch nicht fertig gebaut war. Daß es keine andere Seite GAB, die in den Verkehrsstrom führte.

»Anne«, schrie ich, »halte das Auto an. Da ist ein Abgrund! Halte das Auto an!«

Anne sah keinen Abgrund, und wenn ich aus dem Fenster hinausblickte, sah auch ich keinen. Wir konnten beide nur die zur Kuppe der Auffahrt ansteigende Straße sehen. Aber ich WUßTE, der Abgrund war da. Ich sah ihn im Geist. Ich FÜHLTE ihn.

»Da ist ein Abgrund!« schrie ich wieder. »Halte das Auto an!«

Anne sagte kein Wort. Sie stieg auf die Bremsen, und das Auto drehte sich um die eigene Achse, als es vor der Kuppe stoppte. Wir waren in Ordnung. Wir stiegen aus dem Auto und gingen die Auffahrt hinauf. Es gab keine Zeichen, kein Licht, keine Barrikaden. Und keine Straße. Sie hörte auf, genau so wie ich es im Geist gesehen hatte. Auf der anderen Seite der Kuppe hörte die Auffahrtsrampe plötzlich auf. Mit einem Abgrund von gut 10 Metern auf die Autobahn darunter.

Wir standen völlig entsetzt da.

»Wie konnten sie das tun?« sagte ich, bestürzt über

die bürokratische Dummheit, die eine unfertige Auffahrt ohne Warnung beließ, eine Todesfalle, die nur auf nichtsahnende Fahrer wie uns wartete.

Anne war sprachlos. Sie frage mich nicht, wie ich nur wenige Augenblicke, bevor wir geradewegs in ihn hineingefahren wären gewußt hatte, daß es hier einen Abgrund gab. Sie wußte, daß ich ihn, obwohl nicht mit meinen Augen, nichtsdestoweniger gesehen hatte. Sie kannte mich gut und lange genug und war Zeuge vieler anderer Gelegenheiten gewesen, bei denen meine Intuition auf höchstem Niveau gearbeitet hatte.

Während Anne am nächsten Morgen ihr Auto gegen einen Barscheck eintauschte, ging ich spazieren und hatte ein kleines Gespräch mit Gott. Ich wußte an diesem Morgen, daß die starken intuitiven Kräfte, die ich mein ganzes Leben lang hatte, ein Geschenk waren. Inzwischen weiß ich, daß sie eine besondere Partnerschaft darstellen. Mein Schutzengel zeigte mir im Geist, daß uns nicht einmal 6 Meter von dem Ort entfernt, an dem Annes Auto schließlich anhielt, ein Abgrund erwartete. Ich vertraute dem, was ich im Geist sah, und Anne ebenfalls. Ich weiß nun, daß wir auf eine spirituelle Führung vertrauten, die damals eingriff, um unser Leben zu retten.

Ich ging etwa fünfhundert Meilen von zu Hause entfernt zur Universität und besuchte meine Familie zweimal im Jahr für ein oder zwei Wochen. Es war Januar 1980. Nachdem ich einige Jahre in verschiedenen Jobs im Medienbereich gearbeitet hatte, kehrte ich zum Vollzeit-Studium an die Universität zurück. Ich war gerade auf Urlaub zu Hause bei meiner Familie gewesen und hatte während meines Aufenthaltes viel Zeit mit meinem fünfundachtzigjährigen Großvater verbracht, der kürzlich in ein Pflegeheim umgezogen war. Wegen seines Herzens und seiner Krebserkrankung wußten wir, daß er nicht mehr sehr lange leben würde.

An diesem Morgen im Januar hatte ich um neun Uhr eine Vorlesung, dann um zehn Uhr eine andere auf der anderen Seite des Campus. Als ich die erste Vorlesung verließ, ging ich zu meinem Auto, um zur nächsten zu fahren. Aber sobald ich das Auto gestartet hatte, hatte ich das Gefühl, daß ich die Vorlesung nicht besuchen sollte. Das war nicht die übliche Versuchung, eine Klasse zu schwänzen, der Studenten oft unterliegen. Ich hatte diesbezüglich ein starkes Gefühl.

Etwas sagte mir nicht nur, daß ich diese Vorlesung nicht besuchen sollte, sondern auch, daß ich nirgendwo anders hingehen sollte als zurück in mein Apartment.

»Nun gut«, dachte ich, »ich werde nach Hause gehen.«

Ich WUßTE einfach, daß es richtig war, unabhängig davon, was ich versäumte. Ich schob jedes Schuldgefühl beiseite und fuhr zu meinem Apartment zurück. Ich ging durch die Tür, und bevor ich noch meine Tasche ablegen konnte, läutete das Telefon.

»Das war der Grund, weshalb ich nach Hause kommen mußte«, dachte ich, »um für diesen Anruf hier zu sein.«

Ich nahm den Hörer ab und wußte, sobald ich die Stimme meiner Mutter hörte, daß ich die richtige Wahl getroffen hatte. Sie sagte mir, daß mein Großvater an diesem Morgen gestorben war.

»Packe sofort«, sagte sie, »und fahre zum Flughafen. Wir haben ein Ticket für Dich reserviert.«

Das Begräbnis würde am nächsten Morgen stattfinden, in einer Stadt, die fünfzehnhundert Meilen entfernt war, und ich mußte das nächste Flugzeug erreichen.

Wieder einmal hatte mich die kleine Stimme, das Gefühl, dem ich folgte, in die richtige Richtung geleitet.

Das Universum und seine Engel sind unseren Bedürfnissen und unserer Sicherheit gegenüber besonders aufgeschlossen, wenn wir reisen. Es ist kein Zufall, daß sich so viele Geschichten über Unterstützung durch Engel um Autos, Flugzeuge und Züge drehen. 150 Jahre früher hätten wir von Beinahe-Unfällen zu Pferde und mit Kutschen gehört.

Wenn wir reisen, sind wir allen möglichen Gefahren, Unglücksfällen und Verwirrungen ausgesetzt. Hier können Engel ihre subtilste, bemerkenswerteste und oft amüsanteste Arbeit leisten. Wir sahen wie das »Sehen« der unfertigen Straße Leigh und Anne davor bewahrte, das Auto ins Nichts zu fahren. Nun hören wir von Kate, achtunddreißig Jahre alt, die eine heitere Form von Reisehilfe im Stil der Engel erfuhr. Sie erzählt uns in ihren eigenen Worten eine amüsante Episode, die vor etwas vierzehn Jahren passierte.

Ich war nach Connecticut geflogen, um an einer Familienfeier teilzunehmen, und kam mit zwei kleinen Koffern voller Pullover und anderer dicker Winterkleidung an, die so viel Platz wegnimmt. Ich hielt mich für drei Tage dort auf und flog dann weiter nach Philadelphia, um für weitere drei Tage Freunde zu besuchen.

Jedesmal wenn ich nach Connecticut kam, gingen meine Lieblingstante und ich gemeinsam einkaufen, so daß ich am Ende meines Besuches mit VIER Koffern abreiste. Meine Freundin Caroline wollte mich am Flughafen in Philadelphia abholen, aber ich würde mehr als eine Stunde auf sie warten müssen, weil sie nach ihrer Arbeit vorbeikommen wollte.

»Wie willst Du vier Koffer von der Gepäckausgabe bis zu eurem Treffpunkt tragen?« fragte meine Tante. Sie dachte nicht daran, daß es dafür Gepäckwagen gibt, und genausowenig tat ICH es.

»Mach Dir keine Sorgen«, antwortete ich ganz lässig. »Irgendein netter Holzfäller wird sie für mich tragen.«

Als die Motoren anliefen, kam ein letzter Passagier den Gang heruntergelaufen, um nach seinem Sitz zu suchen. Er hatte den Platz neben mir. Ich beobachtete, wie er seine Reisetasche in dem Fach über uns verstaute. Er war in den Dreißigern, ungefähr 1,90 m groß, kräftig und hatte sandbraune Haare und einen kurzgeschnittenen Bart. Er trug ein rot, blau und grün kariertes Hemd, Jeans und derbe Arbeitsstiefel. Er war ein rauher Kerl, und ein Riese obendrein.

Außer Atem setzte er sich neben mich.

»Beinahe hätte ich das Flugzeug verpaßt!« sagte er. Er hatte eine freundliche und sanfte Art und ein sehr heiteres Gesicht für jemanden, der so rauh aussah. »Besuchen Sie in Philadelphia Ihre Familie?«

»Nein, ich besuche Freunde«, antwortete ich.

»Ich auch«, sagte er. »Was arbeiten Sie?«

»Ich bin Schriftstellerin«, sagte ich. »Und Sie?«

»Ich bin Holzfäller«, antwortete er.

Mein Mund öffnete sich weit, aber kein Ton kam heraus. In meinem Kopf jedoch schrie es: »Sie sind ein HOLZFÄLLER?« Wie viele Holzfäller gab es wohl noch auf diesem Planeten? Ich hatte noch nie einen getroffen. Sind Sie jemals einem begegnet? Auch nicht, nicht wahr? Ich konnte nicht glauben, daß ich, fünfzehn Minuten, nachdem ich meiner Tante im Spaß gesagte hatte, sie solle sich nicht sorgen, weil ein netter Holzfäller meine Koffer tragen würde, neben einem netten Holzfäller saß, der am Ende aller Wahrscheinlichkeit nach meine Koffer tragen würde.

Falls er meinem Gesicht den Schock ansah, ließ er sich jedenfalls nichts anmerken. Während der restlichen Flugzeit, die nicht mehr als eine halbe Stunde betrug, unterhielten wir uns kaum. Nur ein paar kurze Worte hier und da. Zumeist lasen wir beide irgendwelche Magazine. Die Gedanken überschlugen sich in meinem Kopf: Wie hoch war die Wahrscheinlichkeit, daß ein Holzfäller einfach so hier auftauchte? Was machte er in Connecticut und auf dem Weg nach Philadelphia, wenn Holzfäller doch am ehesten noch im Nordwesten, im Staate Washington oder Oregon, erwarten würde, wo es eine Holzindustrie gibt? Was ging hier vor?

Ich erwähnte ihm gegenüber niemals die Bemerkung, die ich zu meiner Tante gemacht hatte, oder daß ich vier Koffer und nur zwei Arme hatte. Ich bat ihn nicht um Hilfe.

Das Flugzeug landete, und obwohl er nur die Reisetasche bei sich hatte, die er ins Flugzeug mitgenommen hatte, folgte er mir zur Gepäckausgabe. Meine vier Koffer kamen ziemlich schnell an. Er sagte, daß für ihn kein Gepäck kommen würde.

»Möchten Sie, daß ich Ihnen beim Tragen Ihrer Koffer helfe?« fragte er.

»Ja, danke«, antwortete ich und erwartete, daß er zwei und ich zwei tragen würde.

Aber er schaufelte alle vier hoch und trug sie, einen unter jedem Arm und einen in jeder Hand, seine Reisetasche über die Schulter gehängt. Ich trug meine Tasche, und wir gingen nebeneinander her.

»Wo holt Ihre Freundin Sie ab?« fragte er.

Ich sagte es ihm und entschuldigte mich dafür, daß wir dabei den ganzen Flughafen durchqueren mußten.

»Das macht nichts«, sagte er. »Kein Problem.«

Wieder unterhielten wir uns kaum. Wir gingen und gingen, und dann ließ er unmittelbar vor einem dieser geschwungenen Plastiksessel in der Wartehalle des Flugplatzes meine Koffer sanft niedergleiten, alle vier gleichzeitig, wie es schien.

»Vielen Dank«, sagte ich, »ich bin Ihnen wirklich sehr dankbar.« Ich beugte mich nieder, um meine Koffer in eine Linie zu bringen. Ich hatte vor, ihm danach die Hand zu geben. Aber als ich mich aufrichtete, war er in der Menge verschwunden. Es geschah alles sehr schnell. Ich sah mich um, aber er war verschwunden. Mit 1,90 m sollte er eigentlich jedermann überragen und leicht auszumachen sein. Aber ich sah ihn nirgendwo.

Ich erinnerte mich an diesen alten Satz: »Bitte, und dir wird gegeben.« Es scheint ziemlich offensichtlich, daß ich um einen Holzfäller gebeten – und tatsächlich einen erhalten hatte.

In der folgenden Geschichte lernen Sie Maggie kennen, eine Schriftstellerin wie viele andere, die ihren Instinkten und der Führung durch ihre Engel folgen.

Maggie schreibt für große Magazine, vorwiegend über Kunst, Wissenschaft und medizinische Forschung. In ihrer Geschichte erzählt sie uns, wie die Engel ihr den Weg ebneten, als sie vor mehr als einem Dutzend Jahren hauptberuflich zu schreiben begann.

Wir fragen uns oft, ob unsere Schutzengel die ganze Zeit über bei uns sind. Wenn sie auch im Badezimmer bei uns sind, stört das unsere Vorstellung von Privatsphäre. Aber das bedeutet nicht, daß sie da sind, um auf uns zu zeigen und zu lachen. Sie sind aus einem bestimmten Grund im Badezimmer. Ich weiß das aus Erfahrung.

Als ich Mitte Zwanzig war, arbeitete ich in der kleinen Stadt, in der ich die Universität besucht hatte. Ich hatte in verschiedenen Jobs Medienerfahrung gesammelt, aber ich wußte, daß ich eigentlich hauptberuflich schreiben wollte.

Ich war in meine Heimatstadt geflogen, um an der Hochzeit meines Bruders teilzunehmen, und am ersten Tag dort gaben meine Eltern in ihrem Heim einen Empfang für mehr als dreißig Familienmitglieder und Freunde. Nach meinem dritten Glas Eistee hatte ich ein dringendes Bedürfnis. Bei so vielen Menschen im Haus war ich nicht überrascht, daß die Gästetoilette im Erdgeschoß besetzt war. Weil mein Bedürfnis keinen Aufschub duldete, ging ich ins Obergeschoß und ins Badezimmer meiner Eltern.

Ich schloß die Tür, setzte mich nieder und sah auf den Korb voller Magazine. Ich kam aus einer Familie von Leseratten. Wir lesen einfach ÜBERALL. Eines der kleinen Vergnügen meiner Kindheit war, bei Besuchen alles zu lesen was andere Leute auf IHREN Couchtischen und in IHREN Körben hatten. So freute ich mich, daß ich diese überfließende Kollektion neuester Magazine gerade zu meinen Füßen hatte. Das oberste erregte meine Aufmerksamkeit. Es war das lokale Stadtmagazin. Da ich seit acht Jahren nicht mehr hier gelebt hatte, hatte ich es nie gesehen, aber ich hatte gehört, daß es zu den besten des Landes zählte. Was für eine Freude – meine Eltern hatten es abonniert, und außer der neuesten Ausgabe obenauf waren noch viele ältere Ausgaben im Stoß darunter verborgen.

Ich durchblätterte die neueste Ausgabe und wußte sofort, daß ich für dieses Magazin schreiben würde. Wußte tief in mir, daß ich dorthin gehörte. Ich blätterte zu den ersten fünf Seiten zurück und prüfte, ob ich jemanden auf der Redaktionsliste kannte. Nein, nicht eine einzige Person. Es machte nichts. Ich hatte das ganz bestimmte Gefühl, daß hier meine Bestimmung lag.

Als ich das Badezimmer verließ, hatte ich eine große Entscheidung über mein Leben und meine Karriere getroffen. Ich würde hierher zurückziehen. Und ich würde für dieses Magazin schreiben. Ich sagte nichts zu meiner Familie, bis die Hochzeit vorüber war. Sobald ich drei Tage später nach dem Rückflug mein Apartment betrat, rief ich sie an.

Sie dachten, ich sei verrückt.

»Hast Du einen Job in Aussicht?« fragten meine Eltern.

»Ich werde einen haben, wenn ich da bin«, antwortete ich und erzählte von dem Magazin im Badezimmer und von meinem guten Gefühl. »Alles wird sich ergeben, Ihr werdet sehen.«

Jetzt dachten sie natürlich erst recht, daß ich verrückt sei.

»Brauchst Du nur hineinzugehen und zu sagen, Hallo, ich bin Ihre neue Mitarbeiterin?« fragten sie, sicher, daß die Antwort nein war.

»Das ist genau das, was ich vorhabe«, antwortete ich mit der Art von Zuversicht, die diese intensiven Gefühle begleitet. »Aber nicht unbedingt mit diesen Worten.«

»Brauchst du nicht eine Art Empfehlung an den Herausgeber? Ich dachte, es wäre schwierig, da hineinzukommen. Gibt es da nicht irgendeinen offiziellen Weg, den Du einschlagen mußt?« wollte meine Mutter wissen.

»O natürlich, da gibt es viele Regeln«, antwortete ich. »Also werde ich jede einzelne davon brechen. Niemand hat es jemals zu etwas gebracht, indem er den offiziellen Weg befolgte. Es heißt, daß man keinen Herausgeber anruft, den man nicht kennt. Herausgeber sind vielbeschäftigte Leute, die nicht die Zeit oder das Bedürfnis haben, mit jemand Unbekanntem zu reden. Nun, ich werde diese Herausgeberin anrufen, und ich weiß, sie wird mir einen Termin geben. Ich werde Ihr meine Bewerbungsunterlagen geben, ihr die Handvoll Artikel zeigen, die ich bereits veröffentlicht habe, und einige Ideen für Artikel vorschlagen. Und wenn ich sie verlasse, werde ich einen Auftrag haben.«

»Wie kannst Du so sicher sein?« fragte mein Vater mit seiner üblichen Skepsis.

»Ich weiß nicht. Aber ich bin sicher«, sagte ich und versuchte ihm deutlich zu machen, daß ich nicht irgendeine freche junge Frau war, sondern eine, die wußte, daß dies ihre Bestimmung war und daß es sehr leicht sein würde. »Ich kann es nicht anders erklären.«

»Wo wirst Du wohnen?« fragte mein Vater, der hoffte, mich durch dieses kleine Detail zu verwirren.

»Das habe ich bereits geregelt«, sagte ich. »Ich werde mit Jenny zusammenziehen.« Wir waren Freunde seit unserer Highschool-Zeit und öfter auch Zimmerkolleginnen während und nach der Universität, und sie war im vergangenen Jahr in die Stadt zurückgezogen. Ich hatte vor, für eine Weile bei ihr zu wohnen, bis ich mich zurechtgefunden hatte, und dann eine eigene Wohnung zu suchen. Vor Jahren war sie einmal, als sie eine absolut schreckliche Zimmerkollegin endgültig über hatte, um zwei Uhr morgens an meiner Türschwelle aufgetaucht. Ich machte Platz für sie, und sie wohnte für den Rest des Semesters bei mir. Also zählte ich darauf, daß ich nun im Gegenzug bei ihr würde wohnen können.

»Wann ziehst Du um?« fragte meine Mutter, wobei sie dachte, daß das ein Langzeitplan war.

»Nun, mal sehen«, sagte ich. »Heute ist Dienstag. Es wird ein paar Tage dauern, um die Dinge hier zu ordnen. Ich werde Freitag abend da sein.«

Wieder dachten sie, ich sei verrückt.

Aber ich mußte mich um keinen Mietvertrag kümmern. Der lief auf den Namen meiner Zimmerkollegin, und sie hatte eine Freundin, die meinen Platz einnehmen konnte. Ich konnte alles, was nicht in mein kleines Auto paßte, weggeben oder verkaufen – es war sowieso an der Zeit, den Kram loszuwerden, der während der

Hochschulzeit irgendwie als Einrichtung durchgegangen war –, meine Katze auf den Vordersitz packen und losfahren. Es würde einfach sein. Alles würde sich ergeben. Ich WUSSTE es einfach. Das Universum würde den Weg für mich ebnen. Ich hatte nicht einen Funken Zweifel und ließ mich auch durch die Zweifel anderer nicht beirren.

Nun, die Engel müssen Überstunden gemacht haben, denn alles ergab sich tatsächlich mühelos. Als ich spät nach Mitternacht am Freitag ankam – o. k., es war keine vollkommen reibungslose Fahrt, es regnete die ganze Strecke hindurch, wodurch eine Achtstundenfahrt zu einer Zwölfstundenfahrt wurde, aber es machte mir nichts aus – wußte ich, daß ich die richtige Entscheidung getroffen hatte, die einzige Entscheidung, die ich treffen KONNTE.

Am Montag rief ich die Herausgeberin an und bat um einen Termin. Sie würde sich freuen, mich zu sehen, sagte sie, und als sie von meiner Medienerfahrung hörte, gab es sofort einen Anknüpfungspunkt – sie schrieb früher für eine Zeitung Fernsehkritiken und war sehr froh, noch jemanden im Team zu haben, der die Medien betreuen konnte.

Als wir uns vier Tage später trafen, war es wie ein Wiedersehen von zwei alten Freunden. Sie gab mir sofort einen Auftrag. Die Idee, die ich ihr vorlegte, war etwas, was sie lange Zeit geplant hatte, aber sie hatte niemanden mit der entsprechenden Erfahrung gefunden, es durchzuführen – bis ich aus dem Nichts auftauchte. Wie es sich herausstellte, hatte mein Bruder mit ihr die Universität besucht, und mein Herausgeber und ich hatten dieselbe Universität besucht, obwohl sie mir sechs Jahre im voraus war. Wir hatten auch gemeinsame Freunde.

Dieser erste Auftrag wurde später zur Titelgeschichte und wurde für eine Auszeichnung vorgeschlagen. Ich gewann nicht, aber das machte nichts. Meine Herausgeberin wurde mir so vertraut wie ein Familienmitglied. Sie machte mich mit dem Mann bekannt, den ich später heiraten sollte. Es endete zwar mit einer Scheidung, aber das kreide ich ihr nicht an. Meine Arbeit für dieses Magazin führte schließlich dazu, daß ich landesweit auch für andere Zeitschriften, darunter einige der größten nationalen Magazine, schrieb.

Kurz gesagt, dieser Gang in das Badezimmer führte zu einer enormen Veränderung meines Lebens, startete meine Karriere als Schriftstellerin und öffnete erstaunliche berufliche und persönliche Türen für mich. Ich weiß, daß ich geführt wurde, diesen Sprung ins Ungewisse zu tun. Engel folgen Dir also tatsächlich bis ins Badezimmer. Aber sie betätigen nicht die Wasserspülung für Dich!

Vielleicht erinnern Sie sich an Gordon MacRae, den Star von Film-Musicals der fünfziger Jahre, z. B. der Klassiker OKLAHOMA und KARUSSELL. Die Frau des inzwischen verstorbenen Schauspielers, Sheila MacRae, spielte mit

Gordon auf der Bühne, in Film und Fernsehen, und ist am besten bekannt als »Alice Kramden« aus der Serie »The Honeymooners«, die von 1967-1973 spielte. Danach setzte sie ihre Karriere in Theaterstücken am Broadway und in Gastspielen fort.

Sheila MacRae hat ein Zuhause in Kalifornien und eines in New York. Sie spricht oft öffentlich über ihre spirituellen Erfahrungen während ihrer Kindheit und als Erwachsene.

Im Laufe der Jahre erzählte mir Sheila von vielen Fällen, bei denen ihre Intuition, ihre Führung durch Engel, sie erfreute oder auch vor Gefahren warnte. Sie wählte die folgenden Geschichten für dieses Buch aus.

1946, vor ihrem Hollywood-Erfolg, waren Sheila und Gordon ein jungverheiratetes Paar, das sich von vielen anderen ihrer Zeit kaum unterschied. Gordon war beim Army Air Corps (die spätere Air Force) und in Texas stationiert, wo er Piloten ausbildete. Sheila war schwanger, und das Paar wartete voll Freude auf die Geburt ihres Kindes, auch wenn Gordon wegen der Flugmanöver oft den ganzen Tag lang von seiner Frau getrennt war.

Eines Tages, es war um das Erntedankfest herum, schreckte Sheila, wie sie sich erinnert, gegen elf Uhr morgens hoch und »wußte, daß Gordy etwas zugestoßen war. Ich konnte ihn nicht anrufen, weil er den ganzen Tag über mit Trainingsübungen beschäftigt und telefonisch nicht zu erreichen war.«

Das Gefühl, das über sie kam, war so stark, daß sie es nicht ignorieren konnte. Es ging nicht vorbei, und sie fühlte sich hilflos. Sie wußte, sie *mußte* etwas unternehmen.

»Beten Sie«, schlug ihre Vermieterin vor.

Sheila betete. Sie begann den einundneunzigsten Psalm zu rezitieren, der vom Schutz durch Gott und seine Engel handelt.

10 *Dir begegnet kein Unheil,*
kein Unglück naht deinem Zelt.
11 *Denn er befiehlt seinen Engeln,*
dich zu behüten auf all deinen Wegen.
12 *Sie tragen dich auf ihren Händen,*
damit dein Fuß nicht an einen Stein stößt;
13 *du schreitest über Löwen und Nattern,*
trittst auf Löwen und Drachen.
14 *»Weil er an mir hängt, will ich ihn retten;*
ich will ihn schützen, denn er kennt meinen Namen.
15 *Wenn er mich anruft, dann will ich ihn erhören./*
Ich bin bei ihm in der Not,
befreie ihn und bringe ihn zu Ehren.
16 *Ich sättige ihn mit langem Leben*
und lasse ihn schauen mein Heil.«

Sheila sagte den gesamten Psalm auf und betete für die Sicherheit ihres Mannes. Sie wußte nicht, in welcher Art von Gefahr er sich befand, aber sie fühlte tief in ihrer Seele, daß er in Schwierigkeiten war.

Sie betete und betete und betete.

Schließlich rief er um 6 Uhr abends von der Basis aus an.

»Du wirst das niemals glauben«, sagte Gordon am Telefon zu seiner Frau. »Wir waren in der Luft, als der Copilot in Panik geriet und an den Kontrollen komplett erstarrte. Es hieß, wir müßten abspringen!«

»Um welche Zeit war das?« fragte Sheila, erleichtert, die Stimme ihres Mannes zu hören, und nicht allzu überrascht, daß etwas so Dramatisches geschehen war.

»Ungefähr um elf Uhr am Vormittag«, antwortete Gordon.

Elf Uhr am Vormittag – genau die Zeit, als Sheila spürte, daß Gordon in Gefahr war.

»Plötzlich hörte ich eine Stimme den einundneunzigsten Psalm aufsagen«, fuhr Gordon fort. »Und ich öffnete die verkrampften Hände des Copiloten und landete das Flugzeug selbst. Es war gut, daß ich nicht abgesprungen bin. Einige sprangen, und einer kam dabei ums Leben, weil wir so niedrig geflogen waren.«

Gordon hatte Sheilas Gebet gehört. Er sprang nicht ab, er geriet nicht in Panik. Er spürte den göttlichen Schutz und war dadurch fähig, die Kontrollen zu übernehmen, das Flugzeug zu landen und ihrer aller Leben zu retten.

Einige Zeit später half Sheilas spirituelle Führung ihr nochmals, ihren Mann zu retten. Sheila wohnte mit dem Baby in Long Island, während Gordon in Pope Field in North Carolina stationiert war. Jeden Freitag flog Gordon nach New York, um das Wochenende mit seiner Frau und seiner Familie zu verbringen. An einem bestimmten Wochenende jedoch spürte Sheila, daß Gordon nicht nach Roosevelt Field in Long Island fliegen, sondern daß sie statt dessen nach North Carolina fahren sollte, um für das Wochenende mit ihm zusammen zu sein.

Ihre Familie versuchte es ihr auszureden.

»Es ist eine so lange Reise«, protestierten sie. »Und Du hast das Baby. Bleib hier. Er wird am Freitag herfliegen. Wo ist der Unterschied?«

Da WAR ein Unterschied. Sheila wußte nicht genau, WAS es war, aber sie wußte, daß sie an diesem Freitag Gordon nicht nach New York kommen lassen konnte. Ihr Entschluß war gefaßt, und niemand konnte sie davon abbringen. Die Reiserouten waren schwierig, und schließlich machte sie eine lange Bahnfahrt von New York nach North Carolina. Kurz nach ihrer Ankunft am Freitag war sie mit Gordon bei einer Party im Haus eines Vorgesetzten, als plötzlich ein Offizier in den Raum platzte.

»Ich bekam eine Gänsehaut, als ich ihn sah«, erinnert sich Sheila. »Ich beobachtete, wie er zu dem Oberst hinüberging und ruhig mit ihm sprach. Anschließend rief der Oberst Gordon zu sich.«

Nachdem er mit seinem Vorgesetzten gesprochen hatte, kehrte Gordon zu Sheila zurück.

»Ich muß nach New York«, sagte er. »Alle auf dem Flug nach Roosevelt Field wurden getötet.«

Als das Flugzeug in dichtem Nebel zur Landung ansetzte, streifte es einen Baum und stürzte ab.

Es war das Flugzeug, mit dem Gordon geflogen wäre.

1953 genossen Sheila und Gordon Ruhm und einen komfortablen Lebensstil in Hollywood. Mit einer wachsenden Familie (sie hatten schließlich vier Kinder) begann das Paar sich nach einem größeren Haus umzusehen. Der Makler eines Immobilienbüros nahm Sheila mit, um eine schöne Ranch anzusehen, zu der auch ein Swimmingpool, viele Walnußbäume, eine Scheune und ein Pferdestall gehörten.

»Sie gefiel mir sehr«, sagte Sheila. »Sie war perfekt für eine große Familie. Aber als ich die Treppen hinaufging, um in das Haus einzutreten, fühlte ich mich schwach. »Ich kann in diesem Haus nicht leben«, sagte ich zu dem Makler und dem Besitzer.

»Seien Sie nicht töricht«, antwortete der Besitzer. »Sie fühlen sich nur nicht gut, weil Sie schwanger sind. Kommen Sie herein, ich bringe Ihnen Milch und paar Kekse.«

Sheila wollte das Haus nicht betreten, aber sie folgte ihnen. Die Frau des Besitzers fühlte sich nicht gut und hatte sich hingelegt, erzählte er ihnen, also ging er in die Küche, um Milch und Kekse für Sheila zu holen.

»Ich wußte, daß ich aus dem Haus heraus mußte«, sagt Sheila. »Aber er wollte, daß ich bleibe. Er wollte uns nach draußen führen und uns die Pferde zeigen. Einige von ihnen waren im Verkaufspreis enthalten.

Mit einem unbehaglichen Gefühl ging Sheila auf die Küche zu.

»Ich sah eine Frühstücksecke«, erinnert sie sich. »Und dann materialisierte sich dort eine Vision. Durch einen gräulich-weißen Nebel hindurch sah ich eine Frau am Tisch sitzen und eine Zigarette rauchen. Als ich das sah, fühlte ich mich so elend, daß ich zu den beiden anderen sagte »Ich muß hier raus!«

Sheila rannte sofort aus dem Haus. Es war 5 Uhr nachmittags.

Auf dem Weg nach Hause tadelte der Makler andauernd: »Sie hätten bleiben sollen. Sie hätten sich den Rest des Hauses ansehen sollen!«

Aber Sheila war erleichtert, daß sie das Haus verlassen hatte.

Sobald sie nach Hause kam, fühlte sich Sheila besser.

»Ich kann in diesem Haus nicht leben«, sagte sie zu Gordon. Sie erzählte ihm von der Vision in der Frühstücksecke.

»Vermutlich waren es nur Schatten«, antwortete er.

Aber Sheila wußte es besser.

Um 9 Uhr abends läutete das Telefon.

»Es war der Makler aus dem Immobilienbüro«, erinnert sich Sheila. »Er rief an, um uns zu sagen, daß das große, schöne Haus, das ich an diesem Nachmittag gesehen hatte, niedergebrannt war. Die Frau war eine Alkoholikerin, und ihre Zigarette löste das Feuer aus.«

Sheilas Vision – von einer Frau, die in der Frühstücksecke eine Zigarette rauchte, umgeben von einem rauchigen Nebel – und ihre fürchterliche Angst, die sie aus dem Haus trieb, beinhalteten eine Botschaft.

»Ich SAH es, bevor es geschah.«

1966 spielte Sheila die Rolle der Alice in einer neuen Version der »*Honeymooners*«, die bei CBS bis 1970 dauern sollte.

»Jackie, eine Kollegin, stellte mich immer auf die Probe«, erinnert sie sich, »und ständig hatten wir Diskussionen über außersinnliche Wahrnehmung und über Schutzengel.«

In dem Jahr, als sie bei der Serie begann (die bereits vier Jahre lang lief), erhielt sie eine weitere spirituelle Botschaft bezüglich eines Flugzeugs; diesmal war ihr guter Freund Frank Sinatra beteiligt.

»Ich wachte um 5 Uhr morgens aus einem Traum auf«, erinnert sie sich. »Und alles, woran ich denken konnte, war, daß Frank nicht in dieses Flugzeug steigen sollte. Ich war in New York, und in Palm Springs, wo Frank Sinatra war, war es 2 Uhr morgens, aber ich dachte nur, »ich muß ihn anrufen!«

»Flieg heute nicht«, sagte sie am Telefon zu Frank.

»Dean und ich fliegen heute nach San Diego«, erzählte ihr Frank, sich auf Dean Martin beziehend.

»Flieg nicht!« flehte sie.

»Sei nicht albern«, sagte er und versuchte sie zu beruhigen, »es ist nur ein Katzensprung.«

Frank machte den Flug und rief Sheila später während des Tages an.

»Hallo, Frau Hexe«, sagte er neckend, als sie den Anruf entgegennahm. »Uns ist nichts passiert, aber bei der Landung platzte ein Reifen, und das Flugzeug ist von der Landebahn abgekommen.«

1986 starb Gordon MacRae. Obwohl er und Sheila seit einiger Zeit geschieden waren, waren sie enge Freunde geblieben, und die spirituelle Verbindung zwischen ihnen war so stark, wie sie immer gewesen war.

»In der Nacht, als Gordon starb, weinte ich mich in den Schlaf«, sagt sie. »Und als ich am Morgen aufwachte, sah ich ihn, seinen Geist, auf der anderen Seite des Bettes liegen. Er trug seinen geliebten grüngestreiften Schlafanzug. Ich schrie, sprang aus dem Bett und lief aus dem Zimmer. Das hätte ich nicht tun sollen. Als ich zurückkam, war er verschwunden.«

Wie viele, die die Geister von geliebten Verstorbenen sahen, glaubt Sheila, daß Gordons Erscheinung in ihrem Bett eine göttliche Botschaft war, um sie zu trösten und ihr zu zeigen, daß es ihm gutging und daß er im Jenseits sicher und beschützt war.

Über die Unterstützung durch Engel, die ihr, immer so stark bewußt war, hat Sheila folgendes zu sagen: »Wir hören nicht immer zu. Zuzuhören ist das schwierigste dabei.« Aber WENN man zuhört, so glaubt sie, dann wird man staunen über die Informationen, die man erhält, und mehr darüber, welche Rolle jeder spielen kann, um den Engeln beim Beschützen geliebter Menschen zu helfen.

Als Sheila um Gordons Sicherheit betete und dabei den einundneunzigsten Psalm rezitierte, tat sie unbewußt genau das, was die Engel am meisten mögen. Engel lieben Gebete und reagieren darauf. Ich vergleiche Gebete gern mit einer Ruftaste oder einem Summer, mit dem wir göttliche Hilfe herbeirufen können.

Die Engel lieben Gebete von Gruppen, wenn zwei oder mehr Menschen sich dazu versammeln, um ihre Hilfe herbeizurufen. Tatsächlich gibt es in der Bibel einige Hinweise auf dieses Phänomen, wenn »zwei oder mehr« im Namen Gottes zusammen sind.

Engel erscheinen auch traditionell in den Träumen der Menschen. So sind sie zum Beispiel Joseph erschienen, um ihn und seine Familie nach Jesu Geburt in Sicherheit zu bringen. Manchmal ziehen es die Engel vor, in Träumen zu erscheinen, weil es eine angenehme Art ist, ihre Botschaften zu übermitteln. Sheila hatte ein Erlebnis mit dieser häufigen Kommunikationsform der Engel, als sie aus ihrem Traum erwachte und wußte, daß Frank Sinatra an diesem Tag nicht fliegen sollte.

Wenn man träumt, können die Engel einen in viele verschiedene Dimensionen führen, manchmal sieht man sogar Menschen, die bereits gestorben sind. Beim Erwachen ist es möglich, die Engel um Hilfe bei der Interpretation der Träume zu bitten, und sie werden es tun.

Was können die Engel nicht für uns tun?

Wie ich zuvor schon ausführte, arbeiten die Engel nur als eine Kraft zum GUTEN, also werden sie nicht als rächende Armee fungieren. Sie werden auch nicht Ihr Leben vollkommen machen. Das ist Ihre Aufgabe. Sie versuchen die Menschen vor Schaden zu bewahren, doch wer nicht auf das innere Gefühl hört und ihre Warnungen oder Vorschläge ignoriert, kann in der Patsche enden! Sie können niemanden dazu zwingen, auf sie zu hören. Sie geben sich zwar alle Mühe, aber letzten Endes liegt es an jedem einzelnen!

Durch ihre Arbeit helfen sie uns auch bei unseren Lebenslektionen. Das ist der Grund, weshalb sie uns nicht einfach mit einem vollkommenen, wunderbaren und konfliktfreien Leben versorgen. Würden sie DAS tun, würden wir niemals etwas lernen! Es ist wie in der Schule. Das Wissen und die Antworten wurden nicht einfach in unsere Köpfe eingepflanzt. Wir mußten lesen, lernen, erfahren. Und oft wurden wir getestet, um unsere Fortschritte zu prüfen. Engel machen nicht die Prüfungen für uns, sondern LEHREN uns auf eine besondere Art. Sie stellen uns mehr Hilfe zur Verfügung, als wir uns erträumen.

Wie lehren uns die Engel?

Sie lehren uns Gottvertrauen und Selbstvertrauen, und sie lehren uns, auf die »leise Stimme« in uns zu hören. Sie lehren uns Liebe, den Unterschied zwischen gut und böse; und sie lehren uns, das Leben in all seinen Formen zu respektieren.

Wie tun sie das?

Indem sie uns in Situationen bringen, durch die wir lernen. Diese Lektionen sind wunderbar, aber sie können manchmal auch schmerzlich sein.

Marie Marshall lebt an der Golfküste in Florida, in New Port Richey, nicht weit von Tampa. Sie schrieb mir, nachdem sie einen meiner Vorträge über Engel gehört hatte, um die folgende unglaubliche Geschichte mitzuteilen. Hier ist, was geschah, in ihren eigenen Worten.

Es begann während einer Nacht gerade vor Mitternacht. Ich las gerade ein Buch über Engel, das ich von Linda nach einem ihrer Vorträge erhalten hatte. Ich habe immer an Schutzengel geglaubt, aber ich hatte bisher noch niemals eine derartig deutliche und unmißverständliche Botschaft erhalten, daß die Engel an der Arbeit sind.

Nachdem er beinahe alles durch den Orkan Andrew in Südflorida verloren hatte, war mein Sohn vorübergehend zu mir und meinem Mann gezogen. Da wir seine Möbel in unserer Garage gelagert hatten, mußten wir unseren brandneuen Lieferwagen in der Auffahrt parken. Etwas vor Mitternacht hatte ich geduscht und mich ins Bett zurückgezogen. Ich entschloß mich, das neue Buch über Engel mitzunehmen und in ihm zu lesen. Ich konnte damit nicht bis zum nächsten Tag warten. Ich hatte meinem Sohn und meinem Mann früher am Abend von dem Buch erzählt, und ich erinnere mich daran, daß sie mich beide mit diesem »Wenn es ihr Spaß macht«-Blick angesehen hatten und dann ihren eigenen Geschäften nachgegangen waren.

Um Mitternacht, während ich las, war mein Sohn bereits im Gästezimmer zu Bett gegangen und mein Mann duschte. Ich war auf Seite fünfundzwanzig und vollkommen mit dem Buch beschäftigt. Ich erinnere mich, daß ich mich sehr friedlich fühlte und ganz weit weg.

Plötzlich gab es einen markerschütternden Krach, und das ganze Haus bebte. Es hörte sich an, als hätte unser Haus bei einem Bombenangriff einen direkten Einschlag erhalten! Im Nu war ich auf und aus dem Bett gesprungen und lief zur Vordertür, wo ich mit meinem Sohn zusammentraf, der bereits auf dem Weg hinaus war. Mein Mann war noch unter der Dusche und bekam von allem gar nichts mit.

Gemeinsam gingen mein Sohn und ich in den Vorgarten hinaus. Wir konnten kaum glauben, was wir sahen. Obwohl wir rundum keinc Menschenseele sahen, sah die Gegend vor unserem Haus und vor den drei Häusern bis zur nächsten Straßenecke aus, als hätte hier ein Krieg stattgefunden.

Anscheinend war ein Auto um die Ecke in unsere Straße eingebogen, hatte die Kontrolle verloren, war von der Straße abgekommen und war durch die Vorgärten der ersten drei Häuser rechts von uns gepflügt, wobei es Postkästen und einige Stauden und Büsche mitnahm, zwei einzementierte elektrische Kraftverteiler und einen kleinen Baum niedermähte und eine Menge Schmutz und Gras aufwühlte. Die Reifenspuren des Autos führten über die Einfahrt des Hauses rechts von uns und direkt auf den neuen Lieferwagen in unserer Einfahrt zu.

Es hatte früher am Abend geregnet, so daß wir die deutlichen Spuren von Schlamm und Schmutz sehen konnten, die das außer Kontrolle geratene Auto hinterlassen hatte. Sie führten geradewegs zur Begrenzung unseres Grundstückes, wo die Spuren auf mysteriöse Weise aufhörten. Die Frontseite der Grundstücke vor jedem Haus war jeweils 10 m breit. Das Auto mußte ziemlich schnell gefahren sein, um so weit zu kommen, besonders nachdem es die Elektrizitätskästen niedergemäht hatte!

Inzwischen hatte sich mein Mann meinem Sohn und mir angeschlossen. Die Nachbarn kamen langsam heraus, und ich erinnere mich, daß wir alle ungläubig auf die Spuren blickten, die abrupt geradewegs an der Grenzlinie unseres Grundstücks endeten, wo das Auto gerade noch etwa 60 m von der Tür unseres neuen Lieferwagens entfernt gewesen war.

Wir konnten sehen, daß das Auto zurückgestoßen und rechts an unserem Lastwagen vorbeigefahren war, um auf die Straße zurückzukommen. Nach diesen Spuren hätte das Auto auf dem Weg zurück auf die Straße den hinteren Stoßdämpfer unseres Lastwagens treffen müssen, hatte es jedoch nicht getan. Die letzten 2 m der Reifenspuren waren sehr seltsam. Die Spuren waren, im Verhältnis zum Gewicht des Autos, kaum sichtbar, so daß es schien, als hätte es kaum den Boden berührt. Es sah aus, als hätte etwas das Auto hochgehoben und gehalten oder es in seiner Spur angehalten.

Das Auto und der Fahrer waren nirgendwo zu sehen. Ich stand völlig ungläubig da, während das Geschehene langsam in mein Bewußtsein einsickerte. Schließlich wandte ich mich an meinen Sohn und meinen Mann und fragte: »Glaubt ihr NUN an Engel?«

Am nächsten Tag, als die Elektrizitätsgesellschaft die elektrischen Kästen austauschte, ging ich hinaus und fotografierte die Spuren, die noch genauso sichtbar waren wie in der Nacht zuvor. Noch etwas Seltsames: Die anderen drei Häuser waren für diese Nacht und den nächsten Tag ohne Strom, bis die Reparaturen durchgeführt worden waren. Unser Haus war davon aber nicht betroffen.

Seit dieser Nacht kommuniziere ich aktiver mit den

Engeln. Bei beinahe allem bitte ich die Engel um Führung. Es ist, als ob man einen besonderen Freund die ganze Zeit über bei sich hat.

Ich habe gelernt, daß es für alles einen Engel gibt. Man kann sich ihrer wie der Gelben Seiten im Telefonbuch bedienen. Wenn ich nähe, ersuche ich zum Beispiel einen »Designer-Engel«, mir zu helfen. Ich liebe meine Engel, und ich habe sie schon bei mancher wichtigen Arbeit beobachtet.

Vor kurzem kam mein Mann eines Tages nach Hause und erzählte, daß er bei einem Nachbarn geholfen und dabei Schwierigkeiten gehabt habe. Dann erinnerte er sich daran, was ich über die Engel gesagt hatte, und bat sie um Hilfe. Zu seiner Überraschung war das Problem beinahe sofort gelöst.

Mein Sohn ersuchte die Engel um Hilfe, als er seinen Umzug von unserem Haus nach Georgia plante. Bereits am ersten Tag nach seiner Ankunft in Georgia fand er einen guten Job und schaffte es, ein Haus zu kaufen, obwohl er absolut kein Geld für eine Anzahlung hatte. Muß ich mehr sagen? Die zwei Skeptiker sind inzwischen überzeugte Anhänger der »Engelkraft« geworden und würden nicht im Traum daran denken, ohne sie auszukommen.

Nicht nur der Sohn der Marshalls, sondern auch viele andere erlitten durch den Hurrikan Andrew Schäden und Zerstörungen.

Ich befand mich außerhalb der Stadt, als sich der Orkan näherte und zuschlug. Ich machte mir Sorgen wegen des großen Olivenbaumes in meinem Garten und betete zu den Engeln. Ich ersuchte sie, den Baum zu leiten, falls er durch den starken Wind gefällt würde. Ich wußte, daß es nur eine einzige Stelle gab, wohin er fallen könnte, ohne mein Haus oder das der Nachbarn zu treffen. Ich betete, daß die Engel den fallenden Baum so lenken würden, daß er auf diesen einen sicheren Platz fallen würde.

Ich kehrte nach Hause zurück, nachdem der Orkan vorüber war, und tatsächlich war der Olivenbaum umgestürzt. Und er war genau in die Richtung gefallen, um die ich gebeten hatte!

Am 1. Mai 1979 war Kathy, damals zweiunddreißig, gerade mit ihren drei kleinen Kindern beim Kuchenbacken, als das Telefon läutete.

»Es war mein Mann, Jason«, erinnert sie sich. »Er war in den Wald gegangen, um Holz für unseren Kamin zu machen, und die Kette an seiner Kettensäge war gebrochen. Er hatte keine Ersatzkette dabei, und so war er zu einem Haus in der Nähe gegangen und hatte mich angerufen, damit ich ihm eine Reservekette bringe.«

Kathy nahm ihren Sohn Alan, damals neun, und stieg mit ihm in den Jeep.

»Die Straße auf den Berg hinauf, wo wir damals im Norden des Staates New York lebten, war sehr kurvig und gefährlich«, erinnert sie sich. »Wir kamen um eine Kurve, und ich erinnere mich, daß ich recht langsam, nur achtundvierzig Meilen, und sehr vorsichtig fuhr. Plötzlich begann das Steuerrad sich um und um zu drehen. Etwas an der Mechanik muß wohl gebrochen sein.«

Kathy versuchte vergeblich, das Auto unter Kontrolle zu bringen. Die Steuerung funktionierte nicht mehr.

»Das nächste, woran ich mich erinnere«, fährt sie fort, »war, daß ich im Krankenhaus aufwachte. Ich erfuhr, daß sich der Jeep dreimal überschlagen hatte. Alan wurde aus dem Jeep hinausgeschleudert. Ich wurde quer über die Straße in ein Feld geschleudert. Jemand hatte angehalten, weil Alan in der Mitte der Straße im Kreis herumlief. Er war in einem Schockzustand.«

Er wußte nicht, wo seine Mutter war. Erst als das Rettungsfahrzeug kam, fand man sie bewußtlos im Feld. »Ich erwachte in der Notaufnahme mit einem gebrochenen Halswirbel, einer gebrochenen Schulter und angebrochenen Vorderzähnen. Alan mußte genäht werden, wo er sich beim Aufprall auf das Pflaster verletzt hatte, aber ansonsten war er in Ordnung.«

Bei diesem schweren Unfall »war jedermann überrascht, daß wir noch am Leben waren«, sagt sie. »Wenn man auf diese Weise hinausgeschleudert wird, überlebt man das normalerweise nicht.«

Kathy glaubt daran, daß ganz sicher jemand oder etwas an diesem Tag über sie wachte und sie beschützte.

Weshalb starb sie nicht?

»Es war noch nicht an der Zeit für mich«, glaubt sie. »Jemand mußte die Kinder aufziehen. Mein Mann hätte es nicht alleine tun können.«

Weshalb hatte sie dann den Unfall?

»Es war wie ein Wecksignal, ein Tritt in den Hintern«, sagt sie. »Nachdem ich an diesem Tag im Krankenhaus aufgewacht war, war ich nicht mehr derselbe Mensch wie vorher und fühlte nicht mehr wie vorher. Kurz nach dem Unfall tat ich, was ich schon lange hätte tun sollen. Ich beendete meine Ehe, die nie funktioniert hatte.

Kathy zog in den Süden und arbeitet nun im Immobiliengeschäft. Sie traf einen wunderbaren Mann, mit dem sie die letzten acht Jahre zusammen war. Ihre drei Kinder sind erwachsen, und im Frühling 1993 wurde sie Großmutter.

Sie fühlt immer noch die Gegenwart ihrer Schutzengel.

Kathy ist nur eine von Millionen Menschen, die jeden Tag knapp dem Tod entgehen. Während der letzten zwanzig Jahre hörte ich Hunderte von solchen Geschichten und erlebte selbst einige, manche davon wie Kathy hinter dem Steuerrad.

Die Engel leiteten zum Beispiel meine Hände, als ich mich einmal mit dem Auto verirrt hatte. Sie bewegten für mich das Steuerrad nach links und nach rechts, um mich sicher dorthin zu bekommen, wo ich mitten in der Nacht hinkommen sollte. Ich fühlte ihre Wärme, während meine Hände auf dem Steuerrad lagen.

Bei einem anderen Erlebnis vor zehn Jahren veranlaßten mich die Engel, meinen Fuß auf der Bremse zu behalten, als ich an einer Ampel anhielt. Ich versuchte meinen Fuß auf das Gaspedal hinüberzubewegen, als die Ampel auf Grün schaltete, aber mein Fuß wollte sich einfach nicht bewegen. Ich wußte nicht, was los war: War mein Bein plötzlich gelähmt? Mit meinem Fuß auf der Bremse beobachtete ich, wie ein von rechts kommendes Auto trotz Rotlichts geradewegs vor mir über die Straße raste. Wäre ich fähig gewesen, meinen Fuß zu bewegen, wäre dieses Auto breitseitig in mich hineingefahren. Sobald das Auto vorüber war, hörte ich eine Stimme sagen: »Nun kannst Du fahren.« Und damit verließ mein Fuß die Bremse und bewegte sich auf das Gaspedal!

Bei einer anderen Gelegenheit intervenierten die Engel noch einmal. Ich fuhr die Autobahn entlang, als ein Reifen genau auf mich zuraste und dann mysteriöserweise irgendwie abgelenkt wurde. Er hätte mein Auto treffen müssen, aber er verschwand einfach. Die Engel hatten mich wieder einmal beschützt.

Was bedeutet freier Wille?

Wir alle haben einen freien Willen. Wir können eine Wahl treffen, und wir tun es. Wir können uns zum Beispiel entscheiden, NICHT um Hilfe zu bitten oder sie nicht anzunehmen, wenn sie gegeben wird. Und wir können die Botschaften der Engel ignorieren. Wir haben viele Möglichkeiten, die Dinge in unsere eigenen Hände zu nehmen.

Wir besitzen also den freien Willen, um Hilfe zu ersuchen, sie zu akzeptieren und den intuitiven Gefühlen zu folgen, über die die Engel aus ihre Botschaften vermitteln.

Laura Caster war 1973 noch an der Highschool – und litt an einem gebrochenen Herzen.

»Ich war den größten Teil dieses Sommers weggewesen, bei einem besonderen Universitätsprogramm für angehende Studenten, und als ich nach Hause kam, sagte mir mein Freund, daß er jemanden anderen gefunden habe«, erinnert sie sich. »Er war meine erste Liebe, und er hatte mich verlassen.«

Laura war am Boden zerstört.

»Ich saß in meinem Bett und weinte die ganze Nacht, bat wieder und wieder um Hilfe, um ihn zurückzubekommen«, sagt sie.

Spät in der Nacht, als sie in Tränen aufgelöst dasaß,

hörte sie eine Stimme, eine sanfte, besänftigende, beinahe väterliche Stimme.

»In Ordnung, mein Kind«, sagte die Stimme.

Als Laura das hörte, beruhigte sie sich und schlief ein.

Am nächsten Morgen läutete das Telefon.

»Ich habe einen fürchterlichen Fehler gemacht«, sagte Lauras Freund am Telefon. »Ich bin diesen Morgen aufgewacht und habe Dich fürchterlich vermißt. Ich möchte Dich sehen.«

Laura konnte es kam glauben. Ihre Teenager-Gebete waren erhört worden.

»Wir kamen wieder zusammen«, erinnert sich Laura. »Es hat nicht lange gedauert, aber zumindest hatten wir diese zweite Chance.«

Laura erinnert sich, daß sie sich bei der endgültigen Trennung bei weitem nicht so schlecht fühlte wie beim ersten Mal, und sie erinnert sich mit Zuneigung an ihn.

Laura war damals sechzehn, und er achtzehn. Als Laura diese Geschichte erzählte, waren zwanzig Jahre vergangen. Sie war auf die Universität gegangen und hatte einen Mann geheiratet, den sie dort traf, hatte zwei Töchter mit ihm und ist nun geschieden und lebt nördlich von New York.

Was wurde aus ihrer ersten Liebe?

»Er heiratete die Frau, wegen der er mich das erstemal verlassen hatte«, sagt Laura ohne eine Spur von Verbitterung. »Ich weiß, daß uns ein Eingriff von oben eine zweite Chance gab, aber ich nehme an, daß sie einfach füreinander bestimmt waren.«

Laura hat immer spirituelle Unterstützung um sich herum gefühlt, und sie erzählt die folgende Geschichte, um zu zeigen, was geschehen kann, wenn man der inneren Stimme, der Stimme der Engel, nicht folgt oder davon abgehalten wird.

Nach der Universität, als ich verheiratet war, lebten mein Mann und ich auf dem Land in einem Haus, das sich nur eine Straße oberhalb seines Elternhauses befand. Wir hatten eine sieben Monate alte schwarz-braune Dobermann-Hündin mit Namen Spooky. Weil wir auf dem Land lebten, war sie nicht angekettet und durfte überall frei herumlaufen.

Eines Tages kletterten unsere drei Katzen aus dem Fenster hinaus und auf das Dach hoch.

»Wir müssen sie herunterholen«, sagte ich zu meinem Mann.

Wir gingen den Weg zu seinem Elternhaus hinunter, um eine Leiter zu holen. Spooky begrüßte uns auf dem Grundstück meiner Schwiegereltern. Als wir hatten, was wir brauchten, gingen wir durch das Tor, und Spooky begann uns nachzulaufen.

»Ich denke, Du solltest sie hierlassen«, sagte ich, Gefahr für sie fühlend. Ich spürte, daß Spooky nicht draußen herumlaufen sollte, während wir auf dem Dach waren.

»Nein, sie kann mitkommen«, sagte mein Mann.

»Ich finde wirklich, daß wir sie hierlassen sollten«, sagte ich nochmals.

Er winkte ab, so als ob er sagen wollte, daß alles in Ordnung wäre, und ließ den Hund mit uns zurück zum Haus kommen.

Während wir mit den Katzen auf dem Dach waren, wurde Spooky von einem Auto angefahren. Ich habe es mir niemals verziehen, daß ich mich von meinem Mann überreden ließ, den Hund hinauszulassen. Das Auto tötete sie nicht, aber sie war für den Rest ihres Lebens verkrüppelt. Sie starb nach sechs Monaten, weil ihr Bein nicht heilte.

Wie Laura kennen wir alle diese Hinweise, daß wir dieses oder jenes tun sollten (oder dieses oder jenes nicht tun sollten!), und wenn wir nicht darauf hörten oder davon abgehalten wurden, dieser Führung zu folgen, sind die Konsequenzen unerfreulich.

Einmal fuhr ich hinter dem Auto einer Freundin her, und obwohl ich die Botschaft hörte: »Fahre langsamer! Du wirst einen Unfall haben!« fuhr ich mit voller Geschwindigkeit weiter. Ich hätte es besser wissen sollen. Das Auto meiner Freundin verringerte plötzlich seine Geschwindigkeit, und ich folgte ihm zu dicht, so daß ich auf sie auffuhr. Hätte ich rechtzeitig die Geschwindigkeit verringert, hätte ich später genügend Zeit gehabt, um einen sicheren Abstand hinter ihr zu wahren.

Was ist unsere Verantwortung?

Solange wir Kinder sind, versorgen uns unsere Eltern mit einem Heim, mit Kleidung, mit Nahrung. Wir sind nicht dafür verantwortlich, Miete oder eine Hypothek zu zahlen, und wir müssen nicht arbeiten, um kaufen zu können, was wir brauchen. Wir müssen keine Kleidung oder Lebensmittel einkaufen. Wir müssen kein Abendessen kochen.

Während dieses frühen Stadiums in unserem Leben besitzen wir wenig Verantwortung. Aber bestimmte Verantwortlichkeiten hatten wir doch. Wir waren dafür verantwortlich, zur Schule zu gehen und unsere Hausaufgaben zu machen. Als wir etwa zwei Jahre alt waren, waren wir dafür verantwortlich, sauber zu werden. Als wir drei Jahre alt waren, nahmen wir mehr Verantwortlichkeit auf uns, wenn wir lernten, unser Spielzeug mit anderen zu teilen und es nach dem Spielen fortzuräumen.

Je größer wir wurden, desto mehr Verantwortung nahmen wir auf uns.

Als Erwachsene sind wir mit Verantwortungen geradezu überhäuft. Das ändert sich auch nicht, nur weil wir uns der Unterstützung durch die Engel bewußter sind. Was sich jedoch verändern kann ist unsere HALTUNG gegenüber unserer Verantwortung. Wir brauchen uns weniger Sorgen zu machen, wenn wir erkennen, daß, nachdem wir alles Menschenmögliche getan haben, der Rest in den Händen des Universums liegt. Vielleicht machen wir uns wegen der großen und der kleinen Dinge nicht mehr so viele Sorgen, wenn wir verstehen, daß wir NICHT alleine sind, daß Hilfe und Führung immer für uns verfügbar sind, daß wir manchmal nicht einmal darum bitten müssen.

Ron Renneberg sagt, daß er einst das Leben seines Sohnes rettete, weil er zu Hause blieb statt fischen zu gehen. »Etwas riet mir, zu Hause zu bleiben«, sagt er heute, etwa zwanzig Jahre, nachdem sich dieser Zwischenfall ereignete, während er und seine Familie noch in Connecticut lebten.

Ron, ein Polizist der zweiten Generation, war daran gewöhnt, der kleinen inneren Stimme zu folgen. Also lehnte er den Ausflug zum Fischen ab und ließ sich mit der Sonntagszeitung auf der Couch nieder.

Seine Frau war in der Küche und schnitt Kartoffeln, während sie telefonierte, ihr fünfjähriger Sohn war bei ihr, spielte und kaute an einem kleinen Stück Kartoffel, das sie ihm gegeben hatte. Es war eine freundliche familiäre Szene, so lange bis Rons Frau in der Küche schrecklich zu schreien begann.

Ron rannte in die Küche und fand sie mit ihrem Sohn in den Armen.

»Er war bereits blau angelaufen«, erinnert sich Ron. »Er war dabei, an der Kartoffel zu ersticken.«

Ron griff nach seinem Sohn.

»Ruf Neun-Eins-Neun!« schrie er seiner Frau zu.

Sie wählte die Nummer, während Ron das Kind mit dem Kopf nach unten drehte.

»Das war vor der Heimlich-Methode«, erinnert sich Ron. »Also schlug ich ihm auf den Rücken. Das war alles, was wir in jenen Tagen wußten. Aber schließlich kam das Stück Kartoffel heraus.«

Der kleine Junge wurde ins Krankenhaus gebracht und erholte sich rasch und vollständig.

»Ich weiß, daß wir einen Schutzengel haben«, sagt Ron nun, »denn wenn ich zum Fischen gegangen wäre, wäre mein Sohn heute vielleicht nicht mehr am Leben.«

Ich gebe stets den Rat, bei einer Entscheidung zu bleiben, die man aufgrund einer inneren Stimme getroffen hat. Man sollte dieser Stimme folgen, ohne sie in Frage zu stellen, auch wenn man in dem Moment nicht versteht, weshalb man es tut. Wie wir sahen, wurde es später klar, daß Ron an diesem Sonntag zu Hause gebraucht wurde, und nicht beim Fischen.

Wir können nicht wissen, was mit Rons Sohn geschehen wäre, wäre Ron nicht gewesen.

Genausowenig können wir wissen, was geschieht, wenn wir unserer inneren Führung nicht folgen.

Wie können wir wissen, dass ein Gefühl eine Botschaft der Engel ist?

Das ist nicht leicht zu beantworten. Ich würde sagen, daß wir es einfach WISSEN. Frage irgendeinen Menschen, der für Hilfe offen ist (und dabei meine ich, daß er sich immer seiner Gefühle aus dem Bauch heraus, seiner Intuition und seiner Instinkte bewußt ist und ihnen die meiste Zeit über folgt), und er wird Dir sagen, daß er es einfach nur FÜHLT. Die meisten von uns sind nicht daran gewöhnt, diese Gefühle »Botschaften der Engel« zu nennen, aber sobald man sie auf diese Weise betrachtet, wird man den Unterschied meistens erkennen können.

Zufälle dagegen sind ziemlich einleuchtend. Ich glaube, daß Zufälle, Synchronizitäten und Glücksfälle von Gott, dem Universum und den Engeln dirigiert werden. Wann immer etwas derartiges geschieht, lächle ich, weil ich weiß, daß die Engel am Werk sind.

Oft ist es eine Frage der Beurteilung und erfordert etwas Übung durch Versuch und Irrtum. Wenn man bewußt darauf achtet, kann man erkennen, ob es sich um Hilfe durch die Engel handelte, oder ob es einfach nur irgendein Gefühl war. Hilfe durch die Engel muß nicht immer etwas sein, dessen wir uns sofort bewußt sind. Es kann Minuten, Stunden, Tage, Wochen, Monate oder sogar Jahre dauern, bevor wir die Wirkungen oder Muster erkennen. Aber in den meisten Fällen können wir es ziemlich rasch deuten.

»Ich habe so ein WISSEN, und dann geschieht es«, sagt der einundvierzigjährige New Yorker Restaurateur Bill Lirio. »Ich lächle dann und fühle mich gut dabei.«

Das war so, solange er sich zurückerinnern kann. 1992 kam Bills innere Führung ihm zweimal besonders zugute. Zum ersten Mal, als er ein anderes Flugzeug als ursprünglich geplant nahm, und dadurch nicht in dem Flugzeug saß, das in New York abstürzte. »Ich WUßTE einfach, daß ich nicht in dieses Flugzeug steigen sollte«, sagt er ruhig und fühlt dabei den Schutz, der ihn stets umgibt. »Dann ist unglaublicherweise etwas Ähnliches nur einige Monate später wieder passiert.«

Bill und seine Freundin beschlossen, vier Tage in Aspen in Colorado zu verbringen. Es war Juni, also wollten sie ihren ersten Besuch dieses beliebten Reisezieles mit Besichtigungen und nicht mit Skifahren verbringen.

Eines Morgens hatten sie die Idee, die Berge zu erobern. Es gab zwei Möglichkeiten: entweder einen Teil des Weges hinaufzufahren und den Rest zum Gipfel eine Gondel zu nehmen, oder auf einen anderen Gipfel hinauf- und mit dem Fahrrad hinunterzufahren.

Ein Gefühl sagte Bill, sich für die Radtour zu entscheiden.

»Ich war niemals zuvor auf so hohen Bergen gewesen«, erinnert er sich. »Als wir den Berg hinauffuhren, erklärte uns der junge Reiseleiter, der den Kraftwagen fuhr, daß Lawinenabgänge der Grund für all die umgestürzten Bäume waren, die wir rundherum sahen.«

»Wir haben sie jedes Jahr«, sagte der Reiseleiter. »Aber keine Sorge, zu dieser Jahreszeit gibt es keine Lawinen.«

Bill war erleichtert, das zu hören, aber Stunden später, als er und seine Freundin nach einer belebenden Radfahrt den Berg hinunter gegen sechs Uhr abends in ihr Hotel zurückkehrten und erfuhren, daß sie tatsächlich die richtige Wahl getroffen hatten, war er noch weitaus erleichterter.

»Wir erfuhren, daß während unserer Radtour eine zu dieser Jahreszeit seltene Lawine die Menschen traf, die bei der ANDEREN Tour die Gondel verließen«, erinnert er sich. »Zwei Menschen wurden getötet und mehr als ein Dutzend verletzt.«

Wieder erinnerte sich Bill daran, was er bei einem Treffen mit einer spirituellen Bekannten an die fünfzehn Jahre zuvor gehört hatte. »Sie warf einen Blick auf mich und sagte, daß ich auf jeder Seite vier Engel hätte.«

Was für ein Glück, daß Bill göttlicher Führung folgt und die Kraft der Engel für sich arbeiten läßt! Bill hatte bereits die Tickets für jenes Flugzeug, das dann abstürzte. Sogar mit den Tickets in der Hand WUẞTE er, daß er seinen Flug ändern sollte, und er tat es.

Als er die Entscheidung über die Besichtigungstour in Aspen traf, folgte er den gleichen Instinkten.

Sind Intuitionen und himmlische Botschaften dasselbe?

Für mich ja. Und auch für viele andere Menschen. Sogar jene mit einer sehr intensiven Intuition, die als übersinnliche Fähigkeit bezeichnet werden kann, glauben, daß sie ein GESCHENK und als solches Hilfe durch die Engel ist.

»Jeder hat seine eigene Art von Himmel«, erzählten die Engel Andrea, die sagt »Meine Großmutter liebte Blumen, also ist ihr Himmel ein wunderschöner Garten.«

Andrea ist ein bemerkenswertes zwölfjähriges Mädchen, das mit ihrer Mutter, einer früheren Stewardeß, und ihrem Vater, einem Geschäftsmann, in einer Stadt im mittleren Westen lebt. Sie ist das vierte von fünf Kindern, eine hervorragende Schülerin, sie hat viele Freunde und sie spricht mit den Engeln.

Andrea hatte eine sichere und behütete Kindheit und

sie war eigentlich nicht viel anders als viele aufgeweckte, wißbegierige kleine Mädchen, abgesehen von einigen wenigen mystischen Momenten hier und dort, bei denen sie aus heiterem Himmel heraus einige außerordentliche Fähigkeiten aufwies.

»Als sie drei war«, sagt ihre Mutter, »begann sie eines Tages einfach von einem anderen Leben zu erzählen, das sie führte, bevor sie geboren wurde. Es kam uns ein wenig seltsam vor, aber wir hörten einfach zu, und für sie schien es vollkommen natürlich zu sein.«

Nicht lange danach bemerkte ihre Mutter, daß sich Andreas Intuition stärker zu entwickeln begann.

»Sie WUßTE einfach bestimmte Dinge«, sagt sie.

Keine dieser Erinnerungen oder Fähigkeiten spielte in Andreas Leben eine große Rolle, und weder sie noch ihre Familie machten etwas Besonderes daraus oder gingen dem allem nach. Sie ermunterten sie nicht und entmutigten sie nicht.

Aber nach dem März 1993 wurde es unmöglich, Andrea als ein gewöhnliches kleines Mädchen zu sehen.

»Sie machte sich für die Schule fertig und rief nach mir«, erinnert sich ihre Mutter.

»Mo Mo möchte wissen, weshalb Du ihr niemals von Deinen Problemen erzählt hast«, fragte Andrea ihre Mutter. Ihre Mutter war überwältigt. Mo Mo war Andreas Großmutter, die kürzlich gestorben war.

»Ich wollte sie nicht aufregen«, antwortete Andreas Mutter. »Aber was meinst Du damit, ›MO MO MÖCHTE ES WISSEN‹?«

Was Andrea ihrer Mutter erzählte, war einfach erstaunlich.

»Sie war hier, saß auf meinem Bett und bat mich, Dich zu fragen«, sagte Andrea sehr schlicht.

»Es stimmte, daß ich meiner Mutter kleine Dinge vorenthielt, von denen ich ihr normalerweise erzählt hätte«, sagt Andreas Mutter. »Aber sie war so krank. Lange bevor sie starb, vereinbarten wir, daß wer immer von uns zuerst starb, versuchen würde, mit dem anderen vom Jenseits her Kontakt aufzunehmen, aber wir erzählten niemals jemandem davon. Als sie starb, fragte ich mich, ob ich Zeichen sehen oder ihre Gegenwart fühlen würde. Sie kam durch Andrea, weil Andrea wohl einer jener begabten Menschen mit einer empfänglichen Seele ist.«

Andrea war nicht erschrocken darüber, daß der Geist ihrer Großmutter sie besuchen kam.

»Es war ziemlich natürlich«, sagt Andrea. »Es regte mich überhaupt nicht auf.«

Das einzige an ihrem Talent, das Andrea aufregt, ist, daß sie Angst hat, die Menschen könnten denken, daß SIE glaubt, etwas Besonderes oder Besseres als die anderen zu sein. Dabei ist sie überhaupt nicht eingebildet wegen ihrer Fähigkeiten, sagt ihre Mutter.

»Aber so sind Kinder in diesem Alter eben«, sagt Andreas Mutter. »Sie machen sich große Sorgen darüber, wie die Menschen sie sehen.«

Sobald Andreas Großmutter »durchgekommen« war, öffneten sich die Schleusen, und andere verstorbene Seelen nahmen mit Andrea Verbindung auf. Sie channelte sie nicht, sie war sich nur einfach ihrer Gegenwart bewußt und konnte im Geist mit ihnen kommunizieren, nicht anders, als wir still mit uns selbst sprechen, nur daß Andrea Antworten erhielt. Viele Antworten. Ihre Familie prüfte sie, und Andrea bestand mit glänzendem Erfolg. Sie erhielt Informationen, die sie auf keine andere Weise hätte wissen können.

Nicht lange nach dem ersten »Besuch« ihrer Großmutter zeigte sich bei Andrea auch die Fähigkeit, direkt mit ihren Schutzengeln und denen von jedermann sonst, der darum ersuchte, zu kommunizieren. Informationen strömten herein, aber die Engel erinnerten Andrea ausdrücklich daran, daß es vieles gibt, das wir während unseres Lebens hier nicht wissen sollen.

»Ich konnte jede Frage stellen, die ich wollte, und die Engel antworteten«, sagt Andrea, als ob sie beiläufig eine Schulstunde diskutierte. »Und sie geben auch von sich aus Informationen.«

Andrea und ihre Familie hielten private Zusammenkünfte mit den Engeln ab, wobei nur die Familie anwesend war.

»Zuerst konnten wir nicht glauben, daß uns etwas derartiges geschehen sollte«, sagt Andreas Mutter. »Ich meine, wir sind wirklich nur eine Durchschnittsfamilie. Wir sind Presbyterianer, aber nicht besonders religiös. Wir gehen nicht in die Kirche. Aber wir glauben an Gott und haben unsere Kinder im Glauben erzogen.«

Unter anderem erzählten die Engel Andrea über den Himmel.

»Der Himmel entspricht der Vorstellung jedes einzelnen vom Himmel, und man bleibt so lange in der ersten Ebene des Himmels, bis man wiedergeboren wird. Die zweite Ebene des Himmels ist jene, in die man geht, wenn man nicht wiedergeboren werden soll. Es ist die Ebene der Unendlichkeit«, erzählt Andrea was ihr die Engel erklärten. »Es gibt überall Geister, Geister von Verstorbenen. Aber sie dürfen nicht mit den Engeln verwechselt werden. Engel waren niemals sterblich. Unsere Schutzengel sind von Gott besonders ausgewählt, um unsere Führer und Lehrer zu sein.«

»Die Engel und Geister sind an Andrea interessiert«, sagt ihre Mutter. »Sie sagen, sie wurde erwählt, um Informationen weiterzuleiten, so daß sie Menschen helfen kann.«

Sie macht das sehr ruhig und privat. Dies ist das erste Mal, daß Andrea und ihre Mutter öffentlich über Andreas Talent sprechen. Und sie baten darum, daß nur Andreas Vorname verwendet wird.

»Wir möchten sie nicht ausbeuten«, sagt ihre Mutter. »Und Andrea möchte ihr Talent mit Würde handhaben.«

Was ist das wichtigste, das sie von den Engeln lernte?

»Man muß ihnen gegenüber offen sein, sonst können sie nicht wirklich helfen«, sagt Andrea. »Wenn wir unsere innersten Gefühle oder unsere Instinkte ignorieren oder blockieren, ist das genau das gleiche, als ob wir die Engel von uns abhalten, weil wir durch diese Gedanken und Gefühle Botschaften von ihnen erhalten.«

Die Engel genießen es, uns mit Informationen zu versorgen. Sie geben uns, was wir über die Vergangenheit, die Gegenwart und sogar die Zukunft wissen sollen, wie wir in Andreas Geschichte sehen. Und sie lieben es auch, als unsere Empfangsdamen zu agieren, für uns Kontakte mit Menschen, anderen Engeln und Geistern herzustellen.

Die Gabe der Unterscheidung

Entweder ist man mit ihr geboren oder man arbeitet daran, sie zu entwickeln. Wenn man sie entwickelt, wird man schließlich fähig, den Unterschied zwischen Wunschdenken und Vorstellungen einerseits und Intuition und Hilfe durch die Engel andererseits zu erkennen.

Vertraue Deinen Gefühlen, handele danach, und Du wirst WISSEN. Du wirst die Wahrheit kennen. Natürlich ist niemand die ganze Zeit über hundertprozentig sicher. Manchmal gibt es überraschende Kurven am Weg! Es ist, als ob man sich auf einer Berg-und-Tal-Bahn befindet und sich festhält. Manchmal möchte Gott uns überraschen!

Wenn ich nicht sicher bin, ob ein Gefühl eine Botschaft der Engel ist, frage ich tatsächlich: »Was ist es?«

Intuition

Intuition ist die göttliche Kraft in uns, die Kraft, die von Gott über einen Engel, Geist, Heiligen oder direkt zu uns kommt.

Synchronizität

Die Engel beim Spiel, beim Dirigieren unseres Leben – so sehe ich Zufälle oder ihre intensivere Variation, die Synchronizität.

Aufgaben

Wir müssen Gott für unsere Probleme dankbar sein, so daß Er uns zeigen kann, was wir zu lernen haben. Dann können wir durch sie hindurchgehen, lernen und weitergehen!

Meditation und Zuhören

Das sind direkte intuitive, transzendente Lernprozesse. Wir klären unseren Geist, öffnen ihn und HÖREN dann auf das, was zu uns kommt.

Muss man einem Glauben oder einer organisierten Religion angehören, um an Engel zu glauben oder ihre Unterstützung zu erhalten?

Nein, man braucht KEINE Mitgliedschaft bei irgendeiner organisierten (oder nicht organisierten) Religion, um an göttliche Hilfe zu glauben und von ihr zu profitieren.

Menschen aller Kulturen haben Anteil an dem Tanz des Universums, des Göttlichen. Der Glaube der Indianer konzentriert sich auf die Natur. Christen glauben daran, daß Jesus der Messias ist, Juden glauben an dasselbe Prinzip des Einen Gottes, aber warten noch auf einen Messias, die östlichen Glaubenssysteme besitzen ihren eigenen besonderen Glauben, und die Liste wäre fortzusetzen. Aber jeder Religion und jedem Glauben gemeinsam ist ein Glaube an göttliche Führung und Schutz.

Man kann eine Verbindung mit dem Göttlichen fühlen auch OHNE Christentum, Judentum, Buddhismus oder irgendeine andere Religion zu praktizieren. Man kann an eine Kraft glauben, die sich Gott nennt, oder an eine universelle Kraft, die einen anderen Namen hat oder überhaupt keine Bezeichnungen.

Man kann auch ein gigantisches Fragezeichen im Kopf haben, und unsicher sein, ob man überhaupt an eine sogenannte göttliche Kraft glaubt,

Alles was nötig ist, um mit dem Göttlichen im Einklag zu sein, ist GLAUBEN. Glauben an die Mutter Natur, Glaube an Dich selbst, Glauben an das Wirken des Universums. Auch wer in der Frage des Glaubens unsicher ist, hat immer noch die Intuition, um ihn zu fühlen, ob man es nun Hilfe durch die Engel nennt oder nicht. Es gibt immer Zufälle, die einem helfen, ob man nun daran glaubt, daß sie von Gott dirigiert werden oder nicht. Der Tanz geht weiter, unabhängig von der Einstellung der einzelnen dazu.

Wie unterscheidet sich das Vertrauen in Gott von religiösen und kulturellen Praktiken, Traditionen und Doktrinen?

Das Merriam Webster-Lexikon definiert das Wort Glauben* als Glauben und Vertrauen in Gott, als Treue und Loyalität. Das Wort ist auch austauschbar mit RELIGION wie z. B. »sie ist Anhängerin des Hindu-Glaubens oder der Hindu-Religion.« Aber Glauben und Religion sind zwei verschiedene Dinge. Glauben ist Vertrauen, GOTTVERTRAUEN. Religion ist die besondere PRAKTIK, der man sich verschreibt oder folgt. Das Lexikon nennt es das organisierte SYSTEM des Glaubens und der Verehrung.

Man kann Gottvertrauen haben und einem bestimm-

* *faith* im Engl., bedeutet sowohl Glaube als auch Vertrauen. *Anm. d. Übers.*

ten religiösen System wie dem Christentum, Judentum oder Islam (oder irgendeinem von zahllosen anderen) angehören. Oder man hat Gottvertrauen, aber folgt keiner bestimmten Religion.

TEIL VIER

Kommunikation mit den Engeln

Gott ist kein kosmisches Zimmermädchen,
das uns bedient, wenn wir nach ihm läuten.
Harry Emerson Fosdick

WIE KOMMUNIZIEREN WIR mit den Engeln? Auf einfache Weise und ganz natürlich, während wir schlafen und während wir wach sind. Wenn wir es versuchen, und wenn wir überhaupt nicht daran denken.

Aber wie wir bei den folgenden Erzählungen von Erfahrungen mit Engeln sehen werden, orchestrieren die Engel die Ereignisse zu unserem Besten, und obwohl wir sie in so ziemlich jeder Situation anrufen können, mag uns ihre Reaktion überraschen!

In Teil drei sahen wir, daß ein Bewußtsein von den Engeln den ersten Schritt darstellt, um göttliche Hilfe zu erkennen. Nun, in Teil vier, werden wir sehen, daß dieses Bewußtsein der Schlüssel zur Kommunikation mit den Engeln ist.

Wie ersuche ich um Unterstützung durch die Engel?

Wie wäre es mit »Hilfe!!«? Das funktioniert meistens.

Wir können es einfach denken oder uns intensiv darauf konzentrieren. Wir können es laut aussprechen. Wir können es von Dächern herabschreien.

Es kann eine beiläufige Bemerkung sein oder eine direkte Bitte. Die Engel hören beides.

Der Schlüssel ist, ihrer Hilfe gegenüber offen zu sein, und es ist wichtig zu lernen, ihre Antworten zu erkennen, die zumeist in Form direkter Unterstützung oder eines tiefinneren Gefühls kommen.

Wir brauchen keine Zeremonien durchzuführen oder irgend etwas Formelles zu tun, aber wir können, wenn wir es wollen. Wer nicht daran gewöhnt ist, seinen Instinkten zu folgen, mag es hilfreich finden, einigen der Anweisungen zu folgen, die ich anbiete. Sie helfen dabei, die Aufmerksamkeit zu erhöhen.

Kommunikation ist Aufmerksamkeit

1. Sei Dir dessen bewußt, daß Du zu jeder Zeit Zutritt zu Deinen Engeln oder zu Engeln im allgemeinen hast.
2. Sei Dir dessen bewußt, daß du laut oder im Geist zu ihnen sprechen kannst. In jedem Fall werden sie Dich hören.
3. Sei Dir dessen bewußt, daß Deine Bitten sehr spezifisch sein müssen. Engel nehmen die Dinge manchmal sehr wörtlich. Erläutere ihnen die Dinge sehr klar. Wenn du das tust, wirst Du auch für Dich die Dinge klären.
4. Sei Dir dessen bewußt, daß Du Dich für die ewige und dauerhafte Hilfe der Engel immer bedanken solltest. Das ist schließlich ein Gebot der Höflichkeit.
5. Achte auf Deine Reaktionen: Das bedeutet, positiv zu denken und Vertrauen zu haben, daß die Engel Dir helfen werden.
6. Achte auf Deine innere Einstellung; sei humorvoll. Die Engel sind es ganz sicher auch. Es hilft, auch wenn es in harten Zeiten schwierig sein mag, etwas zum Lachen zu finden.
7. Achte auf Deine innersten Gefühle, auf Deine Instinkte und Deine Intuition: Das sind Deine Engel, die zu Dir sprechen!
8. Achte auf Zufälle, Synchronizitäten, Glücksfälle und Ironien des Schicksals: Auch sie werden von den Engeln verursacht!
9. Achte darauf, offen zu sein. Sei intellektuell, emotional und spirituell offen für die kleine Stimme, die Dir Dinge erzählt, offen für Deine Instinkte, für das innere Führungssystem, das die Engel sind.
10. Achte auf die Botschaften. Hör zu, nimm sie wahr, lerne! Du wirst beginnen, Muster und Führung in Deinem Leben zu erkennen. Du wirst Vertrauen in Dich selbst gewinnen und dadurch in die Führung durch Deine Engel.

Natürliche Kommunikation

Alles, was du tun mußt, ist, an die Engel zu denken. Sie beobachten und hören immer zu. Öffne dich ihnen nur im Geist. Werde Dir Deiner Instinkte, Deiner Intuition und Deiner innersten Gefühle bewußt. Das sind die Engel, die zu Dir sprechen!

Es gibt zwei Phasen bei der Kommunikation mit Engeln; eine aktive und eine passive.

In der aktiven Phase bitten und beten wir.

In der passiven Phase entspannen wir uns und lassen die Engel durch uns arbeiten; wir erhalten und absorbieren ihre Energie.

Wer auf Visionen und Lichter wartet, sollte das besser vergessen. In 90 Prozent der Fälle erscheinen die Engel nicht mit Trara! Sie lassen nur die Dinge geschehen, synchronisieren Ereignisse, bringen Menschen in Dein Leben, beschützen Dich und reagieren auf Ängste und Probleme genausogut wie auf positive Situationen.

Bei jedem gibt es wenigstens ein Ereignis pro Tag (und vermutlich zwanzig!), das auf die Engel zurückzuführen ist, ob wir uns dessen nun bewußt sind oder nicht. Es ist einfach, sich dessen bewußt zu sein. Halten Sie ein und denken Sie nach, was heute geschah. Stimmts? Vermutlich haben Sie bereits eine ziemlich lange Liste. Von nun an werden sie bewußt sein. Es ist wirklich so einfach.

Wie man Kontakt mit den Engeln aufnimmt

Es gibt Zeiten, da wir das Bedürfnis haben, uns zurückzuziehen und mit den Engeln Kontakt aufzunehmen. Folgende Schritte können dabei sehr hilfreich sein:

1. Machen Sie es sich bequem: Weite, lockere Kleidung anziehen, Schuhe ausziehen. Setzen Sie sich in entspannter Haltung oder legen Sie sich hin.
2. Schließen Sie alle Ablenkungen aus: Menschen, Haustiere, Telefon, Fernsehen, Lärm.
3. Wählen Sie aus, was Sie hören möchten: ruhige Musik, Windspiele oder Stille.
4. Atmen Sie einige Male tief durch, um sich zu entspannen. Atmen Sie langsam. Nehmen Sie beim Einatmen positive Gefühle und Licht auf, geben Sie beim Ausatmen alles Negative ab.
5. Wenden Sie sich zuerst an Gott. Preisen Sie Ihn und danken Sie Ihm für alles.
6. Bleiben Sie locker. Sie müssen sich nicht ernst und feierlich fühlen, nur entspannt.
7. Gehen Sie im Geist die Liste der Dinge durch, bei denen Sie Unterstützung wünschen. Bitten Sie bei jedem Punkt einen speziellen Engel um Hilfe und bedanken Sie sich bei ihm schon im voraus.
8. Gestalten Sie einen Engel-Altar: Stellen Sie an einem speziellen Platz – auf einem Tisch, in einer Ecke – Dinge auf, die Sie an die Engel erinnern, z.B. Karten, Anstecknadeln, Bilder. Sie können auch eine Duftlampe oder Räucherkerzen dazustellen.

Was man nicht tun sollte

Beachten Sie immer das folgende, wenn sie an Engel denken.

1. Die Engel möchten nicht, daß man denkt, sie erledigen alle Arbeit. Das tun sie nämlich nicht. Es ist eine Partnerschaft. Sie können vieles tun, aber jeder muß seinen Teil beitragen. Mit ihrer Führung werden Sie instinktiv wissen, was Ihr Anteil ist!
2. Verhalten Sie sich nicht negativ. Konzentrieren Sie sich nicht auf Habgier, Zorn oder Haß.
3. Bitten Sie nicht um Rache.
4. Beten Sie die Engel nicht an. Sie sind nicht Gott. Sie wollen nicht angebetet werden, sondern nur geschätzt!
5. Sie müssen sie nicht darum bitten, da zu sein. Sie sind bereits hier.

Wir bekommen nicht immer, was wir wollen

Auch wenn das schwierig zu akzeptieren ist, die Wahrheit ist, daß wir die Dinge erst bekommen, wenn wir bereit dafür sind. Wir müssen lernen und wachsen. Wir haben vielleicht das Gefühl, daß wir JETZT für eine Beziehung, Beförderung oder was auch immer bereit sind, aber wir müssen uns daran erinnern, daß es für alles Gründe gibt. Wir müssen vielleicht noch mehr Lektionen lernen, mehr Erfahrungen machen, bevor wir für das bereit sind, was wir uns gewünscht haben.

Geduld, Geduld, Geduld.

Und es gibt einige Dinge, die niemals genau so geschehen werden, wie wir sie gerne hätten. Erinnern Sie sich an das Sprichwort, »Wenn Gott eine Tür verschließt, öffnet Er eine andere.« Wenn Sie auf die Ereignisse in Ihrem Leben zurückblicken, werden Sie sehen, daß das, auch wenn Sie es ungern zugeben, absolut wahr ist.

Was wir WOLLEN, mag etwas sein, das nicht gut für uns ist, oder von dem das Universum in seiner unendlichen Weisheit glaubt, daß wir es nicht haben sollten.

Wir müssen uns auch daran erinnern, unseren Teil dazu beizutragen, um unsere Träume zu verwirklichen.

Und wir müssen Vertrauen haben.

Und außerdem geschehen viele wirklich wunderbare Dinge, die sich sogar als BESSER herausstellten als das, was wir ursprünglich wollten!

Ich erinnere mich da an ein altes jiddisches Sprichwort, das die Sache sehr gut trifft: »Der Mensch plant, und Gott lacht.«

Missachtung der Engel

Engel schaffen viel Freude und Energie in unserem Leben. Aber es widerstrebt uns manchmal so sehr, unseren Instinkten zu vertrauen, daß wir uns schließlich doch in der Patsche wiederfinden.

Wenn wir annehmen, daß unsere Instinkte Botschaften des Göttlichen sind, können wir uns entspannen und uns nach ihnen richten. Natürlich ist es nicht immer so einfach, weil wir uns und unsere Instinkte in Frage stellen. Entscheidungen zu treffen ist eine komplizierte Sache.

Shakespeare sagte, »Deinem eigenen Selbst sei treu«, und wir haben diese Empfehlung wohl auch oft von unseren Eltern gehört. »Sei einfach Du selbst«, predigen viele Eltern.

Aber was geschieht, wenn wir kein Vertrauen haben und dieser kleinen inneren Stimme nicht folgen?

Gewöhnlich enden wir in einer Sackgasse.

Mit vertieftem Bewußtsein sehen wir die Konsequenzen unserer Handlungen, und am Ende können wir immer erkennen, daß der beste Weg der ist, unseren Instinkten zu folgen, solange sie gesund und harmlos sind.

Das klingt bei den Erzählungen von Erfahrungen mit Engeln immer wieder an.

Meine Liste der Engel

Ich ordne allem in meinem Leben einen Engel zu. Sie werden vielleicht lachen, wenn Sie meine Liste lesen, aber es funktioniert für mich! Fertigen Sie eine Liste von allem an, bei dem Sie sich Unterstützung durch die Engel wünschen. Ich bringe die Liste immer auf den neuesten Stand, und Sie werden das vielleicht ebenfalls tun wollen.

1. Engel für Ernährung – Hilft mir, das richtige zu essen.
2. Engel für Gymnastik – Ermutigt mich, wenn ich einen persönlichen Trainer brauche.
3. Engel für Kopfweh – Ist seit Jahren bei mir und vielleicht einer meiner wichtigsten Engel.
4. Engel für Finanzen – Hilft mir, meine Finanzen in Ordnung zu halten, auch wenn ich selbst es bin, die sich um die Einnahmen und Ausgaben kümmern muß.

5. Engel für Geschäftsmöglichkeiten – Hält Augen und Ohren für mich offen, wie in einem Netzwerk der Engel.
6. Engel für Spass und Gelächter – Sorgt dafür, daß ich von beidem genug habe.
7. Engel für Sicherheit und Schutz – Erhält mich unverletzt, lebendig und gesund.
8. Engel für Glück – Wir alle brauchen einen solchen.
9. Engel fürs Fernsehen – Hält für mich nach Möglichkeiten Ausschau, wie ich meine Arbeit anderen mitteilen kann.
10. Engel fürs Radio – Hilft mir, wenn ich im Radio über meine Arbeit spreche.
11. Engel für Bücher – Beaufsichtigt die Verbreitung meiner Arbeit in Form von Büchern.
12. Engel für Städtereisen – Arbeitet wie ein Reiseleiter und hält die Dinge für mich in Ordnung, wenn ich von Stadt zu Stadt reise.
13. Engel fürs Zuhause – Hilft mir im Haus.
14. Engel für Heilung – Mit körperlicher, emotionaler, geistiger und spiritueller Gesundheit betraut.
15. Engel für medizinische Aspekte – Hilft mir, mit Ärzten und anderen im Gesundheitswesen Beschäftigten zu arbeiten.
16. Engel für Massage – Sagt dem Masseur, wie er die Knoten aus meinen Schultern, Hals und Rücken herausmassieren kann.
17. Engel für Liebe – Hilft mir, Liebe und Romantik aufrechtzuerhalten.
18. Engel für Kommunikation – Ist mit allem betraut, das in meinem Kopf ist und kommuniziert werden soll.
19. Engel für Reisen – Hilft mir bei allen Aspekten meiner Reisen.
20. Engel für Harmonie und Frieden – Erhält mich gesund und glücklich.
21. Engel für Energie – Gibt mir Antrieb.
22. Engel für Sorgen – Löscht dunkle Sorgen aus.
23. Engel für Ängste – Hilft mir, mutig zu sein.
24. Engel für Spiritualität – Erhält meine Aufmerksamkeit gegenüber Spirituellem aufrecht.

Kürzlich hatte ich eine kleine Operation an meinem Fuß, also beauftragte ich einen besonderen Engel damit, meinem Fuß beim Heilen zu helfen. Habe ich mit Versicherungsangelegenheiten zu tun, ersuche ich einen Engel, für mich den Weg zu ebnen. Und wenn ich an bestimmten Projekten arbeite, bitte ich einen Engel, mir bei meinen Anstrengungen beizustehen. Sie können einen Engel für alles in Ihrem Leben beauftragen!

Engel-Gebet

Ich bitte darum,
daß Gottes Wille auch mein Wille sei.
Wenn das, worum ich bitte, nicht zu meinem Besten ist,
entfernt diese Wünsche und gebt mir, was für mich am besten ist.

Laßt mich lernen, was immer ich lernen muß.
Liebe Engel, ich bete um ein Bewußtsein eurer
Gegenwart
und bedanke mich für eure Anwesenheit.
Helft mir, für eure Energien empfänglich zu werden.

Liebe Engel, laßt eure Liebe und euer Licht weiterhin
hell durch mein Leben scheinen, und geleitet mich
durch alle Fährnisse.

Liebe Engel, laßt mich euch nahe sein
und eurer Anwesenheit bewußt.

Gebet an den Schutzengel

Am Morgen:
Engel Gottes, mein schützender Engel,
dem Gottes Liebe mich anvertraut hat,
sei allzeit an diesem Tag an meiner Seite,
um mich zu erleuchten und zu führen,
um mich zu beherrschen und zu leiten.

Am Abend:
Gute Nacht, mein Schutzengel,
der Tag ist vergangen;
ob gut oder schlecht,
seine Geschichte steht geschrieben.
Du reines und helles Abbild
Gottes gütiger Vorsehung,
bewache nun meinen Schlaf.
Schutzengel mein, gute Nacht!

Schutzengelgedicht für Kinder

Vier Engel an meinem Bett,
vier Engel um meinen Kopf.
Einen zum Wachen und einen zum Beten
und zwei, um meine Seele mitzunehmen.

Neunzehntes Jahrhundert

An einem verschneiten Wintertag vor neun Jahren fuhr Vanessa Bock, damals Ende Zwanzig und Mutter eines vier- und eines fünfjährigen Kindes, zur Kirche, als etwas Außergewöhnliches geschah.

»Die Straßen waren stark vereist, und es hatte an diesem Morgen geschneit«, erinnert sie sich, »so daß über der Eisschicht eine frische Schicht Schnee lag. Aber es war ein wunderschöner, sonniger Tag.«

Die junge Mutter aus St. Peters, Missouri, fuhr langsam durch die Straßen. Sie befürchtete, sie würde es nicht bis zur Methodisten-Kirche schaffen, ihr Wagen könnte von der Straße abkommen oder in einer Schneewehe steckenbleiben.

»Gott, Du wirst mir einen Engel senden müssen«, sagte sie, laut um Hilfe bittend, doch sie erwartete wohl kaum, was als nächstes geschah.

»Wir drehten uns auf dem Eis und endeten in einem Vorgarten im Schnee«, erinnert sich Vanessa. »Wir saßen dort für einen Augenblick. Wir waren alle in Ordnung, aber ich wußte nicht, wie ich das Auto wieder in Gang bringen sollte. Nun, aus dem Nichts tauchte ein Auto auf. Ich sah es nicht kommen und hörte es nicht.«

Ein kräftig aussehender junger Mann stieg aus dem großen, dunklen, altmodischen Auto und klopfte an ihr Fenster.

»Ich helfe Ihnen, das Auto herauszuziehen«, sagte er sehr höflich.

Der Mann hatte ein sehr freundliches Gesicht und trug nur ein weißes T-Shirt und eine Basketball-Jacke, kaum warm genug für diesen frostigen Nachmittag. Vanessa wollte ihm helfen, das Auto zu schieben, aber er gab ihr zu verstehen, daß er ihre Hilfe nicht benötigte. Nur mit seinen Händen schob der mysteriöse Mann ihr Auto aus der Schneewehe und zurück auf die Straße.

»Danke«, sagte sie durch das Fenster.

»Dann sah ich in meinen Rückspiegel, und er war verschwunden. Einfach so. Auch sein Auto. Es geschah im Bruchteil einer Sekunde. Ich hatte sein Auto nicht starten gehört, und ich weiß bei Gott nicht, wie er so rasch in sein Auto gekommen sein und weggefahren sein könnte. Es war unmöglich, aber er war einfach verschwunden«, sagt sie.

Vanessa und ihre Kinder kamen gut nach Hause, aber sie erzählte ihrem Mann lange nichts von ihrer Erfahrung, »weil ich nicht dachte, daß er mir glauben würde. Aber er glaubte es.«

Vanessa, ihr Mann und ihre Kinder leben nun in St. Charles in Missouri, wo sie als Sekretärin arbeitet. Erst kürzlich fragte sie ihre Tochter, nun ein Teenager, ob sie an Engel glaubt.

»Ich erzählte ihr die Geschichte von dem Mann, der erschienen war, um uns im Schnee zu helfen«, sagt Vanessa, »und sie erinnerte sich daran. Engel waren zu jener Zeit nicht Teil meiner täglichen Aufmerksamkeit. Alles, was ich von ihnen wußte, war, was ich als Kind in der Sonntagsschule gelernt hatte. Aber nun rufe ich sie immer an. Ich habe immer das Gefühl, daß jemand oder etwas Geistiges mich bewacht.«

Denken Sie daran, daß Engel physisch eingreifen können. Und sie können Menschen vorbeischicken, die bei mechanischen Problemen helfen. Sie scheinen das ziemlich oft zu tun. Sie können nicht nur jemanden zu Ihnen leiten, um zu helfen, sondern sie werden auch SIE leiten, so daß Sie die geeignete Person finden. Ich habe von diesem System schon oft profitiert.

Kann man tatsächlich einen Engel in verkörperter Form oder Lichtform sehen?

Das geschieht nicht sehr oft, aber es GESCHIEHT. Ich habe Lichtformen gesehen, ich habe auch Engel in nebelhafter Körperform gesehen. Viele Menschen haben so etwas gesehen. Aber wenn es Ihnen nie passiert, verzweifeln Sie nicht! Sie müssen niemals einen Engel in irgendeiner Form SEHEN. Sie helfen dennoch.

Wann sehen Menschen Engel? Es gibt keine Regeln, aber die meisten Menschen, die berichten, sie gesehen zu haben, waren körperlich oder spirituell in höchster Not. Ich sah einmal einen Engel über meinem Auto schweben, um mich vor einem bevorstehenden Unfall zu bewahren. Manche Menschen sehen Engel, wenn sie krank sind. Manche Menschen sehen sie, wenn sie traurig sind oder Kummer haben.

Ich sah einmal einen Engel vor dem Bücherregal in

meinem Büro. Ich verbrachte gerade eine emotional schwierige Zeit, und der Engel kam, um mir zu zeigen, daß ich nicht verlassen war, daß ich Vertrauen haben sollte.

Kinder scheinen am besten darauf eingestimmt zu sein, engelhafte Formen zu sehen. Vielleicht deshalb, weil ihnen noch niemand gesagt hat, daß sie das NICHT tun können.

Eine dicke Schicht neugefallenen Schnees legte Jill Herans ländliche Gemeinde lahm. Es war spät am Vormittag, und ihre beiden Kinder, Laura und James, zu dieser Zeit beide Kleinkinder, beschäftigten sich mit ihrem Spielzeug.

Plötzlich fühlte sich Jill schlecht, schwach und leicht im Kopf. Ein seltsames Gefühl des Sinkens überkam sie, als sie telefonierte, um zu versuchen, Hilfe zu rufen. Wegen des Schneesturms waren die Notruf-Nummern besetzt, und Jill kam nicht durch. Schließlich sank sie von Schmerzen überwältigt auf das Sofa. Als sie sich zusammenkrümmte, fühlte sie, daß sie ihren Körper verließ. Sie sah auf die Jill nieder, die auf dem Sofa lag. Über ihr schwebend empfand sie keinen Schmerz, keine Angst, nur Frieden und eine ruhige Sicherheit, daß alles gut werden würde. Der Körper auf dem Sofa bewegte sich nicht. Während sie auf ihn hinabsah, dachte sie an ihre Kinder. GEHT ES IHNEN GUT?

Bei diesem Gedanken fand sie sich selbst über der Tür zu ihrem Schlafzimmer schwebend. Als Jill im Wohnzimmer zusammenbrach, hatten die Kinder in ihrem Zimmer auf dem Boden sitzend mit ihren Bauklötzen und Autos gespielt. WAREN SIE IMMER NOCH IM SCHLAFZIMMER?

Zwei riesige Lichtsäulen erschienen, und auf den zweiten Blick sah Jill, daß es Engel waren, die auf jeder Seite der Tür zum Schlafzimmer der Kinder standen. Jill sah in das Schlafzimmer hinein und bemerkte zwei weitere Engel, die mit ihren Kindern spielten.

»Wir müssen gehen«, sagte ein Engel zu Jill.

Im Bewußtsein, daß die Kinder in Sicherheit waren, ging Jill mit dem Engel. Ihr letzter Gedanke galt den wunderschönen Bergen draußen, die vollkommen vom Schnee bedeckt waren.

Während der nächsten drei Wochen in einem nahen Krankenhaus wechselte Jill von Bewußtsein zu Bewußtlosigkeit. »Später sagte man mir, daß fünf große Nierensteine eine Blockade verursacht hätten, die ein urämisches Koma auslöste«, sagte sie nun, zehn Jahre nach diesem schrecklichen und doch seltsam beruhigenden Tag. »Meine Großmutter fand mich am frühen Abend auf dem Sofa. Sie war die erste, die nach Hause kam. Sie hatte keine Ahnung, wie lange ich krank gewesen und wie lange die Kinder unbeaufsichtigt gewesen waren.«

Als Jills Großmutter das Haus betrat, fühlte sie Schauer am ganzen Körper, ihr war, als ob sie nur für einen Augenblick aus dem Haus getreten wäre und nicht tatsächlich acht Stunden lang fortgewesen war. Es war, als ob die Zeit stillgestanden hätte.

Als sie die Kinder im Schlafzimmer fand, waren sie in genau dem Zustand, in dem sie sie zuletzt gesehen hatte: fröhlich, sauber und trocken. »Es gab keinen Hinweis darauf, daß sie sich von dieser Stelle fortbewegt hatten«, sagte Jill. »Sie waren nicht gefüttert worden, und ihre Windeln waren trocken. Keinem der beiden fehlte etwas.«

Als die drei Jahre alte Laura gefragt wurde, wie ihr Tag gewesen war, antwortete sie: »Wir haben mit den Engeln gespielt.«

»Danach wußte ich, daß ich mich um meine Kinder nicht sorgen mußte«, sagte Jill. »Ich wußte, daß sie sich in guten Händen, in den Händen von Engeln befanden, in Gottes Händen.«

Kinder sehen Engel oft auf einfache Weise. Und später sagt man ihnen, daß sie nicht glauben sollen, was sie sahen. Das ist falsch. Jill bereicherte ihre Kinder spirituell, nicht nur, weil sie ihnen glaubte, sondern auch, weil sie sie über die göttliche Mission der Engel belehrte.

Barbara Therialuts Erfahrung mit Engeln, sagt sie, war »sehr bescheiden, ohne helles Licht oder bunte Farben.«

Vor zwanzig Jahren war sie eine junge Mutter mit zwei Kindern und lebte nahe dem Haus ihrer Schwiegereltern. »Ich hatte eine ziemlich schwere Grippe, und mein Mann war bei der Arbeit, also kamen meine Schwiegereltern herüber, um auf die Kinder achtzugeben«, sagt sie und erinnert sich dann, wie erleichtert sie sich fühlte, als sie kamen.

»Sie schickten mich ins Bett, aber ich schlief nicht, drehte mich nur wieder und wieder von einer Seite auf die andere. Ich hatte starke Schmerzen. Ich weiß nicht, weshalb, aber ich sah zum Fußende des Bettes und obwohl der Raum ziemlich dunkel war, sah ich zwei weiße Engel auf jeder Seite des Bettes auf mich hinabsehen.«

Sie wußte, daß sie sich ihr zeigten, um sie daran zu erinnern, daß sie behütet wurde, nicht nur von ihrer Familie, sondern von Gott.

Das war das einzige Mal, daß Barbara jemals Engel in physischer Form sah, aber sie weiß, daß sie stets um sie herum sind. »Dennoch«, sagt sie, »wünsche ich mir, daß ich sie wieder einmal SEHEN kann.«

Darline Beck, eine pensionierte Sekretärin aus Fort Lauderdale, sagt, daß sie zu dem Zeitpunkt in ihrem Leben, als sie am meisten Ermutigung brauchte, die Form eines Erzengels sah.

Nachdem sie eine Anzahl von Jahren außerhalb von Kalifornien gelebt hatte, kehrte Darline nach ihrer Scheiden 1989 wieder nach Kalifornien zurück.

»Es war eine sehr schwierige Zeit für mich«, sagt Darline. »Ich fragte mich, ob ich die richtige Entscheidung getroffen hatte, als ich mich scheiden ließ, aber ich wußte auch, daß ich mein Leben weiterleben mußte.«

»Eines Nachts«, sagt sie, »war ich alleine in meinem Bett, als ich über mir den Erzengel Michael schweben sah. Seine Flügel waren wie eine Decke über mir ausgebreitet, und ich sah ein lebhaftes blau-weißes Licht. Dann sprach er.«

»Hab keine Angst«, sagte der Engel zu Darline. »Alles wird gut werden.«

Darline fühlte sich durch diese Botschaft getröstet und sagt, daß sie sich immer, wenn sie sich entmutigt fühlt, an den Besuch erinnert, was ihr ein Gefühl von Frieden und Sicherheit gibt.

Wie schnell reagieren die Boten Gottes?

Manchmal reagieren sie sogar noch, bevor man eine Möglichkeit hatte, eine Bitte zu beenden!

Sie reagieren sofort, morgen, nächste Woche, nächsten Monat oder zwanzig Jahre später. Gewöhnlich erhalten wir jedoch einen Hinweis darauf, daß sich etwas tut, auch wenn wir nicht die sogenannte endgültige Antwort bekommen. Auf manchen Gebieten arbeiten sie schnell und auf anderen langsam, Schritt für Schritt. Manchmal erkennen wir eine Antwort nicht, weil wir um eine bestimmte gebeten hatten und eine ANDERE bekommen. Und natürlich können wir manchmal nicht sagen, ob wir eine Reaktion erhalten haben, weil es eine Weile dauert, um die Arbeit der Engel zu erkennen. Wir sehen kleine Bruchstücke, und erst viel später können wir das ganze Bild und ihre Arbeit sehen.

In den frühen Achtzigern besuchte Debbie eine Schule für Krankenpflege und lebte in Miami. Ihre Freundin Bonnie holte sie eines Abends ab, und die beiden genossen einen nächtlichen Ausgang, eine willkommene Abwechslung vom Lernen und der Krankenhausausbildung.

»Wir waren nach South Beach gefahren«, erinnert sich Debbie, »und das war vor der großen Renovierung, die dort während der letzten zehn Jahre durchgeführt wurde. Zu jener Zeit begannen sie gerade damit, einige der alten Art Deco-Hotels zu renovieren.«

Es war eine warme Nacht mit einer leichten Brise, sehr idyllisch mit den schwankenden Palmen und den Geräuschen der nahen Brandung.

Sie parkten ihr Auto in einer kleinen Seitenstraße, stiegen aus, schlossen die Türen und merkten dann, daß sie irrtümlicherweise die Schlüssel im Auto eingesperrt hatten.

»Wir waren in Panik«, erinnert sich Debbie. »Wir hatten unsere Handtaschen unter die Sitze gelegt, so daß wir nichts bei uns hatten, keinen Cent. Und die Schlüssel waren im Auto.«

»Mein Vater besitzt einen extra Schlüsselbund für mein Auto«, sagte Bonnie. »Wenn wir ihn nur anrufen könnten, dann würde er mit den Schlüsseln hierherkommen. Aber wir haben nicht einmal eine Münze!«

Debbie sagte immer wieder, »Wenn wir nur eine Münze hätten, um anzurufen. Wir könnten ein Münztelefon finden. Wenn wir nur eine Münze hätten.«

Wenige Augenblicke später erregte etwas ihre Aufmerksamkeit.

»Ich sah nieder«, sagt Debbie, »und da lag eine helle, scheinende, neue Münze auf dem Boden.«

Sie fanden ein Münztelefon, riefen Bonnies Vater an, er brachte den Reserve-Schlüsselbund, und die beiden Freundinnen kamen sicher und gesund nach Hause.

»Das war eine Nacht, an die ich mich immer noch erinnere«, sagt Debbie. »Ich erkannte, daß ich einen Schutzengel hatte. Es war mehr als nur Zufall, daß eine Münze genau dann erschien, als ich sie brauchte.«

Welche Form nehmen die Antworten der Engel an?

Es können Vorahnungen oder Zufälle sein, oder das Gefühl, es »einfach zu wissen«.

Oder die Antworten sind konkreter. Man hat um etwas ersucht, und es zeigt sich! Man hat um bestimmte Umstände gebeten, und genau das geschieht!

Manchmal sind die Antworten auch nicht so offenkundig, weil sie sich in Teilen oder nach und nach im Laufe der Zeit erst erschließen.

Ellen Dwyer aus Lauderhill in Florida erzählt folgende Geschichte.

Ich habe immer gewußt, daß mir mein Schutzengel durch einige angstvolle Augenblicke in meinem Leben durchgeholfen hat.

Jeden Morgen, wenn ich bete, schließe ich das Erzengel-Gebet mit ein und ersuche meine Engel auch, meine Enkelkinder zu beschützen.

Kinder und Enkelkinder waren für mich stets die »Juwelen in den Kronen ihrer Eltern«, und manchmal, wenn ich Eltern sehe, die sich über das Betragen ihres Kindes ärgern, sage ich ihnen, daß sie den Rubin oder den Diamanten in dem Kind sehen müssen.

1992 hatte ich die Gelegenheit, nach Israel zu fahren, und als ich in der Geburtskirche in Bethlehem war, sah ich eine wunderschöne Statue der Madonna, umgeben von Engeln. Ich meditierte, dankte Gott für meinen eigenen, wunderbaren Schutzengel, und dachte darüber nach, daß ich irgendwo gelesen hatte, daß man seinem Schutzengel einen Namen geben könne. Ich dachte dann, daß mein Schutzengel vielleicht bereits seinen eigenen Namen hatte, und betete, daß ich ihn, wenn möglich, eines Tages erfahren würde.

Eines Morgens, einige Wochen später, war ich mit meinem zweijährigen Enkel Andrew auf dem Spielplatz. Ich saß ruhig da, dankte Gott für dieses schöne Enkelkind und grübelte darüber nach, was für eine Art Juwel Andrew sein könnte: ein Diamant, ein Rubin oder eine Perle, und fügte dann spaßeshalber hinzu, vielleicht KOHLE?

Als ich so saß, hörte ich eine innere Stimme wispern: »*lapida*« oder »*lapidus*«. Als ich nach Hause kam, sah ich im Lexikon nach, aber ohne die beiden Wörter zu finden. Ich fand jedoch das Wort *Lapidar*, das heißt »in Stein gehauen«.

Ich glaube, daß mir damit der Namen meines Engels enthüllt wurde, und wenn ich nun mein Engel-Gebet sage, füge ich den Namen Lapidus hinzu – den Namen meines wunderbaren Engels.

Engel arbeiten oft telepathisch. Sie geben uns Eindrücke, so wie sie Ellen den Namen ihres Schutzengels enthüllten. Ich habe mit ihnen auf diese Weise mein ganzes Leben lang kommuniziert. Tatsächlich ziehen sie diese Methode meistens vor, weil sie so rasch funktioniert.

»Sei vorsichtig, was Du Dir wünscht, denn es könnte sein, dass Du es bekommst«

Das kennen wir alle, nicht wahr? Wir wünschten uns etwas, und nachdem wir es erhalten hatten, erkannten wir sofort, etwas später oder vielleicht erst nach einigen Jahren, daß es alles in allem nicht gut für uns war.

So weise wir uns gerne wähnen, so schwierig ist es manchmal für uns, den Unterschied zu erkennen, zwischen dem, was wir WOLLEN, und dem, was wir BRAUCHEN. Das Universum tut immer sein Bestes, um uns mit dem zu versorgen, was wir BRAUCHEN, und kann dabei äußerst erfolgreich sein, wenn auch wir unseren Teil dazu beitragen. Was die Dinge betrifft, die wir WOLLEN, SO können wir auch diese oft bekommen, und sozusagen mit dem Segen des Universums, aber danach müssen wir erst sehen, ob Sie wirklich zu unserem Vorteil sind oder nicht.

Einige unserer Lektionen im Leben haben vielleicht damit zu tun. Wir wollen etwas oder jemanden SO SEHR, daß das Universum tatsächlich sagt, »Okay, Du glaubst also, daß Du das wirklich BRAUCHST, nun gut, ich werde Dir helfen, und nachdem Du es bekommen hast, laß uns sehen, was Du daraus lernst!«

Manchmal kann das Universum Dinge ziemlich wörtlich nehmen, wie in der Geschichte, die ich einmal von einer Frau hörte, die unablässig darum betete, daß der richtige Mann in ihr Leben treten möge. Sie fertigte sogar eine Liste von allen Qualitäten an, die sie bei einem Partner suchte. Nun, sie traf ihn bald, und er war wunderbar. Er war genau, was sie sich vorgestellt hatte, und besser! Und er war verrückt nach ihr. Da gab es nur ein Hindernis: Diese neunundzwanzigjährige Frau hatte vergessen, in ihren Gebeten und in ihrer Liste anzuführen, daß der ideale Partner in ihrem Alter sein sollte. Der Mann, der daraufhin auftauchte, war siebzig Jahre alt! Obwohl sie diesen Mann sehr mochte, betrachtete sie ihn natürlich nicht als potentiellen Lebenspartner.

Was geschieht, wenn man die Botschaften der Engel ignoriert?

Sie werden weiterhin versuchen, den Menschen zu erreichen.

Und wenn er fortfährt, sie zu ignorieren, wird er den Preis dafür bezahlen müssen. Dieser Preis mag klein sein oder groß. Man kann sofort daraus lernen und dann vielleicht fähig sein, der ursprünglichen Botschaft entsprechend zu handeln.

Wenn sie jedoch nicht viel Zeit haben, ist man gut beraten, ihrer Botschaft zu folgen, sobald man sie gehört hat. Wenn man sich beispielsweise in einer gefährlichen Situation befindet und sich dessen nicht bewußt ist, bis sie einen darauf aufmerksam machen, sollte man besser zuhören!

Besonders frustrierend ist es, wenn man das Gefühl hat, eine Botschaft zu erhalten und dann davon abgehalten wird, entsprechend zu handeln.

Ob wir Botschaften schlicht ignorieren oder es uns unmöglich ist, sie voll zu befolgen, immer gibt es Konsequenzen. Die Engel bestrafen uns NICHT dafür, daß wir nicht auf sie hören – das wäre die falsche Sichtweise. Engel sind vielmehr wie rotes und grünes Licht an einer Ampel. Wir wissen, was von uns erwartet wird, wenn wir an einer Kreuzung rotes Licht sehen. Wenn wir nicht anhalten und die Warnung befolgen, gehen wir ein Risiko ein.

Cassandra war fünfzehn Jahre alt und lebte mit ihrer Mutter, ihrem Vater und einem jüngeren Bruder im Südwesten, als sie ihre tiefste und frustrierendste Erfahrung mit den Engeln machte.

Obwohl sie wußte, daß die Führung richtig war, war sie machtlos, diese Führung in Handlung umzusetzen.

Das kritische Ereignis fand im Februar statt, aber wie Cassandra erklärt, begann der Ablauf der Ereignisse achtzehn Monate früher.

»Der Vater meiner Mutter starb«, sagt Cassandra. »Dann, sieben Monate später, starb ihre Mutter. Meine Mutter war niedergeschmettert, weil sie beiden sehr nahe gewesen war. Sie waren ihr Sicherheitssystem, weil mein Vater und sie keine gute Ehe führten. Wir besuchten meine Großeltern mindestens einmal im Monat, und sie kamen auch oft zu uns. Sie lebten ungefähr eineinhalb Stunden von uns entfernt.«

Cassandras Mutter, die sich stets in einem unsicheren emotionalen Zustand befunden hatte, glitt nach dem Tod ihrer Eltern in eine Depression.

»Ich war erst vierzehn, aber ich mußte alle Dankschreiben für Blumen und Kränze nach dem Begräbnis schreiben, weil meine Mutter es nicht tun konnte«, sagt Cassandra, die in der Beziehung zu ihrer Mutter immer schon mehr die Eltern- als Kindrolle einnahm. »Die Depression wurde einfach tiefer und tiefer.«

Cassandras Mutter mußte die Verantwortung für den Besitz ihrer Eltern übernehmen, und weil sie im Grundstückswesen arbeitete, übernahm sie den Verkauf des Hauses. Acht Monate, nachdem Cassandras Großmutter gestorben war, wurden immer noch Verkaufsverhandlungen geführt.

»Meine Mutter plante, an einem Samstag zum Haus meiner Großeltern zu fahren, um die anderen Grundstücksmakler zu treffen und Dokumente fertigzustellen, die den Verkauf betrafen.«, erinnert sich Cassandra, für die die Szene noch so lebendig ist wie an jenem Tag vor zwölf Jahren. »Einige Tage davor begannen bei mir Visionen oder Tagträume, daß das Auto meiner Mutter in einen hölzernen Pfosten an der Seite der Autobahn hineinfahren würde. Ich fühlte, daß es prophetische Visionen waren. Ich wußte einfach, daß mir etwas gezeigt wurde, das geschehen würde.«

Cassandra machte sich Sorgen wegen der Fahrt ihrer Mutter zum Haus der verstorbenen Großeltern. Sie wollte sie nicht alleine fahren lassen. »Mein Gefühl während dieser Visionen war, daß der Unfall ein Selbstmordversuch sein würde«, erinnert sie sich. »Ich wußte, wenn sie alleine dorthin fuhr, würde sie den Unfall haben, den ich dauernd sah.«

Cassandra hatte neben der Schule noch einen Teilzeitjob in einem Warenhaus. Sie war an diesem Samstag bei der Arbeit ab 5 Uhr nachmittags eingeteilt und sie versuchte vergeblich, den Abend frei zu bekommen oder mit einer anderen Angestellten zu tauschen, so daß sie mit ihrer Mutter fahren konnte.

»Ich versuchte, meine Mutter zu überreden, um 5 Uhr nachmittags nach Hause zu kommen, so daß ich mit ihr fahren und immer noch rechtzeitig zur Arbeit gehen konnte«, sagt sie, »aber meine Mutter wollte nicht zustimmen. Sie sagte mir nur, daß sie nicht wüßte, wie lange das Treffen dauern würde. Es war eindeutig, daß sie diese Fahrt alleine machen wollte, und ich glaube ernsthaft, weil sie versuchen wollte, sich umzubringen.«

Weil sie bei ihrer Mutter nichts erreichen konnte, wandte sich Cassandra an ihren Vater und bat ihn, ihre Mutter an diesem Tag zu begleiten. Er willigte ein, mit ihr zu fahren.

»Ach, mach Dir keine Sorgen, es ist alles in Ordnung«, sagte Cassandras Mutter zu ihm. »Da ist nichts dabei.«

Weil er nichts von Cassandras Sorgen wußte – sie erzählte ihm nichts von ihrer Vision –, gab er nach, als seine Frau darauf bestand, alleine zu fahren.

»Als das nicht funktionierte«, erinnert sich Cassandra, »entschloß ich mich, mich am Samstag bei der Arbeit krank zu melden, so daß ich mit meiner Mutter fahren konnte. An diesem Samstagmorgen wachte ich auf und sagte ihr, daß ich das tun würde. Sie weigerte sich, mich mit ihr fahren zu lassen. Sie war entschlossen, alleine zu fahren.«

»Ma, ich mache mir Deinetwegen Sorgen«, sagte Cassandra an diesem Morgen.

»Es ist alles in Ordnung«, antwortete ihre Mutter. »Geh nur zur Arbeit.«

Was aber seltsam war, sagt Cassandra, war, daß sie geplant hatte, an diesem Abend nach der Arbeit mit Freunden auszugehen, und ihre Mutter war darüber sehr zornig geworden.

»Meine Mutter wurde kaum jemals wegen etwas derartigem mit mir böse«, erinnert sich Cassandra. »Es war sehr seltsam.«

Cassandra fragte sich, ob ihre Mutter sie an diesem

Abend nach der Arbeit um 9 Uhr zu Hause haben wollte, so daß die Familie zusammen sein würde, wenn die Nachricht vom Unfall kam.

»Meine Mutter war von dem Treffen mit dem Makler nicht zurück, als ich um 5 Uhr nachmittags zur Arbeit ging«, sagt Cassandra. »Und ich ging zur Arbeit. Mein Vater besuchte einige Freunde, und mein Bruder blieb zu Hause.«

Als Cassandra an ihrer Arbeitsstelle gesagt wurde, da sei ein Anruf für sie, zitterte sie.

»Es war mein Bruder, der anrief, um mir zu sagen, daß meine Mutter einen Autounfall gehabt hatte«, erinnert sie sich. »Ich hatte diese Vision die ganze Woche und besonders an diesem Samstag gehabt, und so war ich nicht überrascht.«

»Wie geht es ihr?« fragte Cassandra ihren Bruder.

»Sie wissen es noch nicht«, antwortete er.

Cassandras Bruder rief ihren Vater an, und er fuhr zum Krankenhaus.

»Möchtest Du früher gehen?« fragte Cassandras Chef.

»Nein«, sagte sie. »Es ist schon in Ordnung.«

Cassandra fühlte, daß ihre Mutter okay war.

»Es war ganz verrückt«, erinnert sie sich. »Ich wußte, daß sie nicht tot war, aber ich hatte keine Ahnung, wie es ihr ging.«

Als sie um 9 Uhr abends mit der Arbeit fertig war, fuhr sie in das Krankenhaus und nahm zwei ihrer Arbeitskolleginnen mit.

»Ich war wütend auf meine Mutter, weil sie das getan

hatte, und auf mich selbst, nehme ich an, weil ich nicht fähig gewesen war, es zu verhindern«, sagt sie. »Als ich in das Krankenhaus kam, sagte mir die Polizei, daß sie hätte tot sein müssen. Genauso wie ich es im Geiste die ganze Woche über gesehen hatte, hatte sie ihr Auto geradewegs in den Holzpfeiler gefahren.«

Cassandras Mutter war aus dem Auto geschleudert worden, und das hatte ihr offensichtlich das Leben gerettet. Wäre sie im Auto geblieben, sagten die Experten, wäre sie mit Sicherheit gestorben, weil das Auto umkippte und das Dach zertrümmert wurde. Niemand konnte erklären, wie sie aus dem Auto geschleudert worden war, und man einigte sich schließlich darauf, daß die Tür aufgegangen war.

»Ihre Verletzungen waren verhältnismäßig gering. Sie hatte zwei gebrochene Arme, zwei gebrochene Rückenwirbel und Quetschungen«, sagt Cassandra. »Sie war am ganzen Körper schwarz und blau, und sie konnte sich nicht bewegen.«

Cassandra verbrachte die Nacht bei ihrer Mutter im Krankenhaus. Obwohl sich ihre Mutter vollkommen erholte, dauerte es zweieinhalb Jahre und bedurfte vieler Operationen an ihren gebrochenen Armen, bis sie geheilt war.

»Ich habe ihr nie von meinen Visionen erzählt«, sagt Cassandra. »Die Leute fragten meine Mutter, wie der Unfall passiert war, doch sie konnte ihn nie erklären. Drei Jahre nach dem Unfall trennte sie sich von meinem Vater und begann eine Therapie.«

Cassandra konfrontierte ihre Mutter nie mit ihrem Verdacht, daß es ein Selbstmordversuch war, doch einmal führten sie ein ziemlich ungewöhnliches Gespräch, wie Cassandra sagt.

»Sie sagte mir, ihr Therapeut dachte, der Unfall sei ein Selbstmordversuch gewesen«, sagt Cassandra. »Sie sprach niemals wieder darüber, aber das bestätigte mir, daß das, was ich gesehen hatte, richtig gewesen war.«

Engel können sehr leicht Prophezeiungen geben. Man muß kein biblischer Prophet sein, kein heiliger Mann und keine Weise Frau, um sie genau dann zu erhalten, wenn man sie braucht.

Cassandra erhielt die Prophezeiung vom Unfall ihrer Mutter, aber sie war nicht in der Lage, ihn zu verhindern. Als die Engel den Unfall nicht durch Cassandra verhindern konnten, verhinderten sie, daß der Unfall tödlich ausging, indem sie direkt mit Cassandras Mutter arbeiteten, und sie aus dem Auto schleuderten, bevor es zertrümmert wurde.

Gary Wilson, ein Rundfunkintendant aus Miami, nennt diese Prophezeiungen »Botschaften aus dem Universum«.

Jeder, sagt er, »hat schon einmal etwas derartiges erlebt, eine Vorahnung, oft etwas, das einen rettet.«

Er glaubt, daß »wir diese Botschaften viel häufiger erhalten, als uns bewußt ist, und daß wir oft Entscheidungen treffen, die sich auf diese Botschaften gründen und die sich dann als richtig herausstellen.«

Wilson, vierzig Jahre alt, sagt, daß er immer diese leise Stimme hört, die ihm sagt, was richtig ist.

Hört er immer auf sie? »Nun, das ist eine andere Sache«, lacht er. »Wenn ich nicht auf sie höre, erkenne ich später, daß ich es hätte tun sollen. Manchmal hören wir nicht darauf, weil wir glauben, es sei nur Wunschdenken oder es sei übervorsichtig. Wir sollten viel öfter auf sie hören.«

Tun die Engel jemals etwas, ohne dass sie gebeten werden?

Natürlich tun sie das!

Sie wissen, was jemand denkt, also können sie behilflich sein, bevor noch die Bitte formuliert ist. Sie tun Dinge, die auf dem beruhen, was GUT für jemanden ist oder was dabei hilft, wichtige Lektionen zu lernen.

Und wie wir wissen, können sie Menschen retten oder ihnen die Informationen geben, die sie benötigen, um sich selbst zu retten. So kommen sie uns am häufigsten zu Hilfe, ohne gebeten worden zu sein. Es ist ihre Aufgabe!

1990 entkam Marge Cowan, die mit ihrem Mann Irving das berühmte Diplomat Hotel in Florida besitzt, einem verheerenden Autounfall, gerettet, wie sie glaubt, durch einen Schutzengel und den Geist ihrer verstorbenen Mutter.

Am Tag zuvor, dem zehnten Todestag ihrer Mutter, hatte Marge eine JAHRZEIT-Kerze angezündet, die in der jüdischen Tradition jedes Jahr am Todestag eines geliebten Menschen angezündet wird. Diese besondere Kerze brennt vierundzwanzig Stunden lang, und kurz vor der vierundzwanzigsten Stunde ging Marge aus, um Besorgungen zu machen.

Sie fuhr alleine und hatte den Blick nur für einen Augenblick von der Straße abgewandt. Als sie wieder aufsah, fuhr sie geradewegs auf eine Baumgruppe zu.

»Ich versuchte, nach links auszuweichen, um die Bäume zu vermeiden«, erinnert sie sich. »Aber ich fuhr geradewegs in sie hinein, und mein Auto überschlug sich.«

Jemand, der dabeigestanden hatte, lief zu dem Auto und zog Marge durch das Fenster heraus.

»Mindestens hundert Menschen versammelten sich, das Auto ging in Flammen auf, es kamen Polizeiautos und Rettungswagen«, erinnert sich Marge. »Aber ich ging einfach vollkommen unverletzt von dem Auto fort. Ich hatte nicht einmal einen blauen Fleck abbekommen. Ich trug sogar immer noch meine Sonnenbrille!«

Als sie etwas später nach Hause kam, entdeckte sie schockiert, daß die JAHRZEIT-Kerze noch brannte – nach mehr als NEUNUNDZWANZIG Stunden.

»Das hatte es noch nie gegeben«, sagt Marge. »Sie brennen nur vierundzwanzig Stunden. Ich wußte, daß das ein Zeichen meiner Mutter war, daß sie mich beschützt hatte, und daß das der Grund war, weshalb ich unverletzt war.«

Beim Anblick der Kerze erinnerte sie sich, daß eine Frau an der Unfallstelle zu ihr gesagt hatte »Die Engel müssen über Ihnen wachen.«

»Ich wußte, daß sie recht hatte«, sagte Marge. »Und ich fühlte, daß es meine Mutter gewesen war, die an diesem Tag mein Schutzengel gewesen war.«

1969 war Ron Renneberg ein junger Polizist und arbeitete an seinem Geburtsort in Connecticut. Obwohl er erst einige Jahre bei der Polizei war, wußte Ron bereits, wie wichtig es war, seinen Instinkten zu vertrauen. Jeden Tag »sagte mir eine innere Stimme, dieses oder jenes solle ich tun«, erinnert er sich. Wenn er auf diese Stimme hörte, kam es oft zu einer Verhaftung oder er bekam Informationen. An diesem besonderen Tag rettete sie sein Leben.

Er war in der zweiten Hälfte einer Doppelschicht, die am vorangegangenen Abend um acht Uhr begonnen hatte. Seine Kontrollroute beinhaltete die Gegend seines Elternhauses, also legte er eine Pause für ein schnelles Frühstück mit seiner Mutter ein. Sein Vater tat an diesem

Morgen Dienst in der Funkzentrale und wußte, wo sein Sohn war. Anstatt ihn über Polizeifunk zu kontaktieren, rief er ihn einfach zu Hause an.

In einem Haus in der Nachbarschaft war ein Einbruchsalarm ausgelöst worden.

»Keine Eile«, sagte sein Vater. »Es gab schon öfter falschen Alarm in diesem Haus.«

Aber etwas sagte Ron, daß dies kein falscher Alarm war. Er lief zu seinem Polizeiwagen und entschied sich, Licht und Sirene zu benutzen, aber alles abzuschalten, bevor er sich dem Haus näherte.

»Ich beobachtete die Vorderseite des Hauses und sah nichts, was mir seltsam vorkam«, erinnert sich Ron. »Aber etwas sagte mir, zur Rückseite des Hauses zu gehen. Ich kam zu der überdachten Veranda an der Rückseite und fand die Tür offen und das Fenster über dem Türschloß eingeschlagen.«

Ron zögerte. Normalerweise wäre er geradewegs durch die geöffnete Hintertür des Hauses gegangen. Aber nicht diesmal. »Etwas veranlaßte mich, in den Raum auf der rechten Seite hineinzusehen, dessen Tür geschlossen war. Ich wußte nicht, wohin diese Tür führte, aber ich öffnete sie, schob sie sehr langsam auf und trat beiseite, so daß ich durch den Spalt hindurchsehen konnte.«

Es war ein Badezimmer, und in ihm stand ein Mann, den Ron erkannte.

»Wir hatten ihn bereits früher wegen Einbruch verhaftet. Er war heroinabhängig.«

Und diesmal hatte er auch einen Wagenheber.

»Ich schob den Pistolenlauf durch die Tür und sagte ihm, er solle den Wagenheber fallen lassen, legte ihm Handschellen an, durchsuchte und verhaftete ihn.«

Daß er die rechte Tür geöffnet hatte, rettete Rons Leben.

»Hätte ich statt dessen die Haustür geöffnet, hätte ich ihn niemals gesehen, weil er sich im Badezimmer versteckte, und er hätte mir den Schädel eingeschlagen.«

Ron verließ die Polizei nicht lange danach, als »einer der bösen Buben«, wie er sagt, seinen Hals aufschlitzte. Er genießt nun ein friedlicheres Leben und hat eine geruhsame Arbeit in Florida.

Wo war sein Schutzengel an JENEM Tag?

Ron antwortet darauf sofort: »Ich bin AM LEBEN, oder etwa nicht?«

Jill Hearn wachte eines Morgens um vier Uhr aus einem beunruhigenden Traum auf.

»Ich wußte, daß eine meiner Freundinnen mich brauchte, sagt sie. »Also fuhr ich zu ihr, und sie brauchte tatsächlich Hilfe.«

Jill blieb einige Stunden und begann dann ihre Fahrt nach Hause. Der Morgen brach an, der Himmel wurde heller, aber Jill ließ »als Vorsichtsmaßnahme« ihre

Scheinwerfer an, als sie auf der äußersten linken Spur der sechsspurigen Autobahn südwärts fuhr.

Weit vor ihr auf der Gegenfahrbahn kreuzte ein kleiner Lieferwagen die Spuren Richtung Norden auf die Mittellinie zu. Sie war sicher, daß er sah, daß sie sich näherte.

»Aber er hielt nicht an. Er fuhr geradewegs über die Mittellinie und in meine Spur. Er verlangsamte seine Fahrt nicht und gab sich nicht die Mühe, Ausschau zu halten. Als ich erkannte, daß er nicht anhalten würde, stieg ich auf die Bremse, aber ich war zu nahe, es war zu spät. Als er schließlich bemerkte, daß ich da war, bremste er ebenfalls, aber es war zu spät.«

Während ihr Auto weiterhin auf den Lieferwagen zufuhr, bereitete sich Jill auf den unvermeidlichen Zusammenstoß vor.

Der Lieferwagen knallte in die Tür auf der Fahrerseite. »Ich beobachtete erstaunt, wie sich der Unterbau des Lastwagens durch die Motorhaube und den Motor meines Autos durchschob. Seine Bremslichter befanden sich unmittelbar vor meiner Windschutzscheibe. Als ich beobachtete, wie der Lastwagen in Zeitlupe geradewegs durch mein Auto hindurchfuhr, hatte ich ein Gefühl, als ob die Zeit stillstände.«

Der Lieferwagen hielt an, und Jill starrte den Fahrer an. Er starrte sie an. »Uns blieb der Mund offenstehen. Wir saßen einfach nur da und starrten uns gegenseitig an.«

Beide waren vollkommen unversehrt.

»Ich bin davon überzeugt«, sagt Jill, »daß ich tot wäre, hätte mein Schutzengel Joseph nicht eingegriffen.«

Jill Hearns Schutzengel, den sie Joseph nennt, ist sich auch nicht zu gut für ein wenig Spaß in der Küche.

Als sie eines Tages einen Topf Hühnersuppe mit Nudeln zubereitete, merkte sie, daß etwas zu viel Fleischbrühe im Topf war. Während sie überlegte, ob sie etwas davon ausgießen sollte oder nicht, hörte sie eine Stimme.

»Teile die Brühe in zwei Hälften und hebe die eine Hälfte auf«, schlug die Stimme in ihrem Kopf vor.

Warum nicht, dachte sie. Und anstatt die extra Brühe wegzuschütten, goß sie sie in eine Schüssel und stellte sie beiseite.

Sie fuhr mit ihren Vorbereitungen fort und fügte zur Brühe, die im Topf siedete, Gewürze hinzu. Nachdem sie getrocknete Petersilie eingestreut hatte, bemerkte sie etwas, das eindeutig NICHT im Rezept enthalten war: Jede Menge Insekten schwammen in ihrer Suppe. Die Petersilie im Glas war im Schrank schlecht geworden.

Jill regte sich jedoch nicht auf. Sie goß die Suppe weg und begann mit der Brühe, die sie beiseite gesetzt hatte, aufs neue.

»Ich bedankte mich bei Joseph dafür, daß er mich dazu gebracht hatte, etwas von der Brühe beiseitezustellen«, sagt Jill, »und fragte ihn, weshalb er mir nicht gesagt hatte, daß die Petersilie verdorben war.«

»Du hast nicht gefragt«, antwortete Joseph.

Glauben Sie nicht, daß die Engel sich nicht um kleine Dinge kümmern. Sie lieben die kleinen Dinge. Das Leben ist nur eine Reihe von kleinen Dingen. Und die Engel, wie Jill herausfand, können manchmal gerade mit den kleinen Dingen ihren Spaß haben.

Len möchte nicht, daß sein wirklicher Name verwendet wird, weil er nicht weiß, was seine Freunde und Kollegen von seinen Erfahrungen halten würden, und sogar ER ist nicht wirklich sicher, ob er sie einem Glücksfall oder spiritueller Hilfe zuschreiben soll.

Er witzelt, daß er im Frühling und Sommer 1969 wohl einen sehr beschäftigten Schutzengel gehabt habe, einen, der ihn nicht nur einmal, sondern zweimal vor dem Tod oder zumindest vor schwerer Verletzung bewahrte.

Len, ein sehr erfolgreicher Mediziner, ist unverheiratet und besitzt ein wunderbares, sehr großes Haus in einem Vorort. Er hofft, einmal zu heiraten und in diesem Heim, in dem er seit Jahren lebt, eine Familie zu gründen.

Als ein Tornado durch das baumbestandene Stück Land bei seinem Haus hindurchfegte »und dreißig Bäume in meinen Pool schleuderte«, schlief er in seinem Schlafzimmer im zweiten Stock. Die entwurzelten, dreißig Meter hohen Bäume verfehlten das Dach seines Hauses nur um wenige Meter. »Hätten sie das Dach getroffen«, sagt er, »wären sie alle in mein Schlafzimmer hineingekracht.«

Dieses erste Ereignis bewirkte schon, daß sich Len die Nackenhaare aufstellten, aber einige Monate später begann er sich zu fragen, ob er nicht ein gezeichneter Mann war.

»Ich ging ein neues Auto kaufen«, erinnert er sich, »und trat durch den Haupteingang des Ausstellungsraumes eines Autohändlers.« Nachdem er einen Verkäufer gefunden hatte, stand Len nur einige Zentimeter vom Eingang entfernt und sprach über das Auto, an dem er interessiert war. Während sie ihr Gespräch fortsetzten, bewegten sie sich etwas weiter von der Tür fort.

»Plötzlich hörten wir ein furchtbares krachendes Geräusch«, sagt er, immer noch überrascht über das, was geschah. »Das Dach über der Eingangstür stürzte genau dort ein, wo ich nur fünf Minuten vorher gestanden war.«

Als ein Mann, der sich nichts vormachen läßt, und dessen Arbeit in der medizinischen Wissenschaft ihn dazu gebracht hat, Beweise und wissenschaftliche Fakten wichtiger zu nehmen als Spiritualität oder Glauben, wehrte sich Len zuerst dagegen zu glauben, daß jemand oder etwas ihn beschützt. Aber dann wies ein Freund ihn darauf hin, daß diese beiden Erlebnisse keinesweg Unglück bedeuteten.

»Du lebst noch, oder?« fragte sein Freund. »Es mag ein Unglück gewesen sein, daß ein Tornado mitten in der Nacht Bäume in Deinem Garten umgeworfen hat und daß das Dach im Laden eines Autohändlers einstürzte, aber es war ein göttlicher Eingriff, der Dich davor bewahrte, ein Opfer davon zu werden.«

Len stimmt zu, und wollte seine Geschichte hier mitteilen, auch wenn er immer skeptisch wird, sobald er daran denkt, was seine Mediziner- und Wissenschaftler-Kollegen von ihm denken würden, falls er offen über Engel sprechen würde.

Und doch ist er ein Mann, der an Gott glaubt und immer noch die Religion praktiziert, in der er erzogen wurde, ein Mann, der beabsichtigt, seinen Kindern eine religiöse Erziehung zu geben.

Vielleicht waren diese Erlebnisse Botschaften von den Engeln: »Wenn Du an Gott glaubst, dann solltest Du Dich vielleicht auch an uns erinnern, denn wir sind die Boten Gottes.«

Wir hören oft, daß Engel die Rolle Amors spielen. Weil Amor, der Gott der Liebe in der römischen Mythologie, als pausbäckiger kleiner Junge mit goldenen Locken dargestellt wird, sieht er der Darstellung eines Cherubims sehr ähnlich. Ein Cherubim ist ein Engel, Amor nicht.

Wenn die Engel Liebe bringen und Heiratsvermittler spielen, kann man überall Beweise ihrer Arbeit bewundern, weil sie Spuren von Zufällen und Glücksfällen hinterlassen.

Menschen, die verliebt sind, denken oft an die Güte und Selbstlosigkeit von Engeln und schreiben diese Qualitäten den Geliebten zu.

»Du bist ein Engel«, sagen sie.

»Sie hat das Gesicht eines Engels«, sagt ein verliebter Mann.

Romanzen und Engel treten in volkstümlichen Liedern, Filmen und Theaterstücken immer zusammen auf.

All das kam kürzlich für ein Paar ins Spiel, dessen Freundschaft, Werbung und Verlobung eindeutig von den Engeln unterstützt wurde.

Amy Phillips hatte gerade die Hoffnung aufgegeben, jemals den richtigen Mann zu finden. Mit fünfunddreißig, nach vielen Partnerschaften, von denen einige einer dauerhaften Beziehung sehr nahe kamen, warf diese bewundernswerte, kultivierte, freundliche junge Frau die Hände hoch und verkündete, »Ich gebe auf!«

Sie wußte, wonach sie suchte: nach einem Mann, der ihre Liebe für die Kunst teilte, besonders für das Theater, einem Mann, der erfolgreich, klug, gewitzt und voller Leben war, einem Mann, der seine tiefsten Gefühle, seine Ideen und Leidenschaften mitteilen konnte, einem Mann, der erwachsen war und alle Qualitäten besaß, nach denen wir alle Ausschau halten, wie Ehrlichkeit, Integrität und Verantwortlichkeit, der jedoch außerdem einen Sinn für Spaß hatte, ein Mann mit einer romantischen Seele. Und es würde nichts schaden, wenn er auch kochen konnte.

Amy hatte beinahe ein Dutzend Jahre als PR-Agentin für das Coconut Grove Schauspielhaus in Miami gearbeitet, aber sie verließ es, um ihre eigene Firma zu eröffnen, gerade bevor Allen Zipper dem Produktionsstab des Schauspielhauses beitrat. So lernten sie einander erst kennen, als sie mehrere Jahre später feststellten, daß sie in verschiedenen Büros unter demselben Dach arbeiteten.

»Vermutlich war ich damals noch nicht bereit, ihn zu treffen«, sagt Amy. »Ich hätte wohl gedacht, er sei zu jung, und ich war zu sehr damit beschäftigt, mit blendenden Männern auszugehen, die keine Substanz hatten, und die mir dann das Herz brachen. Ich mußte eine Menge lernen, bevor ich Allen kennenlernte.«

Allen sieht tatsächlich wie ein Engel aus, wie ein Cherubim mit Bart.

»Ich weiß, es klingt sentimental«, sagt Amy, »aber es ist, als ob Gott ihn speziell für MICH geschaffen hätte.

Über ein Jahr hinweg entwickelte sich eine Freundschaft zwischen ihnen. Allen war Produzent geworden und hatte ein ehrgeiziges neues Projekt, die Miami Skyline Theatre Company, mit begründet. Sie sollten im historischen Gusman-Zentrum in der Innenstadt spielen. Amy machte Öffentlichkeitsarbeit für viele Kunstorganisationen, inklusive Gusman, und hatte ihr Büro in dem Gebäude. Je besser sie Allen kennenlernte, desto überzeugter war sie, eine verwandte Seele gefunden zu haben. Er wurde ihr bester Freund. Sie hatten vieles gemeinsam, sie mochten die Gesellschaft des anderen, und sie brachte ihm großen Respekt entgegen. Es war offensichtlich, aber noch sah sie es nicht: Das war der perfekte Mann für sie.

Allen hatte es nicht nur gesehen, es hatte ihn praktisch wie ein Blitz getroffen. Er war verliebt.

Im Juli 1993, als Amy für zwei Wochen in Europa war, dachte sie viel an ihn. Sie vermißte ihn. Natürlich verwirrte sie das.

»Ich konnte nicht aufhören, an ihn zu denken«, erinnert sie sich, »und ich wußte nicht, was ich machen sollte. Ich wußte, wie sehr er mich mochte, aber ich wußte nicht, was ich fühlte. Ich war so daran gewöhnt, ihn als meinen Freund zu sehen.«

In früheren Beziehungen war Amy immer bewußt gewesen, daß sie ihren »Raum« brauchte. Aber auf Allen schien das niemals zuzutreffen. Sie liebte es, ihn um sich herum zu haben, und dachte nicht weiter darüber nach.

Als sie von ihrem Urlaub zurückkam, rief sie Allen sofort an.

»Es war Freitag nacht, und ich hatte an den Film ›Sleepless in Seattle‹ gedacht«, erinnert sie sich. »Er war gerade neu im Kino, und ich wollte ihn sehen. Also fragte ich Allen, ob er mit mir gehen wollte.«

Sie wußte nicht, daß die Engel bereits an der Arbeit gewesen waren. An diesem Nachmittag hatte Allen eine Notiz unter Amys Bürotür hindurchgeschoben. Er nahm wie lange das Gebäude offen war. Ich erzählte der Pförtnerin, daß ich meiner Freundin dort oben einen Heiratsantrag stellen wollte, und sie sagte mir, daß es da eine Gedenktafel gab, eine Fliese im Boden des Aussichtsdecks. Sie bestand aus einem Herzen und sagte ›Annie liebt Sam, *Sleepless in Seattle*, Juni 1993‹. Ich konnte es nicht glauben!« sagt Allen. »Ich erzählte Amy nichts davon.«

Es gibt vier Ausgänge zum Aussichtsverdeck des Empire State Building, einen in jeder Ecke. Obwohl Amy und Allen es nicht planten (die Engel TATEN es offensichtlich), führte die Tür, aus der sie kamen, genau vor die »Sleepless in Seattle«-Gedenktafel.

»Das war das erste, was ich sah, als wir die Tür öffneten«, sagt Amy. »Ich sah auf den Boden, und da war sie. Wir gingen rundherum, aber es war so windig und kalt in dieser Nacht, daß wir immer wieder zu dem Ort mit der Tafel zurückkamen. Das schien die wärmste Seite des Gebäudes zu sein!«

Auf der Herzfliese machte Allen Amy seinen Antrag.

»Möchtest Du meine Frau werden?« fragte er und schenkte ihr einen Diamantring als Verlobungsring.

»Ja«, rief sie und umarmte ihn.

Als sie später an diesem Abend in ihr Hotelzimmer zurückkehrten, machte Allen den Fernsehapparat an, und Szenen aus »Sleepless in Seattle« füllten den Bildschirm.

»Der Film war Teil des Videoprogramms des Hotels«, lacht Allen. »Und das war nur die Ankündigung kommender Attraktionen«.

an, daß sie sie sehen würde, wenn sie am Montag morgen zur Arbeit kam.

»Möchtest Du mit mir ›Sleepless in Seattle‹ ansehen?« hatte er geschrieben, nicht wissend, daß er vor Montag mit Amy sprechen würde.

»Das war unser erstes Rendezvous«, erinnert sich Amy. »Wir waren davor schon öfter ausgewesen, aber diesmal war es anders. Ich sah Allen auf neue Weise, und es war zum ersten Mal ein Rendezvous.«

Sonntag nacht sahen sie den Film an. Er gefiel ihnen beiden.

Am Montag sandte Allen Amy ein Dutzend Rosen. In dem Film kommen Sam und Annie schließlich zusammen, als sie auf der Spitze des Empire State Building aufeinandertreffen. Auf der Karte, die den Rosen beilag, stand: »Ich weiß nicht, wohin es uns führt, aber ich bin bereit, das Risiko einzugehen und Dich auf der Spitze des Empire State Building zu treffen. In Liebe, Allen.«

Ihre Romanze entwickelte sich rasch, und im Oktober sprachen sie schon von Hochzeit.

Ende November flogen sie für ein langes Wochenende nach New York, um die Premiere von Neil Simons neuem Broadway-Stück »Laughter on the 23rd Floor« zu sehen. Lewis Stadlen, einer von Allens Partnern in der Miami Skyline Theatre Company und sein künstlerischer Direktor, spielte in Simons neuer Komödie mit.

Sobald sie nach New York kamen, buchten sie ihr Hotel und fuhren direkt zum Empire State Building.

»Ich hatte von Miami aus angerufen, um zu fragen,

Am nächsten Abend gingen Amy und Allen zur Eröffnung von »Laughter on the 23rd Floor«, und die erste Person, die sie in der Halle des Theaters sahen, war Rosie O'Donnell, einer der Stars von – Sie vermuten es wohl – »Sleepless in Seattle«.

Allen hatte gerade Musik aus »Sleepless in Seattle« gesummt. Kurz nachdem er und Amy den Film sahen, hatte er den Soundtrack gekauft. Er bestand aus einer wunderschönen Mischung alter Melodien und enthielt »Make Someone Happy« von Jimmy Durante.

Als sie nach der Vorstellung hinter die Bühne gingen, um Lewis in seiner Garderobe zu besuchen, fiel Allen als allererstes ein großes Foto-Portrait von Jimmy Durante an der Wand auf. Lewis hatte es gerade aufgehängt.

Dienstag nacht gingen Amy und Allen im »Rainbow Room« im obersten Stock des Rockefeller Plaza tanzen.

Fast unmittelbar nachdem sie eingetroffen waren, begann die Band Lieder aus »Sleepless in Seattle« zu spielen. »Das paßt!« dachten beide, als sie auf die Tanzfläche gingen.

»Wir tanzten zu ›When I Fall in Love‹«, erinnert sich Amy.

»Und während wir tanzten, konnten wir das Empire State Building durch das Fenster sehen«, lacht Allen. »Als wir uns hinsetzten, kam eine Frau mit kleinen Spielzeugtieren an den Tisch. Ich kaufte Amy einen rosa-weißen Bären.«

»Natürlich nannte ich ihn Seattle«, sagt Amy.

Als sie nach dem Verlobungswochenende nach Miami

zurückkehrten, war die Arbeit des »Sleepless-in-Miami«-Engels vorüber, und die Zufälle hörten auf.

Inzwischen sind Amy und Allen wahrscheinlich verheiratet. Sie witzeln schon darüber, daß sie mit ihren Hochzeitsreiseplänen vermutlich in Seattle landen werden.

Ach ja, noch etwas: Allen ist ein großartiger Koch.

Im Januar 1992 muß sich Nancys Schutzengel wohl zwecks Heiratsvermittler mit Erics Schutzengel getroffen haben.

Nancy, damals neununddreißig und frisch geschieden, hatte gerade in ihrer Boutique an der Südostküste die anstrengende Weihnachtssaison abgeschlossen.

»Ich freute mich auf einen ruhigen Tag am Strand«, erinnert sie sich. »Das Wetter war an diesem Tag schrecklich, es war sehr kalt und bedeckt, aber ich ging trotzdem.«

Nancy besuchte nicht nur immer den gleichen Strand, sondern auch immer den gleichen Platz.

»Es war mein Lieblingsplatz«, erinnert sie sich. »Aber als ich ankam, sah ich, daß auf MEINEM Platz das Handtuch und die Schuhe von jemand anderem lagen!«

Also legte sie ihr Badetuch einige Meter entfernt nieder. Sie versuchte sich zu entspannen. Ihre beiden Kinder waren während der Feiertage zu Hause gewesen und und nun an die Universität zurückgekehrt. Der Weihnachtsrummel im Geschäft war vorüber, und sie konnte sich endlich entspannen. Oder sie versuchte es zumindest.

»Ich fühlte mich rastlos«, erinnert sie sich. »Es war kalt, und ich setzte mich auf und legte mich dann wieder hin. Ich las in meinem Magazin, dann legte ich es wieder weg.«

Sie bemerkte, daß sie Gesellschaft hatte. Der Besitzer des Handtuchs und der Schuhe war zurückgekehrt. Er war ein gutaussehender Mann in etwa ihrem Alter.

»Er sah mich dauernd an«, erinnert sie sich. »Ich las ein wenig, dann blickte ich hoch und bemerkte, daß er mich ansah. Ich las ein wenig weiter, blickte hoch und fing wieder seinen Blick auf. Das geschah mindestens viermal. Ich beschloß, daß ich das nächste Mal, wenn ich hochsah und er mich wieder anstarrte, etwas zu ihm sagen würde. Ich wußte nicht, was ich sagen sollte. Ich dachte darüber nach und beschloß, nur zu sagen, »Mein Gott, heute ist es wirklich kalt.«

Und tatsächlich, als Nancy wieder hochsah, sah er sie an. Aber bevor sie ihren Mund aufmachen konnte, sprach er bereits.

»Mein Gott, heute ist es wirklich kalt«, sagte er.

»Ich konnte nicht glauben, daß er genau das gesagt hatte, was ich in diesem Augenblick vorhatte zu sagen«, erinnert sie sich.

Sie lächelte ihm zu, und die beiden begannen sich miteinander zu unterhalten.

Er fragte sie, ob sie am Strand spazierengehen wolle.

Er erzählte ihr, daß er jeden Winter für eine Woche in den Süden kam. Sein Zuhause und sein Geschäft waren im mittleren Westen. Nancy traf ihn am ersten Tag seines einwöchigen Aufenthaltes, und sie hatten die Möglichkeit, einander kennenzulernen, bevor er nach Hause zurückflog. Sie entdeckten viel Gemeinsames und viele Übereinstimmungen, nicht nur in ihrem gegenwärtigen Leben, auch in ihrer Vergangenheit, einschließlich früherer Gelegenheiten, einander zu treffen, als sie zur gleichen Zeit am gleichen Ort gewesen waren.

Als sie Eric schließlich traf, »saß er auf meinem Platz am Strand, und seine ersten Worte zu mir waren genau die, die ich vorhatte, ihm zu sagen.«

Die beiden führten nach wie vor eine Beziehung über die Entfernung hinweg, mit vielen Besuchen hin und her, doch in der Hoffnung, daß sie eines Tages das ganze Jahr über zur gleichen Zeit am gleichen Ort sein werden.

Die Engel bringen nicht nur Paare zusammen, sondern sorgen auch für entzückende und bedeutsame Zufälle rund um ihre Romanze. Und außerdem beschützen sie auch.

Vor einer Anzahl von Jahren genossen mein Partner und ich einen wunderschönen Tag an der Küste der Bahamas, als ich plötzlich das Gefühl hatte, daß wir beobachtet wurden. Ich sah mich um, konnte aber niemanden sehen. Etwas nervös ging ich am Strand spazieren, und während ich am Rand des Wassers dahinspazierte, hob ich einen Zweig auf und bat, Engelflügel in den Sand malend, um Schutz. Ich kehrte zu unserem Badetuch zurück, auf dem sich mein Partner immer noch in der Sonne aalte, und ging dann die wenigen Meter zu unserem Wagen, um ein Paar Jeans herauszunehmen. Gerade als ich das Auto erreichte, sprang ein bedrohlich aussehender Mann aus einem Busch heraus auf mich zu. Er trug ein buntes Tuch und schwang eine zerbrochene Flasche gegen mich. Ich betete um Hilfe und rief nach meinem Gefährten. Er kam gelaufen, fand mich verängstigt im Angesicht dieses schmuddeligen Fremden und griff ein. Die beiden Männer kämpften kurz miteinander. Ich bat die Engel um Hilfe und sah dabei ein helles blauweißes Licht zwischen die beiden Männer treten. Der Fremde sprang zurück und hörte zu kämpfen auf.

»Es tut mir leid, Lady, daß ich Ihren Urlaubstag verdorben habe«, sagte er zu mir, als er davonlief.

Jahre später, gleichfalls auf den Bahamas, lernte ich Tiefseetauchen. Unter Wasser bat ich um die Hilfe der Engel. Ich fühlte mich nicht wohl, so tief unten, ich machte mir Sorgen wegen der Strömung, wegen der Luft und wegen vieler anderer Dinge. Als ich daran dachte, erhielt ich die Botschaft, daß ich die Wahl hatte, daß ich nicht hier unten sein müsse, daß ich auch nur an der Oberfläche schnorcheln könne, was ich wirklich genoß. Die Engel lehrten mich an diesem Tag, daß wir immer die Wahl haben und daß ihr Schutz ein Teil davon ist.

Wie weiss ich, ob ein Ereignis das Ergebnis der Hilfe von Engeln ist?

Es ist wie bei unseren innersten Gefühlen, wir »wissen« einfach, daß die Engel bei bestimmten Ereignissen ihre Hand im Spiel hatten. Je aufmerksamer wir sind, desto besser werden wir lernen, die Hilfe der Engel zu erkennen. Die einfache Antwort ist, daß sie in ziemlich jeden Aspekt unseres Lebens involviert sind, jeden Augenblick des Tages! Obwohl das schwer zu glauben sein mag, ist es eine grundlegende Wahrheit, daß wir ständig auf das Göttliche eingestimmt sind. Je stärker unser Glaube und unser Bewußtsein dieser Tatsache ist, um so mehr können wir göttliche Hilfe erkennen.

Audreys Geschichte umspannt drei Generationen und vierzig Jahre und bringt schließlich zwei Familien zusammen, um das Leben von Audreys kleiner Enkeltochter zu retten. Für Audrey gibt es keinen Zweifel, daß alles nur geschah, damit das Kind am Leben blieb. Und sie schließt, »es gibt keinen Zweifel, daß es göttliche Intervention war, die alles so fügte.«

Man braucht fast einen Familienstammbaum, um alles nachzuvollziehen, warnt Audrey, und sie beginnt mit ihrer unglaublichen Erzählung von Zufällen, Eheschließungen und Kindersegen.

1946 arbeitete Audrey bei einer Rundfunkstation in einer großen Stadt im Südosten, als sie Sally, eine Kollegin ungefähr in ihrem Alter, traf. Die beiden wurden sofort Freundinnen.

»Mein Bruder Lou kennt jemanden, den Du beim Tanzball der Soldaten treffen solltest«, erzählte Sally Audrey. »Er wäre perfekt für Dich.«

Der Zweite Weltkrieg lag nur einige Monate zurück, so daß diese Tanzbälle noch soziale Ereignisse waren. Audrey hatte vorgehabt, mit einem anderen jungen Mann hinzugehen. Sally erzählte jedoch wieder und wieder von Lous Freund, einem gutaussehenden jungen Mann namens Simon, der davon träumte, Redakteur zu werden und seine eigene Zeitung zu haben.

»Alles, was ich hörte, war Simon dies und Simon das«, erinnert sich Audrey.

Sie ging mit ihrem Rendezvous-Partner zu dem Tanzball, wo Lou, Sallys Bruder, Audrey mit Simon bekannt machte. Er hatte auch schon von ihr gehört.

»Innerhalb eines Jahres waren Simon und ich verheiratet«, sagt Audrey.

Simon und Audrey hatten drei Kinder, und beide verwirklichten auch ihre beruflichen Träume. Simon wurde Redakteur einer großen Tageszeitung im Süden, und Audrey leitete ein sehr erfolgreiches Interview-Programm im Radio.

Sally hatte ebenfalls geheiratet, und die beiden Paare

hielten den Kontakt aufrecht, obwohl sie nicht mehr in der gleichen Stadt wohnten.

1968 stellte Audreys Tochter Ellen ihren Freund Stephen Sallys Tochter Michelle vor und so fand sich ein weiteres Paar. Diese Heiratsvermittlung in der zweiten Generation funktionierte so gut wie in der ersten. Stephen und Michelle heirateten bald darauf.

1986 adoptierte Audreys Tochter Ellen, damals mehrere Jahre verheiratet, ein kleines Mädchen.

»Sie war allergisch gegen jede handelsübliche Säuglingsmilch«, erinnert sich Audrey. »Der Arzt sagte, das einzige, was wir nicht versucht hätten, sei Muttermilch. Aber wo findet man heutzutage eine Amme?«

Während eines ihrer häufigen Gespräche mit ihrer alten Freundin Sally erzählte Audrey von diesem lebensbedrohlichen Problem. Sallys Tochter Michelle hatte ebenfalls ein neugeborenes Baby, und sie stillte es.

»Weiß du«, sagt Sally, »es ist seltsam, aber Michelle hat *so* viel Milch, viel zu viel für ihr Baby. Sie hat sogar etwas davon eingefroren! Was Deine Enkeltochter braucht, ist Michelles überschüssige Milch.«

Audrey stimmte zu. Das war die Lösung, nach der sie suchte. Aber wie konnte man Michelles Milch mehr als tausend Meilen weit transportieren?

»So etwas wie Zufall gibt es nicht«, sagt Audrey. »In der folgenden Woche sollten Simon und ich an einer Konferenz in der Stadt teilnehmen, in der Michelle lebte. Und weil wir unser eigenes kleines Flugzeug haben, konnten wir einen großen Kühler mit Michelles eingefrorener Milch mit zurücknehmen. In einem normalen Flugzeug hätten wir dies nicht durchführen können.«

Als Audrey und Simon zurückkehrten, hatte ihre Enkelin genügend Milch für einige Monate.

»Ohne das wäre sie vielleicht gestorben«, sagt Audrey. »Wenn ich auf die Kette von Ereignissen zurückblicke, seit ich vor vierzig Jahren Sally traf, bis zu jenem Zeitpunkt, als die Milch ihrer Tochter das Leben meiner Enkelin rettete, bin ich sicher, daß es göttliche Intervention war. Zuerst begegnete ich durch Sally meinem Mann. Dann stellte meine Tochter Sallys Tochter dem Mann vor, den sie später heiratete. Und dann hatte Sallys Tochter nur zehn Tage vor der Geburt meiner Enkelin ein Kind. Michelle hatte mysteriöserweise all diese überschüssige Milch, und wir hatten keine. Wir waren in der Lage, sie für meine Enkelin hierher zu transportieren. Das war ohne Zweifel Gottes Werk.«

Wie wir anhand von Audreys Erzählung sehen können, vereinen sich Engel häufig, um zu helfen, wenn es viele Dinge zu erreichen gilt. Ein Mensch wird um so mehr Engel anziehen, je größer seine Mission ist.

Epilog

Wenn es Gott nicht gäbe,
müßte man ihn erfinden.
Voltaire

»Was für eine Welt, was für eine Welt!« seufzte die böse Hexe des Westens in »The Wizard of Oz«, als sie schmolz.

Ja, tatsächlich, was für eine Welt!

Unsere Engel versuchen uns vor den Gefahren dieser Welt, die wir bewohnen, und vor Menschen wie dieser bösen Hexe zu beschützen. Wie stets müssen wir UNSEREN Teil dazu beitragen.

Bei jeder Erfahrung in diesem Buch halfen die Engel über Gedanken, Intuitionen, Gefühle, Zufälle, Synchronizitäten und Glücksfälle. Das sind die Werkzeuge der Engel.

Und in jeder Geschichte taten die Männer, Frauen und Kinder ihren eigenen Teil. Manchmal erforderte das Handeln. Manchmal Denken. Immer erforderte es Vertrauen.

Um Shakespeare zu zitieren, »Deinem eigenen Selbst sei treu.« Folge Deiner inneren Stimme, dieser inneren Führung, und sie wird Dich in dieser Welt auf den richtigen Weg bringen. Es wird Dein Leben nicht perfekt machen, denn einige unserer Aufgaben im Leben mögen hart sein, aber wir sind immer dort, wo wir sein sollen, sogar wenn wir darüber nicht besonders glücklich sind!

JE MEHR wir auf dieses innere Wissen hören, desto seltener werden wir uns in Schwierigkeiten finden und desto fähiger werden wir sein, mit ihnen umzugehen.

Unsere Welt befindet sich in einem allmählichen Heilungsprozeß, der unser Bewußtsein vertieft. Wir streben nach Frieden und spiritueller Erleuchtung, Wissenschaft und Mystizismus beginnen sich zu überlappen und wir erforschen immer tiefer die unbekannten Bereiche unseres physischen und geistigen Universums.

Die Großen der Welt suchen den Frieden. Wer hätte gedacht, daß in unserer Lebenszeit die Berliner Mauer fallen würde? Und dann als Folge der Zusammenbruch des Kommunismus? Undenkbar! Aber es geschah. Wer hätte gedacht, daß Israel und die PLO zu einer Einigung kommen würden? Genauso undenkbar! Aber es geschieht.

Naturkatastrophen rund um den Erdball haben uns überwältigt. AIDS fegt durch eine Generation und nimmt die Besten und Intelligentesten mit sich. Unruhen und Bürgerkriege bedrohen die neugewonnene Freiheit von Nationen, die früher unterdrückt waren. Ist es ein Wunder, daß wir zur Zeit offener sind für die Hilfe der Engel als in den vergangenen Jahrzehnten? Wie viele Menschen beginnen in Krisen das Göttliche im Leben zu suchen?

Es sollte keiner Krisen bedürfen, damit wir das Göttliche, das Werk universeller Kräfte in unserem Leben anerkennen.

Ich möchte mit einigen Gedanken schließen, die für unser Leben nützlich sein können.

* Suche zuerst nach Gott, alles andere wird folgen.
* Kämpfe nicht zu sehr; überlasse es dem Göttlichen.
* Engel sind Inspiration.
* Gott ist eine Kraft, nicht ein Mann in einem Stuhl.
* Engel sind Lichtträger.
* Engel sind große Dirigenten.

DANKSAGUNG

Dieses Buch war eine Reise, und ich habe sie nicht alleine unternommen. Ich möchte meiner früheren Assistentin Darline Beck für dreizehn Jahre unaufhörlicher Unterstützung danken; Sy und Kathy Bonem für ihre Hilfe, damit ich zur richtigen Zeit am richtigen Ort bin; einer anderen früheren Assistentin dafür, daß sie genau dann in mein Leben eintrat, als ich sie brauchte; Marge und Irv Cowan, meinen treuen Freunden, die mir im Laufe meiner Lebensarbeit eine enorme Hilfe waren; und meiner Freundin Nina L. Diamond, einer Schriftstellerin und Lektorin, die dieses Buch bei jedem Schritt begleitete.

Dank an Erica und Alan, für Bücher über Judentum und Spiritualität aus ihrer umfangreichen persönlichen Bibliothek; an Lynn Franklin, meine unermüdliche Agentin und treue Freundin; an Cassie Jacoby, wie ich überzeugte Engel-Anhängerin und wahrhaft immerwährende Freundin; an Jacqueline Jannsen für ihre Vision und den Glauben an mich, und dafür, daß sie ein menschlicher Engel ist, der mir sowohl professionell als auch persönlich auf jede mögliche Weise eine echte Hilfe war; an Randal Jurkas, meinen früheren Manager, für all seine Jahre harter Arbeit und seinen Glauben an meine spirituelle Mission; an Bill Lirio, wie ich ein Wahrheitssucher und ein Freund, der fast schon Familie ist; an meinen Lektor Sydny Miner für eine erfreuliche Erfahrung; an meine treue Freundin Sheila MacRae, die so viele Jahre unterstützend und hilfreich war; an John Nero, der mich körperlich, spirituell und als Ernährungsberater in Freundschaft begleitete; an meine Schwester Sandra Post und meine Nichte Patti Post, die immer für mich da sind; an Debbie Rowley, eine meiner spirituellen Kolleginnen, dafür, daß sie mit mir die Erfahrung der Meditation und der Einstimmung auf die Engel teilte; und an meinen Neffen Daniel Silagy und seine Familie für ihre Liebe und Unterstützung.

So viele andere haben mir ihre Liebe, ihre Zeit, ihre Unterstützung und ihr Wissen geschenkt. Dank an meinen Stiefvater, Howard Simmons, für seine Freundschaft und Liebe; an die Autorin Terry Lynn Taylor, für ihre informativen und inspirierenden Worte; an meine persönliche Assistentin und größte Anhängerin, Wendy Thomas, für ihre Gebete und ihre Freundschaft; an Mike Warren von Inphomation, Inc., der mir während der letzten Jahren wunderbare Möglichkeiten verschaffte; an meine geistige Freundin und Kollegin Dionne Warwick, die meine spirituelle Aufgabe teilt; an den verstorbenen Rev. Jewel Williams dafür, daß er mir eine neue spirituelle Welt eröffnet hat; und an Mindi Rudan, Pam Johnson, Juanita Mazzarella, Laura Caster, Rob Killheffer und Howard Libin, deren Anregungen beim Schreiben dieses Buches hilfreich waren.

Besonderen Dank an meine geliebte Mutter, Marie Georgian Simmons, die mich inspirierte und unterstützte, die ihre spirituellen, intuitiven und heilenden Fähigkeiten an mich weitergab und nun von der geistigen Welt aus über mich wacht; an meinen liebevollen Vater, Anthony Georgian, der mit meiner Mutter vereint ist und mich leitet; an alle anderen, die ich liebte und die nun von der geistigen Welt aus über mich wachen; an meinen Hund Smarty, der immer weiß, wann ich Zuwendung brauche, und immer da ist, um sie zu geben; und an Gott, Jesus und die Engel, für ihre nie endende Führung.

OSHO

Ein radikaler und unkonventioneller spiritueller Visionär, dessen Bedeutung erst heute allgemein anerkannt wird. Übersetzt in 47 Sprachen, weltweite Gesamtauflage über 80 Millionen.

Kinder
Sei einfach du selbst
528 Seiten
€ [D] 9,95/€ [A] 10,30/sFr 18,00
ISBN 3-548-74109-6

Ego
Von der Illusion zur Freiheit
624 Seiten
€ [D] 10,95/€ [A] 11,30/sFr 19,80
ISBN 3-548-74110-X

Frauen
Die Quelle der weiblichen Kraft
696 Seiten
€ [D] 10,95/€ [A] 11,30/sFr 19,80
ISBN 3-548-74111-8

Intuition
Einsichten jenseits des Verstandes
224 Seiten
€ [D] 7,95/€ [A] 8,20/sFr 14,80
ISBN 3-548-74112-6

Mut
Lebe wild und gefährlich
224 Seiten
€ [D] 7,95/€ [A] 8,20
sFr 14,80
ISBN 3-548-74113-4

ULLSTEIN TASCHENBUCH

YOU[illegible]
H[illegible]

PISCES

Your Personal Horoscope 2006

Pisces

20th February–20th March

igloo

igloo

This edition published by Igloo Books Ltd,
Henson Way, Telford Way Industrial Estate, Kettering,
Northamptonshire NN16 8PX, England
E-mail: Info@igloo-books.com

Produced for Igloo Books by W. Foulsham & Co. Ltd,
The Publishing House, Bennetts Close, Cippenham,
Slough, Berkshire SL1 5AP, England

ISBN 1-84561-166-7

Printed in China

CONTENTS

INTRODUCTION

Your Personal Horoscopes have been specifically created to allow you to get the most from astrological patterns and the way they have a bearing on not only your zodiac sign, but nuances within it. Using the diary section of the book you can read about the influences and possibilities of each and every day of the year. It will be possible for you to see when you are likely to be cheerful and happy or those times when your nature is in retreat and you will be more circumspect. The diary will help to give you a feel for the specific 'cycles' of astrology and the way they can subtly change your day-to-day life. For example, when you see the sign ☿, this means that the planet Mercury is retrograde at that time. Retrograde means it appears to be running backwards through the zodiac. Such a happening has a significant effect on communication skills, but this is only one small aspect of how the Personal Horoscope can help you.

With Your Personal Horoscope the story doesn't end with the diary pages. It includes simple ways for you to work out the zodiac sign the Moon occupied at the time of your birth, and what this means for your personality. In addition, if you know the time of day you were born, it is possible to discover your Ascendant, yet another important guide to your personal make-up and potential.

Many readers are interested in relationships and in knowing how well they get on with people of other astrological signs. You might also be interested in the way you appear to very different sorts of individuals. If you are such a person, the section on Venus will be of particular interest. Despite the rapidly changing position of this planet, you can work out your Venus sign, and learn what bearing it will have on your life.

Using Your Personal Horoscope you can travel on one of the most fascinating and rewarding journeys that anyone can take – the journey to a better realisation of self.

THE ESSENCE OF PISCES

Exploring the Personality of Pisces the Fishes

(20TH FEBRUARY– 20TH MARCH)

What's in a sign?

Pisceans are fascinating people – everyone you come across is likely to admit that fact. By nature you are kind, loving, trustful and inclined to work very hard on behalf of the people you love – and perhaps even those you don't like very much. Your nature is sympathetic and you will do anything you can to improve the lot of those you consider to be worse off than yourself. There is a very forgiving side to your temperament and also a strong artistic flair that can find an outlet in any one of a dozen different ways.

It's true you are difficult to know, and there is a very important reason for this. Your nature goes deep, so deep in fact that someone would have to live with you for a lifetime to plumb even a part of its fathomless depths. What the world sees is only ever a small part of the total magic of this most compulsive and fascinating zodiac sign. Much of your latent power and natural magic is constantly kept bottled up, because it is never your desire to manipulate those around you. Rather, you tend to wait in the shadows until opportunities to come into your own present themselves.

In love you are ardent and sincere, though sometimes inclined to choose a partner too readily and too early. There's a dreamy quality to your nature that makes you easy to adore, but which can also cause difficulties if the practical necessities of life take a very definite second place.

The chances are that you love music and picturesque scenery, and you may also exhibit a definite fondness for animals. You prefer to live in the country rather than in the middle of a noisy and smelly town, and tend to keep a reasonably well-ordered household. Your family can easily become your life and you always need a focus for your energies. You are not at all good at feathering your own nest, unless you know that someone else is also going to benefit on the way. A little more selfishness probably would not go amiss on occasions because you are often far too willing to put yourself out wholesale for people who don't respect your sacrifices. Pisceans can be full of raging passions and are some of the most misunderstood people to be found anywhere within the great circle of the zodiac.

Pisces resources

It is the very essence of your zodiac sign that you are probably sitting there and saying to yourself 'Resources? I have no resources'. Of course you are wrong, though it has to be admitted that a glaring self-confidence isn't likely to be listed amongst them. You are, however, a very deep thinker, and this can turn out to be a great advantage and a useful tool when it comes to getting on in life. Because your natural intuition is so strong (some people would call you psychic), you are rarely fooled by the glib words of others. Your own natural tendency to tell the truth can be a distinct advantage and a great help to you when it comes to getting on in life from a practical and financial viewpoint.

Whilst many of the signs of the zodiac tend to respond to life in an impulsive way, you are more likely to weigh up the pros and cons of any given situation very carefully. This means that when you do take action you can achieve much more success – as well as saving a good deal of energy on the way. People tend to confide in you automatically, so you are definitely at an advantage when it comes to knowing what makes your family and friends tick. At work you can labour quietly and confidently, either on your own or in the company of others. Some people would assert that Pisceans are model employees because you really do not know how to give anything less than your best.

Never underestimate the power of your instincts. Under most circumstances you are aware of the possible outcome of any given situation and should react as your inner mind dictates. Following this course inevitably puts you ahead of the game and explains why so quiet a sign can promote so many winners in life. Not that you are particularly competitive. It's much more important for you to be part of a winning team than to be out there collecting the glory for yourself.

You are dependable, kind, loving and peerless in your defence of those you take to. All of these are incredible resources when used in the correct way. Perhaps most important of all is your ability to get others on your side. In this you cannot be matched.

Beneath the surface

Everyone instinctively knows that there is something very important going on beneath the surface of the Piscean mind, though working out exactly what it might be is a different kettle of fish altogether. The fact is that you are very secretive about yourself and tend to give very little away. There are occasions when this tendency can be a saving grace, but others where it is definitely a great disadvantage. What isn't hard to see is your natural sympathy and your desire to help those in trouble. There's no end gain here, it's simply the way you are. Your inspiration to do anything is rarely rooted in what your own prize is likely to be. In your soul you are poetical, deeply romantic and inextricably tied to the forces and cycles of the world that brought you to birth.

Despite your capacity for single-minded concentration in some matters, you are often subject to mental confusion. Rational considerations often take second place to intuitive foresight and even inspiration. Making leaps in logic isn't at all unusual for you and forms part of the way you judge the world and deal with it.

If you really want to get on in life, and to gain the most you can from your interactions with others, you need to be very truthful in your approach. Somehow or other that means finding out what is really going on in your mind and explaining it to those around you. This is never going to be an easy process, partly because of your naturally secretive ways. Actually some astrologers overplay the tendency of Pisces to keep its secrets. A great deal of the time you simply don't think you have anything to say that would interest others and you always lack confidence in your own judgements. This is a shame because you rarely proceed without thinking carefully and don't often make glaring mistakes.

Many Pisceans develop an ingrained tendency to believe themselves inadequate in some way. Once again this is something you should fight against. Knowing others better, and allowing them to get to know you, might cause you to feel less quirky or strange. Whether you realise it or not you have a natural magnetism that draws others towards you. Try to spend rather less time thinking – though without losing that Piscean ability to meditate which is central to your well-being. If you allow the fascinating world of the Piscean mind to be shared by the people you come to trust, you should become more understandable to people who really want to like you even more.

Making the best of yourself

It must be remembered that the zodiac sign of Pisces represents two Fishes, tethered by a cord but constantly trying to break away from each other. This says a great deal about the basic Piscean nature. The inward, contemplative side of your personality is often at odds with the more gregarious and chatty qualities you also possess. Learning about this duality of nature can go at least part of the way towards dealing with it.

Although you often exhibit a distinct lack of self-confidence in your dealings with the world at large, you are, at heart, quite adept, flexible and able to cope under almost any circumstance. All that is really required in order to have a positive influence on life and to be successful is for you to realise what you are capable of achieving. Alas this isn't quite as easy as it might appear, because the introspective depths of your nature make you think too much and cause you to avoid the very actions that would get you noticed more. This can be something of a dilemma for Pisces, though it is certainly not insurmountable.

Never be afraid to allow your sensitivity to show. It is one of your greatest assets and it is part of the reason why other people love you so much – far more, in fact, than you probably realise. Your natural warmth, grace and charm are certain to turn heads on those occasions when you can't avoid being watched. The creative qualities that you possess make it possible for you to manufacture harmonious surroundings, both for yourself and for your family, who are very important to you. At the same time you recognise the practical in life and don't mind getting your hands dirty, especially when it comes to helping someone else out of a mess.

One of the best ruses Pisceans can use in order to get over the innate shyness that often attends the sign is to put on an act. Pisceans are very good natural actors and can easily assume the role of another individual. So, in your dealings with the world at large, manufacture a more confident individual, though without leaving out all the wonderful things that make you what you are now. Play this part for all you are worth and you will then truly be making the best of yourself.

The impressions you give

There is absolutely no doubt that you are more popular, admired and even fancied than you could ever believe. Such is the natural modesty of your zodiac sign that you invariably fail to pick up on those little messages coming across from other people that say 'I think you are wonderful'. If we don't believe in ourselves it's difficult for us to accept that others think we are worth their consideration. Failing to realise your worth to the world at large is likely to be your greatest fault and needs to be corrected.

In a way it doesn't matter, when seen from the perspective of others. What they observe is a warm-hearted individual. Your magnetic personality is always on display, whether you intend it to be or not, which is another reason why you tend to attract far more attention than you would sometimes elicit. Most Pisceans are quite sexy, another quality that is bound to come across to the people you meet, at least some of whom would be willing to jump through hoops if you were to command it.

In short, what you show, and what you think you are, could be two entirely different things. If you don't believe this to be the case you need to carry out a straw poll amongst some of the people you know. Ask them to write down all your qualities as they see them. The result will almost certainly surprise you and demonstrate that you are far more capable, and loveable, than you believe yourself to be. Armed with this knowledge you can walk forward in life with more confidence and feel as content inside as you appear to be when viewed by the world at large.

People rely heavily on you. That much at least you will have noticed in a day-to-day sense. They do so because they know how well you deal with almost any situation. Even in a crisis you show your true colours and that's part of the reason why so many Piscean people find themselves involved in the medical profession. You are viewed as being stronger than you believe yourself to be, which is why everyone tends to be so surprised when they discover that you are vulnerable and inclined to worry.

The way forward

You have a great deal to offer the world, even if you don't always appreciate how much. Although you are capable of being shy and introverted on occasions, you are equally likely to be friendly, chatty and very co-operative. You settle to just about any task, though you do possess a sense of freedom that makes it difficult for you to be cooped up in the same place for days and weeks at a stretch. You prefer the sort of tasks that allow your own natural proclivities to shine out, and you exhibit an instinctive creative tendency in almost anything you do.

Use your natural popularity to the full. People are always willing to put themselves out on your behalf, mainly because they know how generous you are and want to repay you for some previous favour. You should never be too proud to accept this sort of proffered help and must avoid running away with the idea that you are unequal to any reasonable task that you set yourself.

It's true that some of your thoughts are extremely deep and that you can get yourself into something of a brown study on occasions, which can be translated by the world around you as depression. However, you are far more stable than you probably believe yourself to be because Pisces is actually one of the toughest of the zodiac signs.

Because you are born of a Water sign it is likely that you would take great delight in living near the sea, or some other large body of water. This isn't essential to your well-being but it does feed your imagination. The vastness of nature in all its forms probably appeals to you in any case and most Pisceans love the natural world with its staggering diversity.

In love you are ardent and sincere, but you do need to make sure that you choose the right individual to suit you. Pisceans often settle for a protecting arm, but if this turns out to be stifling, trouble could follow. You would find it hard to live with anyone who didn't have at least a degree of your sensitivity, and you need a partner who will allow you to retain that sense of inner freedom that is so vital to your well-being.

Make the most of the many gifts and virtues that nature has bestowed upon you and don't be afraid to let people know what you really are. Actually establishing this in the first place isn't easy for you. Pisceans respond well to almost any form of meditation, which is not surprising because the sign of the Fishes is the most spiritually motivated zodiac sign of them all. When you know yourself fully you generate a personality that is an inspiration to everyone.

PISCES ON THE CUSP

Astrological profiles are altered for those people born at either the beginning or the end of a zodiac sign, or, more properly, on the cusps of a sign. In the case of Pisces this would be on the 20th of February and for two or three days after, and similarly at the end of the sign, probably from the 18th to the 20th of March.

The Aquarius Cusp – February 20th to 22nd

This tends to be a generally happy combination of signs, even if some of the people you come into contact with find you rather difficult to understand from time to time. You are quite capable of cutting a dash, as any Aquarian would be, and yet at the same time you have the quiet and contemplative qualities more typified by Pisces. You tend to be seen as an immensely attractive person, even if you are the last one in the world to accept this fact. People find you to be friendly, very approachable and good company in almost any social or personal setting. It isn't hard for you to get on with others, though since you are not so naturally quiet as Pisces when taken alone, you are slightly more willing to speak your mind and to help out, though usually in a very diplomatic manner.

At work you are very capable and many people with this combination find themselves working on behalf of humanity as a whole. Thus work in social services, hospitals or charities really suits the unique combinations thrown up by this sign mixture. Management is right up your street, though there are times when your conception of popularity takes the foremost place in your mind. Occasionally this could take the edge off executive decisions. A careful attention to detail shows you in a position to get things done, even jobs that others shun. You don't really care for getting your hands dirty but will tackle almost any task if you know it to be necessary. Being basically self-sufficient, you also love the company of others, and it is this adaptability that is the hallmark of success to Aquarian-cusp Pisceans.

Few people actually know you as well as they think they do because the waters of your nature run quite deep. Your real task in life is to let the world know how you feel, something you fight shy of doing now and again. There are positive gains in your life, brought about as a result of your adaptable and pleasing nature. Aquarius present in the nature allows Pisces to act at its best.

The Aries Cusp – March 18th to 20th

This is a Piscean with attitude and probably one of the most difficult zodiac sign combinations to be understood, not only by those people with whom you come into contact but clearly by yourself too. If there are any problems thrown up here they come from the fact that Pisces and Aries have such different ways of expressing themselves to the world at large. Aries is very upfront, dynamic and dominant, all factors that are simply diametrically opposed to the way Pisces thinks and behaves. So the real task in life is to find ways to combine the qualities of Pisces and Aries, in a way that suits the needs of both and without becoming totally confused with regard to your basic nature.

The problem is usually solved by a compartmentation of life. For example, many people with this combination will show the Aries qualities strongly at work, whilst dropping into the Piscean mode socially and at home. This may invariably be the case but there are bound to be times when the underlying motivations become mixed, which can confuse those with whom you come into contact.

Having said all of this you can be the least selfish and most successful individual when you are fighting for the rights of others. This is the zodiac combination of the true social reformer, the genuine politician and the committed pacifist. It seems paradoxical to suggest that someone could fight tenaciously for peace, but this is certainly true in your case. You have excellent executive skills and yet retain an ability to tell other people what they should be doing, in fairly strident terms, usually without upsetting anyone. There is a degree of genuine magic about you that makes you very attractive and there is likely to be more than one love affair in your life. A steadfast view of romance may not be naturally present within your basic nature but like so much else you can 'train' this quality into existence.

Personal success is likely, but it probably doesn't matter all that much in a material sense. The important thing to you is being needed by the world at large.

PISCES AND ITS ASCENDANTS

The nature of every individual on the planet is composed of the rich variety of zodiac signs and planetary positions that were present at the time of their birth. Your Sun sign, which in your case is Pisces, is one of the many factors when it comes to assessing the unique person you are. Probably the most important consideration, other than your Sun sign, is to establish the zodiac sign that was rising over the eastern horizon at the time that you were born. This is your Ascending or Rising sign. Most popular astrology fails to take account of the Ascendant, and yet its importance remains with you from the very moment of your birth, through every day of your life. The Ascendant is evident in the way you approach the world, and so, when meeting a person for the first time, it is this astrological influence that you are most likely to notice first. Our Ascending sign essentially represents what we appear to be, while the Sun sign is what we feel inside ourselves.

The Ascendant also has the potential for modifying our overall nature. For example, if you were born at a time of day when Pisces was passing over the eastern horizon (this would be around the time of dawn) then you would be classed as a double Pisces. As such, you would typify this zodiac sign, both internally and in your dealings with others. However, if your Ascendant sign turned out to be a Fire sign, such as Aries, there would be a profound alteration of nature, away from the expected qualities of Pisces.

One of the reasons why popular astrology often ignores the Ascendant is that it has always been rather difficult to establish. We have found a way to make this possible by devising an easy-to-use table, which you will find on page 157 of this book. Using this, you can establish your Ascendant sign at a glance. You will need to know your rough time of birth, then it is simply a case of following the instructions.

For those readers who have no idea of their time of birth it might be worth allowing a good friend, or perhaps your partner, to read through the section that follows this introduction. Someone who deals with you on a regular basis may easily discover your Ascending sign, even though you could have some difficulty establishing it for yourself. A good understanding of this component of your nature is essential if you want to be aware of that 'other person' who is responsible for the way you make contact with the world at large. Your Sun sign, Ascendant sign, and the other pointers in this book will, together, allow you a far better understanding of what makes you tick as an individual. Peeling back the different layers of your astrological make-up can be an enlightening experience, and the Ascendant may represent one of the most important layers of all.

Pisces with Pisces Ascendant

You are a kind and considerate person who would do almost anything to please the people around you. Creative and extremely perceptive, nobody knows the twists and turns of human nature better than you do, and you make it your business to serve humanity in any way you can. Not everyone understands what makes you tick, and part of the reason for this state of affairs is that you are often not really quite 'in' the world as much as the people you encounter in a day-to-day sense. At work you are generally cheerful, though you can be very quiet on occasions, but since you are consistent in this regard, you don't attract adverse attention or accusations of being moody, as some other variants of Pisces sometimes do. Confusion can beset you on occasions, especially when you are trying to reconcile your own opposing needs. There are certain moments of discontent to be encountered which so often come from trying to please others, even when to do so goes against your own instincts.

As age and experience add to your personal armoury you relax more with the world and find yourself constantly sought out for words of wisdom. The vast majority of people care for you deeply.

Pisces with Aries Ascendant

Although not an easy combination to deal with, the Pisces with an Aries Ascendant does bring something very special to the world in the way of natural understanding allied to practical assistance. It's true that you can sometimes be a dreamer, but there is nothing wrong with that as long as you have the ability to turn some of your wishes into reality, and this you are usually able to do, often for the sake of those around you. Conversation comes easily to you, though you also possess a slightly wistful and poetic side to your nature, which is attractive to the many people who call you a friend. A natural entertainer, you bring a sense of the comic to the often serious qualities of Aries, though without losing the determination that typifies the sign.

In relationships you are ardent, sincere and supportive, with a social conscience that sometimes finds you fighting the battles of the less privileged members of society. Family is important to you and this is a combination that invariably leads to parenthood. Away from the cut and thrust of everyday life you relax more fully, and think about matters more deeply than more typical Aries types might.

Pisces with Taurus Ascendant

You are clearly a very sensitive type of person and that sometimes makes it rather difficult for others to know how they might best approach you. Private and deep, you are nevertheless socially inclined on many occasions. However, because your nature is bottomless it is possible that some types would actually accuse you of being shallow. How can this come about? Well, it's simple really. The fact is that you rarely show anyone what is going on in the deepest recesses of your mind and so your responses can appear to be trite or even ill-considered. This is far from the truth, as those who are allowed into the 'inner sanctum' would readily admit. You are something of a sensualist, and relish staying in bed late and simply pleasing yourself for days on end. However, you have Taurean traits so you desire a tidy environment in which to live your usually long life.

You are able to deal with the routine aspects of life quite well and can be a capable worker once you are up and firing on all cylinders. It is very important that you maintain an interest in what you are doing, because the recesses of your dreamy mind can sometimes appear to be infinitely more attractive. Your imagination is second to none and this fact can often be turned to your advantage.

Pisces with Gemini Ascendant

There is great duality inherent in this combination, and sometimes this can cause a few problems. Part of the trouble stems from the fact that you often fail to realise what you want from life, and you could also be accused of failing to take the time out to think things through carefully enough. You are reactive, and although you have every bit of the natural charm that typifies the sign of Gemini, you are more prone to periods of self-doubt and confusion. However, you should not allow these facts to get you down too much, because you are also genuinely loved and have a tremendous capacity to look after others, a factor which is more important to you than any other. It's true that personal relationships can sometimes be a cause of difficulty for you, partly because your constant need to know what makes other people tick could drive them up the wall. Accepting people at face value seems to be the best key to happiness of a personal sort, and there are occasions when your very real and natural intuition has to be put on hold.

It's likely that you are an original, particularly in the way you dress. An early rebellious stage often gives way to a more comfortable form of eccentricity. When you are at your best, just about everyone adores you.

Pisces with Cancer Ascendant

A deep, double Water-sign combination this, and it might serve to make you a very misunderstood, though undoubtedly popular, individual. You are anxious to make a good impression, probably too keen under certain circumstances, and you do everything you can to help others, even if you don't know them very well. It's true that you are deeply sensitive and quite easily brought to tears by the suffering of this most imperfect world that we inhabit. Fatigue can be a problem, though this is somewhat nullified by the fact that you can withdraw completely into the deep recesses of your own mind when it becomes necessary to do so.

You may not be the most gregarious person in the world, simply because it isn't easy for you to put some of your most important considerations into words. This is easier when you are in the company of people you know and trust, though even trust is a commodity that is difficult for you to find, particularly since you may have been hurt by being too willing to share your thoughts early in life. With age comes wisdom and maturity, and the older you are, the better you will learn to handle this potent and demanding combination. You will never go short of either friends or would-be lovers, and may be one of the most magnetic types of both Cancer and Pisces.

Pisces with Leo Ascendant

You are a very sensitive soul, on occasions too much so for your own good. However, there is not a better advocate for the rights of humanity than you represent and you constantly do what you can to support the downtrodden and oppressed. Good causes are your thing and there are likely to be many in your life. You will probably find yourself pushed to the front of almost any enterprise of which you are a part because, despite the deeper qualities of Pisces, you are a natural leader. Even on those occasions when it feels as though you lack confidence, you manage to muddle through somehow and your smile is as broad as the day. Few sign combinations are more loved than this one, mainly because you do not have a malicious bone in your body, and will readily forgive and forget, which the Lion on its own often will not.

Although you are capable of acting on impulse, you do so from a deep sense of moral conviction, so that most of your endeavours are designed to suit other people too. They recognise this fact and will push much support back in your direction. Even when you come across troubles in your life you manage to find ways to sort them out, and will invariably notice something new to smile about on the way. Your sensitivity rating is massive and you can easily be moved to tears.

Pisces with Virgo Ascendant

You might have been accused on occasions of being too sensitive for your own good, a charge that is not entirely without foundation. Certainly you are very understanding of the needs of others, sometimes to the extent that you put everything aside to help them. This would also be true in the case of charities, for you care very much about the world and the people who cling tenaciously to its surface. Your ability to love on a one-to-one basis knows no bounds, though you may not discriminate as much as you could, particularly when young, and might have one or two false starts in the love stakes. You don't always choose to verbalise your thoughts and this can cause problems, because there is always so much going on in your mind and Virgo especially needs good powers of communication. Pisces is quieter and you need to force yourself to say what you think when the explanation is important.

You would never betray a confidence and sometimes take on rather more for the sake of your friends than is strictly good for you. This is not a fault but can cause you problems all the same. Because you are so intuitive there is little that escapes your attention, though you should avoid being pessimistic about your insights. Changes of scenery suit you and travel would bring out the best in what can be a repressed nature.

Pisces with Libra Ascendant

An Air and Water combination, you are not easy to understand and have depths that show at times, surprising those people who thought they already knew what you were. You will always keep people guessing and are just as likely to hitchhike around Europe as you are to hold down a steady job, both of which you would undertake with the same degree of commitment and success. Usually young at heart, but always carrying the potential for an old head on young shoulders, you are something of a paradox and not at all easy for totally 'straight' types to understand. But you always make an impression, and tend to be very attractive to members of the opposite sex.

In matters of health you do have to be a little careful because you dissipate much nervous energy and can sometimes be inclined to push yourself too hard, at least in a mental sense. Frequent periods of rest and meditation will do you the world of good and should improve your level of wisdom, which tends to be fairly high already. Much of your effort in life is expounded on behalf of humanity as a whole, for you care deeply, love totally and always give of your best. Whatever your faults and failings might be, you are one of the most popular people around.

Pisces with Scorpio Ascendant

You stand a chance of disappearing so deep into yourself that other people would need one of those long ladders that cave explorers use to even find you. It isn't really your fault, because both Scorpio and Pisces, as Water signs, are difficult to understand and you have them both. But that doesn't mean that you should be content to remain in the dark, and the warmth of your nature is all you need to shine a light on the wonderful qualities you possess. But the primary word of warning is that you must put yourself on display and allow others to know what you are, before their appreciation of these facts becomes apparent.

As a server of the world you are second to none and it is hard to find a person with this combination who is not, in some way, looking out for the people around them. Immensely attractive to others, you are also one of the most sought-after lovers. Much of this has to do with your deep and abiding charm, but the air of mystery that surrounds you also helps. Some of you will marry too early, and end up regretting the fact, though the majority of people with Scorpio and Pisces will find the love they deserve in the end. You are able, just, firm but fair, though a sucker for a hard luck story and as kind as the day is long. It's hard to imagine how so many good points could be ignored by others.

Pisces with Sagittarius Ascendant

A very attractive combination this, because the more dominant qualities of the Archer are somehow mellowed-out by the caring Water-sign qualities of the Fishes. You can be very outgoing, but there is always a deeper side to your nature that allows others to know that you are thinking about them. Few people could fall out with either your basic nature or your attitude to the world at large, even though there are depths to your nature that may not be easily understood. You are capable, have a good executive ability and can work hard to achieve your objectives, even if you get a little disillusioned on the way. Much of your life is given over to helping those around you and there is a great tendency for you to work for and on behalf of humanity as a whole. A sense of community is brought to most of what you do and you enjoy co-operation. Although you have the natural ability to attract people to you, the Pisces half of your nature makes you just a little more reserved in personal matters than might otherwise be the case. More careful in your choices than either sign taken alone, you still have to make certain that your motivations when commencing a personal relationship are the right ones. You love to be happy, and to offer gifts of happiness to others.

Pisces with Capricorn Ascendant

You are certainly not the easiest person in the world to understand, mainly because your nature is so deep and your personality so complicated, that others are somewhat intimidated at the prospect of staring into this abyss. All the same your friendly nature is attractive, and there will always be people around who are fascinated by the sheer magnetic quality that is intrinsic to this zodiac mix. Sentimental and extremely kind, there is no limit to the extent of your efforts on behalf of a deserving world, though there are some people around who wonder at your commitment and who may ridicule you a little for your staying-power, even in the face of some adversity. At work you are very capable, will work long and hard, and can definitely expect a greater degree of financial and practical success than Pisces when taken alone. Routines don't bother you too much, though you do need regular periods of introspection, which help to recharge low batteries and a battered self-esteem. In affairs of the heart you are given to impulse, which belies the more careful qualities of Capricorn. However, the determination remains intact and you are quite capable of chasing rainbows round and round the same field, never realising that you can't get to the end of them. Generally speaking you are an immensely lovable person and a great favourite to many.

Pisces with Aquarius Ascendant

Here we find the originality of Aquarius balanced by the very sensitive qualities of Pisces, and it makes for a very interesting combination. When it comes to understanding other people you are second to none, but it's certain that you are more instinctive than either Pisces or Aquarius when taken alone. You are better at routines than Aquarius, but also relish a challenge more than the typical Piscean would. Active and enterprising, you tend to know what you want from life, but consideration of others, and the world at large, will always be part of the scenario. People with this combination often work on behalf of humanity and are to be found in social work, the medical profession and religious institutions. As far as beliefs are concerned you don't conform to established patterns, and yet may get closer to the truth of the Creator than many deep theological thinkers have ever been able to do. Acting on impulse as much as you do means that not everyone understands the way your mind works, but your popularity will invariably see you through.

Passionate and deeply sensitive, you are able to negotiate the twists and turns of a romantic life that is hardly likely to be run-of-the-mill. In the end, however, you should certainly be able to find a very deep personal and spiritual happiness.

THE MOON AND THE PART IT PLAYS IN YOUR LIFE

In astrology the Moon is probably the single most important heavenly body after the Sun. Its unique position, as partner to the Earth on its journey around the solar system, means that the Moon appears to pass through the signs of the zodiac extremely quickly. The zodiac position of the Moon at the time of your birth plays a great part in personal character and is especially significant in the build-up of your emotional nature.

Your Own Moon Sign

Discovering the position of the Moon at the time of your birth has always been notoriously difficult because tracking the complex zodiac positions of the Moon is not easy. This process has been reduced to three simple stages with our Lunar Tables. A breakdown of the Moon's zodiac positions can be found from page 35 onwards, so that once you know what your Moon Sign is, you can see what part this plays in the overall build-up of your personal character.

If you follow the instructions on the next page you will soon be able to work out exactly what zodiac sign the Moon occupied on the day that you were born and you can then go on to compare the reading for this position with those of your Sun sign and your Ascendant. It is partly the comparison between these three important positions that goes towards making you the unique individual you are.

HOW TO DISCOVER YOUR MOON SIGN

This is a three-stage process. You may need a pen and a piece of paper but if you follow the instructions below the process should only take a minute or so.

STAGE 1 First of all you need to know the Moon Age at the time of your birth. If you look at Moon Table 1, on page 33, you will find all the years between 1908 and 2006 down the left side. Find the year of your birth and then trace across to the right to the month of your birth. Where the two intersect you will find a number. This is the date of the New Moon in the month that you were born. You now need to count forward the number of days between the New Moon and your own birthday. For example, if the New Moon in the month of your birth was shown as being the 6th and you were born on the 20th, your Moon Age Day would be 14. If the New Moon in the month of your birth came after your birthday, you need to count forward from the New Moon in the previous month. If you were born in a Leap Year, remember to count the 29th February. You can tell if your birth year was a Leap Year if the last two digits can be divided by four. Whatever the result, jot this number down so that you do not forget it.

STAGE 2 Take a look at Moon Table 2 on page 34. Down the left hand column look for the date of your birth. Now trace across to the month of your birth. Where the two meet you will find a letter. Copy this letter down alongside your Moon Age Day.

STAGE 3 Moon Table 3 on page 34 will supply you with the zodiac sign the Moon occupied on the day of your birth. Look for your Moon Age Day down the left hand column and then for the letter you found in Stage 2. Where the two converge you will find a zodiac sign and this is the sign occupied by the Moon on the day that you were born.

Your Zodiac Moon Sign Explained

You will find a profile of all zodiac Moon Signs on pages 35 to 38, showing in yet another way how astrology helps to make you into the individual that you are. In each daily entry of the Astral Diary you can find the zodiac position of the Moon for every day of the year. This also allows you to discover your lunar birthdays. Since the Moon passes through all the signs of the zodiac in about a month, you can expect something like twelve lunar birthdays each year. At these times you are likely to be emotionally steady and able to make the sort of decisions that have real, lasting value.

MOON TABLE 1

YEAR	JAN	FEB	MAR
1908	3	2	3
1909	22	20	21
1910	11	9	11
1911	29	28	30
1912	18	17	19
1913	7	6	7
1914	25	24	26
1915	15	15	14
1916	5	3	5
1917	24	22	23
1918	12	11	12
1919	1/31	–	2/31
1920	21	19	20
1921	9	8	9
1922	27	26	28
1923	17	15	17
1924	6	5	5
1925	24	23	24
1926	14	12	14
1927	3	2	3
1928	21	19	21
1929	11	9	11
1930	29	28	30
1931	18	17	19
1932	7	6	7
1933	25	24	26
1934	15	14	15
1935	5	3	5
1936	24	22	23
1937	12	11	12
1938	1/31	–	2/31
1939	20	19	20
1940	9	8	9
1941	27	26	27
1942	16	15	16
1943	6	4	6
1944	25	24	24
1945	14	12	14
1946	3	2	3
1947	21	19	21
1948	11	9	11
1949	29	27	29
1950	18	16	18
1951	7	6	7
1952	26	25	25
1953	15	14	15
1954	5	3	5
1955	24	22	24
1956	13	11	12
1957	1/30	–	1/31
1958	19	18	20
1959	9	7	9
1960	27	26	27
1961	16	15	16
1962	6	5	6
1963	25	23	25
1964	14	13	14
1965	3	1	2
1966	21	19	21
1967	10	9	10
1968	29	28	29
1969	19	17	18
1970	7	6	7
1971	26	25	26
1972	15	14	15
1973	5	4	5
1974	24	22	24
1975	12	11	12
1976	1/31	29	30
1977	19	18	19
1978	9	7	9
1979	27	26	27
1980	16	15	16
1981	6	4	6
1982	25	23	24
1983	14	13	14
1984	3	1	2
1985	21	19	21
1986	10	9	10
1987	29	28	29
1988	18	17	18
1989	7	6	7
1990	26	25	26
1991	15	14	15
1992	4	3	4
1993	24	22	24
1994	11	10	12
1995	1/31	29	30
1996	19	18	19
1997	9	7	9
1998	27	26	27
1999	16	15	16
2000	6	4	6
2001	24	23	25
2002	13	12	13
2003	3	1	2
2004	21	20	21
2005	10	9	10
2006	29	28	29

TABLE 2

DAY	FEB	MAR
1	D	F
2	D	G
3	D	G
4	D	G
5	D	G
6	D	G
7	D	G
8	D	G
9	D	G
10	E	G
11	E	G
12	E	H
13	E	H
14	E	H
15	E	H
16	E	H
17	E	H
18	E	H
19	E	H
20	F	H
21	F	H
22	F	I
23	F	I
24	F	I
25	F	I
26	F	I
27	F	I
28	F	I
29	F	I
30	–	I
31	–	I

MOON TABLE 3

M/D	D	E	F	G	H	I	J
0	AQ	PI	PI	PI	AR	AR	AR
1	PI	PI	PI	AR	AR	AR	TA
2	PI	PI	AR	AR	AR	TA	TA
3	PI	AR	AR	AR	TA	TA	TA
4	AR	AR	AR	TA	TA	GE	GE
5	AR	TA	TA	TA	GE	GE	GE
6	TA	TA	TA	GE	GE	GE	CA
7	TA	TA	GE	GE	GE	CA	CA
8	TA	GE	GE	GE	CA	CA	CA
9	GE	GE	CA	CA	CA	CA	LE
10	GE	CA	CA	CA	LE	LE	LE
11	CA	CA	CA	LE	LE	LE	VI
12	CA	CA	LE	LE	LE	VI	VI
13	LE	LE	LE	LE	VI	VI	VI
14	LE	LE	VI	VI	VI	LI	LI
15	LE	VI	VI	VI	LI	LI	LI
16	VI	VI	VI	LI	LI	LI	SC
17	VI	VI	LI	LI	LI	SC	SC
18	VI	LI	LI	LI	SC	SC	SC
19	LI	LI	LI	SC	SC	SC	SA
20	LI	SC	SC	SC	SA	SA	SA
21	SC	SC	SC	SA	SA	SA	CP
22	SC	SC	SA	SA	SA	CP	CP
23	SC	SA	SA	SA	CP	CP	CP
24	SA	SA	SA	CP	CP	CP	AQ
25	SA	CP	CP	CP	AQ	AQ	AQ
26	CP	CP	CP	AQ	AQ	AQ	PI
27	CP	AQ	AQ	AQ	AQ	PI	PI
28	AQ	AQ	AQ	AQ	PI	PI	PI
29	AQ	AQ	AQ	PI	PI	PI	AR

AR = Aries, TA = Taurus, GE = Gemini, CA = Cancer, LE = Leo, VI = Virgo, LI = Libra, SC = Scorpio, SA = Sagittarius, CP = Capricorn, AQ = Aquarius, PI = Pisces

MOON SIGNS

Moon in Aries

You have a strong imagination, courage, determination and a desire to do things in your own way and forge your own path through life.

Originality is a key attribute; you are seldom stuck for ideas although your mind is changeable and you could take the time to focus on individual tasks. Often quick-tempered, you take orders from few people and live life at a fast pace. Avoid health problems by taking regular time out for rest and relaxation.

Emotionally, it is important that you talk to those you are closest to and work out your true feelings. Once you discover that people are there to help, there is less necessity for you to do everything yourself.

Moon in Taurus

The Moon in Taurus gives you a courteous and friendly manner, which means you are likely to have many friends.

The good things in life mean a lot to you, as Taurus is an Earth sign that delights in experiences which please the senses. Hence you are probably a lover of good food and drink, which may in turn mean you need to keep an eye on the bathroom scales, especially as looking good is also important to you.

Emotionally you are fairly stable and you stick by your own standards. Taureans do not respond well to change. Intuition also plays an important part in your life.

Moon in Gemini

You have a warm-hearted character, sympathetic and eager to help others. At times reserved, you can also be articulate and chatty: this is part of the paradox of Gemini, which always brings duplicity to the nature. You are interested in current affairs, have a good intellect, and are good company and likely to have many friends. Most of your friends have a high opinion of you and would be ready to defend you should the need arise. However, this is usually unnecessary, as you are quite capable of defending yourself in any verbal confrontation.

Travel is important to your inquisitive mind and you find intellectual stimulus in mixing with people from different cultures. You also gain much from reading, writing and the arts but you do need plenty of rest and relaxation in order to avoid fatigue.

Moon in Cancer

The Moon in Cancer at the time of birth is a fortunate position as Cancer is the Moon's natural home. This means that the qualities of compassion and understanding given by the Moon are especially enhanced in your nature, and you are friendly and sociable and cope well with emotional pressures. You cherish home and family life, and happily do the domestic tasks. Your surroundings are important to you and you hate squalor and filth. You are likely to have a love of music and poetry.

Your basic character, although at times changeable like the Moon itself, depends on symmetry. You aim to make your surroundings comfortable and harmonious, for yourself and those close to you.

Moon in Leo

The best qualities of the Moon and Leo come together to make you warm-hearted, fair, ambitious and self-confident. With good organisational abilities, you invariably rise to a position of responsibility in your chosen career. This is fortunate as you don't enjoy being an 'also-ran' and would rather be an important part of a small organisation than a menial in a large one.

You should be lucky in love, and happy, provided you put in the effort to make a comfortable home for yourself and those close to you. It is likely that you will have a love of pleasure, sport, music and literature. Life brings you many rewards, most of them as a direct result of your own efforts, although you may be luckier than average and ready to make the best of any situation.

Moon in Virgo

You are endowed with good mental abilities and a keen receptive memory, but you are never ostentatious or pretentious. Naturally quite reserved, you still have many friends, especially of the opposite sex. Marital relationships must be discussed carefully and worked at so that they remain harmonious, as personal attachments can be a problem if you do not give them your full attention.

Talented and persevering, you possess artistic qualities and are a good homemaker. Earning your honours through genuine merit, you work long and hard towards your objectives but show little pride in your achievements. Many short journeys will be undertaken in your life.

Moon in Libra

With the Moon in Libra you are naturally popular and make friends easily. People like you, probably more than you realise, you bring fun to a party and are a natural diplomat. For all its good points, Libra is not the most stable of astrological signs and, as a result, your emotions can be a little unstable too. Therefore, although the Moon in Libra is said to be good for love and marriage, your Sun sign and Rising sign will have an important effect on your emotional and loving qualities.

You must remember to relate to others in your decision-making. Co-operation is crucial because Libra represents the 'balance' of life that can only be achieved through harmonious relationships. Conformity is not easy for you because Libra, an Air sign, likes its independence.

Moon in Scorpio

Some people might call you pushy. In fact, all you really want to do is to live life to the full and protect yourself and your family from the pressures of life. Take care to avoid giving the impression of being sarcastic or impulsive and use your energies wisely and constructively.

You have great courage and you invariably achieve your goals by force of personality and sheer effort. You are fond of mystery and are good at predicting the outcome of situations and events. Travel experiences can be beneficial to you.

You may experience problems if you do not take time to examine your motives in a relationship, and also if you allow jealousy, always a feature of Scorpio, to cloud your judgement.

Moon in Sagittarius

The Moon in Sagittarius helps to make you a generous individual with humanitarian qualities and a kind heart. Restlessness may be intrinsic as your mind is seldom still. Perhaps because of this, you have a need for change that could lead you to several major moves during your adult life. You are not afraid to stand your ground when you know your judgement is right, you speak directly and have good intuition.

At work you are quick, efficient and versatile and so you make an ideal employee. You need work to be intellectually demanding and do not enjoy tedious routines.

In relationships, you anger quickly if faced with stupidity or deception, though you are just as quick to forgive and forget. Emotionally, there are times when your heart rules your head.

Moon in Capricorn

The Moon in Capricorn makes you popular and likely to come into the public eye in some way. The watery Moon is not entirely comfortable in the Earth sign of Capricorn and this may lead to some difficulties in the early years of life. An initial lack of creative ability and indecision must be overcome before the true qualities of patience and perseverance inherent in Capricorn can show through.

You have good administrative ability and are a capable worker, and if you are careful you can accumulate wealth. But you must be cautious and take professional advice in partnerships, as you are open to deception. You may be interested in social or welfare work, which suit your organisational skills and sympathy for others.

Moon in Aquarius

The Moon in Aquarius makes you an active and agreeable person with a friendly, easy-going nature. Sympathetic to the needs of others, you flourish in a laid-back atmosphere. You are broad-minded, fair and open to suggestion, although sometimes you have an unconventional quality which others can find hard to understand.

You are interested in the strange and curious, and in old articles and places. You enjoy trips to these places and gain much from them. Political, scientific and educational work interests you and you might choose a career in science or technology.

Money-wise, you make gains through innovation and concentration and Lunar Aquarians often tackle more than one job at a time. In love you are kind and honest.

Moon in Pisces

You have a kind, sympathetic nature, somewhat retiring at times, but you always take account of others' feelings and help when you can.

Personal relationships may be problematic, but as life goes on you can learn from your experiences and develop a better understanding of yourself and the world around you.

You have a fondness for travel, appreciate beauty and harmony and hate disorder and strife. You may be fond of literature and would make a good writer or speaker yourself. You have a creative imagination and may come across as an incurable romantic. You have strong intuition, maybe bordering on a mediumistic quality, which sets you apart from the mass. You may not be rich in cash terms, but your personal gifts are worth more than gold.

PISCES IN LOVE

Discover how compatible in love you are with people from the same and other signs of the zodiac. Five stars equals a match made in heaven!

Pisces meets Pisces

Pisceans are easy-going and get on well with most people, so when two Pisceans get together, harmony is invariably the result. While this isn't the most dynamic relationship, there is mutual understanding, and a desire to please on both sides. Neither partner is likely to be overbearing or selfish. Family responsibilities should be happily shared and home surroundings will be comfortable, but never pretentious. One of the better pairings for the sign of the Fishes. Star rating: *****

Pisces meets Aries

Still waters run deep, and they don't come much deeper than Pisces. Although these signs share the same quadrant of the zodiac, they have little in common. Pisces is a dreamer, a romantic idealist with steady and spiritual goals. Aries needs to be on the move, and has very different ideals. It's hard to see how a relationship could develop but, with patience, there is a chance that things might work out. Pisces needs incentive, and Aries may be the sign to offer it. Star rating: **

Pisces meets Taurus

No problem here, unless both parties come from the quieter side of their respective signs. Most of the time Taurus and Pisces would live comfortably together, offering mutual support and deep regard. Taurus can offer the personal qualities that Pisces craves, whilst Pisces understands and copes with the Bull's slightly stubborn qualities. Taurus is likely to travel in Piscean company, so there is a potential for wide-ranging experiences and variety which is essential. There will be some misunderstandings, mainly because Pisces is so deep, but that won't prevent their enduring happiness. Star rating: ***

Pisces meets Gemini

Gemini likes to think of itself as intuitive and intellectual, but it will never understand Pisces' dark depths. Another stumbling block is that both Gemini and Pisces are 'split' signs – the Twins and the two Fishes – which means that both are capable of dual personalities. There won't be any shortage of affection, but the real question has to be how much these people feel they have in common. Pisces is extremely kind, and so is Gemini most of the time. But Pisces does too much soul-searching for Gemini, who might eventually become bored. Star rating: ***

Pisces meets Cancer

This is likely to be a very successful match. Cancer and Pisces are both Water signs, both deep, sensitive and very caring. Pisces loves deeply, and Cancer wants to be loved. There will be few fireworks here, and a very quiet house. But that doesn't mean that either love or action is lacking – the latter of which is just behind closed doors. Family and children are important to both signs and both are prepared to work hard, but Pisces is the more restless of the two and needs the support and security that Cancer offers. Star rating: *****

Pisces meets Leo

Pisces always needs to understand others, which makes Leo feel warm and loved, while Leo sees, to its delight, that Pisces needs to be protected and taken care of. Pisceans are often lacking in self-confidence which is something Leo has to spare, and happily it is often infectious. Pisces' inevitable cares are swept away on a tide of Leonine cheerfulness. This couple's home would be cheerful and full of love, which is beneficial to all family members. This is not a meeting of minds, but rather an understanding and appreciation of differences. Star rating: ****

Pisces meets Virgo

This looks an unpromising match from beginning to end. There are exceptions to every rule, particularly where Pisces is concerned, but these two signs are both so deep it's hard to imagine that they could ever find what makes the other tick. The depth is different in each case: Virgo's ruminations are extremely materialistic, while Pisces exists in a world of deep-felt, poorly expressed emotion. Pisces and Virgo might find they don't talk much, so only in a contemplative, almost monastic, match would they ever get on. Still, in a vast zodiac, anything is possible. Star rating: **

Pisces meets Libra

Libra and Pisces can be extremely fond of each other, even deeply in love, but this alone isn't a stable foundation for long-term success. Pisces is extremely deep and doesn't even know itself very well. Libra may initially find this intriguing but will eventually feel frustrated at being unable to understand the Piscean's emotional and personal feelings. Pisces can be jealous and may find Libra's flightiness difficult, which Libra can't stand. They are great friends and they may make it to the romantic stakes, but when they get there a great deal of effort will be necessary. Star rating: ***

Pisces meets Scorpio

If ever there were two zodiac signs that have a total rapport, it has to be Scorpio and Pisces. They share very similar needs: they are not gregarious and are happy with a little silence, good music and time to contemplate the finer things in life, and both are attracted to family life. Apart, they can have a tendency to wander in a romantic sense, but this is reduced when they come together. They are deep, firm friends who enjoy each other's company and this must lead to an excellent chance of success. These people are surely made for each other! Star rating: *****

Pisces meets Sagittarius

Probably the least likely success story for either sign, which is why it scores so low on the star rating. The basic problem is an almost total lack of understanding. A successful relationship needs empathy and progress towards a shared goal but, although both are eager to please, Pisces is too deep and Sagittarius too flighty – they just don't belong on the same planet! As pals, they have more in common and so a friendship is the best hope of success and happiness. Star rating: *

Pisces meets Capricorn

There is some chance of a happy relationship here, but it will need work on both sides. Capricorn is a go-getter, but likes to plan long term. Pisces is naturally more immediate, but has enough intuition to understand the Goat's thinking. Both have patience, but it will usually be Pisces who chooses to play second fiddle. The quiet nature of both signs might be a problem, as someone will have to take the lead, especially in social situations. Both signs should recognise this fact and accommodate it. Star rating: ***

Pisces meets Aquarius

Zodiac signs that follow each other often have something in common, but this is often not the case with Aquarius and Pisces. Both signs are deeply caring, but in different ways. Pisces is one of the deepest zodiac signs, and Aquarius simply isn't prepared to embark on the journey. Pisceans, meanwhile, would probably find Aquarians superficial and even flippant. On the positive side, there is potential for a well-balanced relationship, but unless one party is untypical of their zodiac sign, it often doesn't get started. Star rating: **

VENUS: THE PLANET OF LOVE

If you look up at the sky around sunset or sunrise you will often see Venus in close attendance to the Sun. It is arguably one of the most beautiful sights of all and there is little wonder that historically it became associated with the goddess of love. But although Venus does play an important part in the way you view love and in the way others see you romantically, this is only one of the spheres of influence that it enjoys in your overall character.

Venus has a part to play in the more cultured side of your life and has much to do with your appreciation of art, literature, music and general creativity. Even the way you look is responsive to the part of the zodiac that Venus occupied at the start of your life, though this fact is also down to your Sun sign and Ascending sign. If, at the time you were born, Venus occupied one of the more gregarious zodiac signs, you will be more likely to wear your heart on your sleeve, as well as to be more attracted to entertainment, social gatherings and good company. If on the other hand Venus occupied a quiet zodiac sign at the time of your birth, you would tend to be more retiring and less willing to shine in public situations.

It's good to know what part the planet Venus plays in your life for it can have a great bearing on the way you appear to the rest of the world and since we all have to mix with others, you can learn to make the very best of what Venus has to offer you.

One of the great complications in the past has always been trying to establish exactly what zodiac position Venus enjoyed when you were born because the planet is notoriously difficult to track. However, we have solved that problem by creating a table that is exclusive to your Sun sign, which you will find on the following page.

Establishing your Venus sign could not be easier. Just look up the year of your birth on the following page and you will see a sign of the zodiac. This was the sign that Venus occupied in the period covered by your sign in that year. If Venus occupied more than one sign during the period, this is indicated by the date on which the sign changed, and the name of the new sign. For instance, if you were born in 1940, Venus was in Aries until the 9th March, after which time it was in Taurus. If you were born before 9th March your Venus sign is Aries, if you were born on or after 9th March, your Venus sign is Taurus. Once you have established the position of Venus at the time of your birth, you can then look in the pages which follow to see how this has a bearing on your life as a whole.

1908 ARIES / 11.3 TAURUS
1909 AQUARIUS / 5.3 PISCES
1910 AQUARIUS
1911 PISCES / 27.2 ARIES
1912 CAPRICORN / 24.2 AQUARIUS / 19.3 PISCES
1913 ARIES / 7.3 TAURUS
1914 PISCES / 15.3 ARIES
1915 CAPRICORN
1916 ARIES / 10.3 TAURUS
1917 AQUARIUS / 5.3 PISCES
1918 AQUARIUS
1919 PISCES / 27.2 ARIES
1920 CAPRICORN / 24.2 AQUARIUS / 19.3 PISCES
1921 ARIES / 8.3 TAURUS
1922 PISCES / 14.3 ARIES
1923 CAPRICORN
1924 ARIES / 10.3 TAURUS
1925 AQUARIUS / 4.3 PISCES
1926 AQUARIUS
1927 PISCES / 26.2 ARIES
1928 CAPRICORN / 23.2 AQUARIUS / 18.3 PISCES
1929 ARIES / 9.3 TAURUS
1930 PISCES / 13.3 ARIES
1931 CAPRICORN
1932 ARIES / 9.3 TAURUS
1933 AQUARIUS / 4.3 PISCES
1934 AQUARIUS
1935 PISCES / 25.2 ARIES
1936 CAPRICORN / 23.2 AQUARIUS / 18.3 PISCES
1937 ARIES / 10.3 TAURUS
1938 PISCES / 12.3 ARIES
1939 CAPRICORN
1940 ARIES / 9.3 TAURUS
1941 AQUARIUS / 3.3 PISCES
1942 AQUARIUS
1943 PISCES / 25.2 ARIES
1944 CAPRICORN / 22.2 AQUARIUS / 18.3 PISCES
1945 ARIES / 11.3 TAURUS
1946 PISCES / 11.3 ARIES
1947 CAPRICORN
1948 ARIES / 8.3 TAURUS
1949 AQUARIUS / 3.3 PISCES
1950 AQUARIUS
1951 PISCES / 24.2 ARIES
1952 CAPRICORN / 22.2 AQUARIUS / 17.3 PISCES
1953 ARIES
1954 PISCES / 11.3 ARIES
1955 CAPRICORN
1956 ARIES / 8.3 TAURUS
1957 AQUARIUS / 2.3 PISCES
1958 CAPRICORN / 25.2 AQUARIUS
1959 PISCES / 24.2 ARIES
1960 CAPRICORN / 21.2 AQUARIUS / 17.3 PISCES
1961 ARIES
1962 PISCES / 10.3 ARIES
1963 CAPRICORN
1964 ARIES / 8.3 TAURUS
1965 AQUARIUS / 1.3 PISCES
1966 AQUARIUS
1967 PISCES / 23.2 ARIES
1968 SAGITTARIUS / 26.1 CAPRICORN
1969 ARIES
1970 PISCES / 10.3 ARIES
1971 CAPRICORN
1972 ARIES / 7.3 TAURUS
1973 AQUARIUS / 1.3 PISCES
1974 CAPRICORN / 2.3 AQUARIUS
1975 PISCES / 23.2 ARIES
1976 SAGITTARIUS / 26.1 CAPRICORN
1977 ARIES
1978 PISCES / 9.3 ARIES
1979 CAPRICORN
1980 ARIES / 7.3 TAURUS
1981 AQUARIUS / 28.2 PISCES
1982 CAPRICORN / 4.3 AQUARIUS
1983 PISCES / 23.2 ARIES
1984 SAGITTARIUS / 25.1 CAPRICORN
1985 ARIES
1986 PISCES / 9.3 ARIES
1987 CAPRICORN
1988 ARIES / 7.3 TAURUS
1989 AQUARIUS / 28.2 PISCES
1990 CAPRICORN / 5.3 AQUARIUS
1991 PISCES / 22.2 ARIES / 20.3 TAURUS
1992 SAGITTARIUS / 25.1 CAPRICORN
1993 ARIES
1994 PISCES / 9.3 ARIES
1995 CAPRICORN
1996 ARIES / 7.3 TAURUS
1997 AQUARIUS / 27.2 PISCES
1998 CAPRICORN / 5.3 AQUARIUS
1999 PISCES / 22.2 ARIES / 19.3 TAURUS
2000 SAGITTARIUS / 25.1 CAPRICORN
2001 ARIES
2002 PISCES / 9.3 ARIES
2003 CAPRICORN
2004 ARIES / 7.3 TAURUS
2005 AQUARIUS / 27.2 PISCES
2006 CAPRICORN / 5.3 AQUARIUS

VENUS THROUGH THE ZODIAC SIGNS

Venus in Aries

Amongst other things, the position of Venus in Aries indicates a fondness for travel, music and all creative pursuits. Your nature tends to be affectionate and you would try not to create confusion or difficulty for others if it could be avoided. Many people with this planetary position have a great love of the theatre, and mental stimulation is of the greatest importance. Early romantic attachments are common with Venus in Aries, so it is very important to establish a genuine sense of romantic continuity. Early marriage is not recommended, especially if it is based on sympathy. You may give your heart a little too readily on occasions.

Venus in Taurus

You are capable of very deep feelings and your emotions tend to last for a very long time. This makes you a trusting partner and lover, whose constancy is second to none. In life you are precise and careful and always try to do things the right way. Although this means an ordered life, which you are comfortable with, it can also lead you to be rather too fussy for your own good. Despite your pleasant nature, you are very fixed in your opinions and quite able to speak your mind. Others are attracted to you and historical astrologers always quoted this position of Venus as being very fortunate in terms of marriage. However, if you find yourself involved in a failed relationship, it could take you a long time to trust again.

Venus in Gemini

As with all associations related to Gemini, you tend to be quite versatile, anxious for change and intelligent in your dealings with the world at large. You may gain money from more than one source but you are equally good at spending it. There is an inference here that you are a good communicator, via either the written or the spoken word, and you love to be in the company of interesting people. Always on the look-out for culture, you may also be very fond of music, and love to indulge the curious and cultured side of your nature. In romance you tend to have more than one relationship and could find yourself associated with someone who has previously been a friend or even a distant relative.

Venus in Cancer

You often stay close to home because you are very fond of family and enjoy many of your most treasured moments when you are with those you love. Being naturally sympathetic, you will always do anything you can to support those around you, even people you hardly know at all. This charitable side of your nature is your most noticeable trait and is one of the reasons why others are naturally so fond of you. Being receptive and in some cases even psychic, you can see through to the soul of most of those with whom you come into contact. You may not commence too many romantic attachments but when you do give your heart, it tends to be unconditionally.

Venus in Leo

It must become quickly obvious to almost anyone you meet that you are kind, sympathetic and yet determined enough to stand up for anyone or anything that is truly important to you. Bright and sunny, you warm the world with your natural enthusiasm and would rarely do anything to hurt those around you, or at least not intentionally. In romance you are ardent and sincere, though some may find your style just a little overpowering. Gains come through your contacts with other people and this could be especially true with regard to romance, for love and money often come hand in hand for those who were born with Venus in Leo. People claim to understand you, though you are more complex than you seem.

Venus in Virgo

Your nature could well be fairly quiet no matter what your Sun sign might be, though this fact often manifests itself as an inner peace and would not prevent you from being basically sociable. Some delays and even the odd disappointment in love cannot be ruled out with this planetary position, though it's a fact that you will usually find the happiness you look for in the end. Catapulting yourself into romantic entanglements that you know to be rather ill-advised is not sensible, and it would be better to wait before you committed yourself exclusively to any one person. It is the essence of your nature to serve the world at large and through doing so it is possible that you will attract money at some stage in your life.

Venus in Libra

Venus is very comfortable in Libra and bestows upon those people who have this planetary position a particular sort of kindness that is easy to recognise. This is a very good position for all sorts of friendships and also for romantic attachments that usually bring much joy into your life. Few individuals with Venus in Libra would avoid marriage and since you are capable of great depths of love, it is likely that you will find a contented personal life. You like to mix with people of integrity and intelligence but don't take kindly to scruffy surroundings or work that means getting your hands too dirty. Careful speculation, good business dealings and money through marriage all seem fairly likely.

Venus in Scorpio

You are quite open and tend to spend money quite freely, even on those occasions when you don't have very much. Although your intentions are always good, there are times when you get yourself in to the odd scrape and this can be particularly true when it comes to romance, which you may come to late or from a rather unexpected direction. Certainly you have the power to be happy and to make others contented on the way, but you find the odd stumbling block on your journey through life and it could seem that you have to work harder than those around you. As a result of this, you gain a much deeper understanding of the true value of personal happiness than many people ever do, and are likely to achieve true contentment in the end.

Venus in Sagittarius

You are lighthearted, cheerful and always able to see the funny side of any situation. These facts enhance your popularity, which is especially high with members of the opposite sex. You should never have to look too far to find romantic interest in your life, though it is just possible that you might be too willing to commit yourself before you are certain that the person in question is right for you. Part of the problem here extends to other areas of life too. The fact is that you like variety in everything and so can tire of situations that fail to offer it. All the same, if you choose wisely and learn to understand your restless side, then great happiness can be yours.

Venus in Capricorn

The most notable trait that comes from Venus in this position is that it makes you trustworthy and able to take on all sorts of responsibilities in life. People are instinctively fond of you and love you all the more because you are always ready to help those who are in any form of need. Social and business popularity can be yours and there is a magnetic quality to your nature that is particularly attractive in a romantic sense. Anyone who wants a partner for a lover, a spouse and a good friend too would almost certainly look in your direction. Constancy is the hallmark of your nature and unfaithfulness would go right against the grain. You might sometimes be a little too trusting.

Venus in Aquarius

This location of Venus offers a fondness for travel and a desire to try out something new at every possible opportunity. You are extremely easy to get along with and tend to have many friends from varied backgrounds, classes and inclinations. You like to live a distinct sort of life and gain a great deal from moving about, both in a career sense and with regard to your home. It is not out of the question that you could form a romantic attachment to someone who comes from far away or be attracted to a person of a distinctly artistic and original nature. What you cannot stand is jealousy, for you have friends of both sexes and would want to keep things that way.

Venus in Pisces

The first thing people tend to notice about you is your wonderful, warm smile. Being very charitable by nature you will do anything to help others, even if you don't know them well. Much of your life may be spent sorting out situations for other people, but it is very important to feel that you are living for yourself too. In the main, you remain cheerful, and tend to be quite attractive to members of the opposite sex. Where romantic attachments are concerned, you could be drawn to people who are significantly older or younger than yourself or to someone with a unique career or point of view. It might be best for you to avoid marrying whilst you are still very young.

PISCES:
2005 DIARY PAGES

October

2005

1 SATURDAY *Moon Age Day 28 Moon Sign Virgo*

Certain tasks can prove onerous and if this is the case, don't do them unless it is absolutely necessary. Anything that can be reasonably left until later in the week should be; that way you can give them everything you've got and not botch important tasks. In the meantime, be willing to take a break.

2 SUNDAY *Moon Age Day 0 Moon Sign Virgo*

You can best avoid pitfalls on the path to success by looking carefully at all situations. Rather than being a time of action, this is a day during which you can afford to sit back and look. Sitting amidst the flowers on the riverbank of life is not a bad place to be, especially for naturally dreamy and contemplative Pisces.

3 MONDAY *Moon Age Day 1 Moon Sign Libra*

You now find yourself in a regenerative phase. The Sun is occupying your solar eighth house, good for new starts of any sort. Potentially active and enterprising, the three-day lunar low has given you the time to recharge your batteries and now allows you to move forward in a very progressive way indeed.

4 TUESDAY *Moon Age Day 2 Moon Sign Libra*

Trends encourage you to get down to the real nitty-gritty of life, and you shouldn't have any trouble at all convincing your family and friends that the decisions you make are the best ones in an all-round sense. Love is high on your agenda, and you have what it takes to find exactly the right words to please your partner now.

5 WEDNESDAY *Moon Age Day 3 Moon Sign Scorpio*

There could be good news coming in from far and wide, some of which you should find either exciting or at the very least joyful. Financial gains are possible, even if these seem to come despite your own best efforts and not because of them. You would be wise to keep in touch with colleagues who can be of specific practical use to you.

6 THURSDAY *Moon Age Day 4 Moon Sign Scorpio*

The time is right to weigh up specific options carefully, because it is entirely possible to make significant mistakes today if you rush into anything. Getting on side with someone who has proved to be difficult in the past should now be easier, particularly if you can make the most of your very adaptable nature at present.

7 FRIDAY *Moon Age Day 5 Moon Sign Sagittarius*

Much energy now seems to be going into chasing money and success. You need cash, everyone does, but the success might be something of an illusion, as Pisces is inclined to realise. What matters most is happiness, and there should be a good deal of that available if you are willing to recognise its potential.

8 SATURDAY *Moon Age Day 6 Moon Sign Sagittarius*

Professionally speaking, you may decide that you cannot afford to miss out on anything today. This might be something of a problem if you are not a weekend worker. You should also be able to find plenty of diversion coming from the direction of friends, many of whom definitely seem to have your best interests at heart.

9 SUNDAY *Moon Age Day 7 Moon Sign Sagittarius*

You actively like people and enjoy the contact you have with them. This could well be apparent today, particularly if you can be amongst groups and with individuals you find interesting. What wouldn't be so easy today would be to be left to your own devices and devoid of company.

10 MONDAY *Moon Age Day 8 Moon Sign Capricorn*

This would be a good time to join forces with friends or maybe neighbours in order to sort out something you are definitely not happy about. Pisces is a natural crusader, especially against unfairness of any sort. Outside of work you may find that you have far less time for personal enjoyment today than you might have wished.

11 TUESDAY *Moon Age Day 9 Moon Sign Capricorn*

Making any sort of important change is likely to be quite easy today, though you may have to deal with the slightly odd behaviour of a few of the people you are having to rely on at this time. Controversy is possible at some stage today, even if you are not the one who is inspiring it.

12 WEDNESDAY *Moon Age Day 10 Moon Sign Aquarius*

Don't make promises you can't keep. It would be much better to be totally honest from the start, rather than having to apologise later. Pisces is sometime reticent to say no but there are occasions when it is so necessary that you can't avoid the situation. At home you should feel fairly comfortable with necessary alterations.

13 THURSDAY *Moon Age Day 11 Moon Sign Aquarius*

You can get a great deal out of journeys of any sort, and although the summer is now over, you might decide that the time is right to take a holiday. Travel that is organised at very short notice could be the most enjoyable of all, and you can also gain from mixing with people who come from far away.

14 FRIDAY *Moon Age Day 12 Moon Sign Pisces*

The lunar high offers some new and tempting ideas at the moment and you needn't be tardy when it comes to accepting an offer you seem to have been waiting for for a long time. Your effectiveness in a work sense goes without saying, and you can even turn heads when it comes to social situations at present.

15 SATURDAY *Moon Age Day 13 Moon Sign Pisces*

This is the time when it helps to put in that extra bit of effort that can make all the difference. Some of your victories are hard won, but the fact that you get there in the end is what counts. You have good persuasive powers today and shouldn't necessarily give in simply because someone seems to be saying no at first.

16 SUNDAY *Moon Age Day 14 Moon Sign Aries*

Success right now has a great deal to do with the influence you have over others. You may have to change your mind about something you thought you understood well, but you needn't lose credibility if you are able to explain yourself. Controversy can still dog your footsteps, this time maybe in terms of your personal life.

17 MONDAY *Moon Age Day 15 Moon Sign Aries*

Something might have to go, particularly if you are carrying far too much baggage around just at the moment. Although it seems late in the year to be thinking about spring-cleaning, this is what effectively is taking place. Whether this is of a domestic or a mental sort really depends on the sort of Piscean you are.

18 TUESDAY *Moon Age Day 16 Moon Sign Taurus*

Contact with a variety of different sorts of people can really make your life go with a swing and you cannot afford to hide either your nature or your talents at present. If you are good at something, now is the time to show the fact to the world at large. Romance could be on the cards for both young and young-at-heart Pisces subjects.

19 WEDNESDAY *Moon Age Day 17 Moon Sign Taurus*

What you hear from others could be quite enlightening at this time and so it would be sensible to keep your ears open. Even gossip is worth listening to and you might also be doing your fair share of the talking. However, if someone has asked you to keep your counsel, wild horses would not make you speak out.

20 THURSDAY *Moon Age Day 18 Moon Sign Gemini*

A personal plan or a specific intention on your part may now have to be scrapped, probably through no fault of your own. If this leads to some disappointment, the best way forward is to forget about a situation that is in the past and to pull even harder for the winning post in other ways. You can persuade people to make a fuss of you later today.

21 FRIDAY *Moon Age Day 19 Moon Sign Gemini*

Trends encourage you to seek out the weird and wonderful in life at the moment. The Sun is about to leave your solar eighth house but is presently in a position that makes anything really strange of great importance to you now. Good luck can be found in some very surprising places, especially as the day gets older.

22 SATURDAY *Moon Age Day 20 Moon Sign Cancer*

You can afford to let your personality shine out this weekend, particularly if there are people watching you, some of whom may be deeply attracted to that Piscean nature of yours. Don't be too modest, and if you are asked for your opinion, do your best to act as though you have the right to offer it.

23 SUNDAY *Moon Age Day 21 Moon Sign Cancer*

Now you have scope to broaden your horizons. After a month during which the Sun in your solar chart may have caused some surprises and changes, now you find that cultural and intellectual pursuits hold the most for you. There should be less alterations to plans for a few weeks but also far more in the way of personally motivated advancement.

24 MONDAY *Moon Age Day 22 Moon Sign Cancer*

Ideas could fail to turn out quite as you had expected, and that could mean having to alter your strategy at a moment's notice. This shouldn't present you with too many problems, since your mind is working quickly and you don't have too much trouble thinking on our feet under present astrological trends.

25 TUESDAY *Moon Age Day 23 Moon Sign Leo*

As far as the intellectual stakes are concerned, you can now be on top form. It is highly unlikely that anyone would be able to pull the wool over your eyes and it is clear that you know what you want from life. You can ensure that friends are instrumental in helping you achieve a particularly longed-for objective.

26 WEDNESDAY *Moon Age Day 24 Moon Sign Leo*

There are planets around now that emphasise your obligations to others, which might be something of a drag during one of those few occasions for Pisces that you are thinking about yourself. It won't be long before you can get a particularly tedious job out of the way, which should leave you with more time to do what you want.

27 THURSDAY *Moon Age Day 25 Moon Sign Virgo*

Progress might be halted now by unexpected setbacks and by pointless worry about situations you cannot alter and might not even wish to if you could. The lunar low is inclined to make you look on the black side of things, even if it is quite obvious that life is generally going your way.

28 FRIDAY *Moon Age Day 26 Moon Sign Virgo*

Why not suspend major decision making for the moment and be willing to simply go with the flow for a couple of days? That doesn't mean you are giving up on anything – just having a short break. Family members should be good to be around right now, and you can probably talk through an issue that has troubled you of late.

29 SATURDAY *Moon Age Day 27 Moon Sign Virgo*

This is not really a good time to compete. The reasons are twofold. Firstly you are probably not in a very go-getting frame of mind and you would also feel sorry for your adversary, which might take the edge off your potential success. Your best approach is to settle for a happy time personally and maybe do a little travelling if you can today

30 SUNDAY *Moon Age Day 28 Moon Sign Libra*

You can now afford to seek change and variety for its own sake and not allow yourself to be held to one spot or a particular way of thinking. There are some gains to be made, not least in terms of the way you look at romantic matters. Don't get sucked into the potty schemes of someone you recognise as being a control-freak.

31 MONDAY *Moon Age Day 29 Moon Sign Libra*

You have some very specific talents and it appears that you can really show them at the start of this week. Charm is definitely top of the list and if there is anything you have been wanting of late, now is the time to go out and ask for it. You have what it takes to make sure that no reasonable request is denied you at the moment.

November

2005

1 TUESDAY *Moon Age Day 0 Moon Sign Scorpio*

The first day of November comes along and the generally positive trends begin to build, perhaps after a period during which life has not looked very rosy. Professional issues could be on your mind and this would be a good time to let your colleagues know the way your mind is working.

2 WEDNESDAY *Moon Age Day 1 Moon Sign Scorpio*

The Moon in your solar ninth house today lifts your spirits once again and allows you to look at the broader picture of specific issues. Holding many different potentials in your mind at present, you can push on steadily towards objectives. Don't be held back by the negative thoughts of specific individuals who make an art form out of misery.

3 THURSDAY *Moon Age Day 2 Moon Sign Scorpio*

Socially speaking, you can make this a very beneficial period. Present influences can bring you into contact with folks from many different walks of life. Your horizons will be broadened immensely and it looks as though you have extra energy when you need it the most. Best of all, romance could well shine brightly in your life.

4 FRIDAY *Moon Age Day 3 Moon Sign Sagittarius*

Even if certain professional issues seem hard to handle, the way out of any situation should be indicated quite clearly if you take the trouble to look properly. This is not a time of extreme action but a period of 'subtleties'. Pisces is at its very best when it quietly but definitely sorts issues out one at a time.

5 SATURDAY *Moon Age Day 4 Moon Sign Sagittarius*

If superiors and those higher up the professional tree have annoyed you during the last few days, this could play on your mind. However, if you have the weekend to yourself, why not put such matters to one side and concentrate instead on having a good time? There should be any number of people around who will help you do so.

6 SUNDAY *Moon Age Day 5 Moon Sign Capricorn*

Getting to know new people might seem particularly interesting now and could turn out to be very useful in the longer-term. Don't worry yourself over an issue that you cannot alter, and go with the flow when there's nothing else to be done. You can now find individuals who genuinely want to help you if you will allow it.

7 MONDAY *Moon Age Day 6 Moon Sign Capricorn*

Current trends leave you with some new directions to travel, in either a real or a figurative sense. You might not be feeling particularly brave at present, but you needn't show the fact, and just about everyone you meet thinks you are the bee's knees. Don't be too quick to step aside in favour of someone else.

8 TUESDAY *Moon Age Day 7 Moon Sign Aquarius*

Your intuition is now much increased and you need to turn it in the direction of people who are coming new into your life. These might be individuals who you meet at a professional level of perhaps potential friends for the future. Not everything is what it seems – and you can now work out why.

9 WEDNESDAY *Moon Age Day 8 Moon Sign Aquarius*

Friendships and group encounters seem to be the best direction in which to turn most of your effort at the moment. Venus is in your solar eleventh house and offers a good deal of general progress, as well as a very refined attitude on your part that others find attractive. Make the most of the goodwill that is coming your way now.

10 THURSDAY *Moon Age Day 9 Moon Sign Pisces*

The lunar high is definitely the time to let your light shine. There are gains to be made in just about all the areas of your life, and a cheerful attitude on your part helps you to get into the good books of people who really count. Personality-wise you are willing to throw caution to the wind, which makes you even more attractive.

11 FRIDAY *Moon Age Day 10 Moon Sign Pisces*

You should prepare yourself for some heart-warming surprises and for a few gains that you didn't expect. Everyday matters turn up the results you have been expecting and probably more besides. With a positive and useful weekend ahead, you may decide to start enjoying yourself long before today is over.

12 SATURDAY *Moon Age Day 11 Moon Sign Aries*

A significant mental boost makes itself felt around this time. Good conversation is something you can really enjoy this weekend, and you can also have a stronger influence on the actions of your partner or family members than you might have been expecting. There are possible new rewards around most corners.

13 SUNDAY *Moon Age Day 12 Moon Sign Aries*

You can make use of a positive new trend in career and professional developments, thanks to the position of Mercury in your solar chart. This increases your ability to say the right thing and to make the best of impressions when it counts the most. The full gains from this planetary position are available to you in the coming week.

14 MONDAY ☿ *Moon Age Day 13 Moon Sign Taurus*

Even if you are attending to a number of different jobs today, like the juggler you are it should be possible to keep all the balls in the air at the same time. Not everyone might believe in you right now, but the people who matter the most should do, and that fact is enough to see you through one or two potentially sticky moments.

15 TUESDAY ☿ *Moon Age Day 14 Moon Sign Taurus*

You would be wise to avoid being too pushy at the moment because it probably won't get you very far. You need to display the humility that is part of the basic nature of your zodiac sign and then you can get everyone eating out of your hand. Confidence grows by the moment if you are doing professional jobs you understand.

16 WEDNESDAY ☿ *Moon Age Day 15 Moon Sign Taurus*

You can put yourself on the right side of some interesting situations today, even if you have to dream them up for yourself. Not everyone might display the same sort of sense of humour that you do right now, but that shouldn't matter, particularly if you can make them laugh in one way or another. Finances are highlighted later.

17 THURSDAY ☿ *Moon Age Day 16 Moon Sign Gemini*

Trends now centre on home and family, encouraging you to be less involved in professional or practical matters, at least for one day. You need the reassurance that comes from close partnerships, though Pisces people who do not have a permanent romantic attachment might well be able to find one in the not too distant future.

18 FRIDAY ☿ *Moon Age Day 17 Moon Sign Gemini*

A boost to teamwork and all co-operative ventures comes along at this time and you should make the most of these positive trends. You should be able to get on well with just about everyone, even if there are one or two awkward types around. Creative potential is especially good and some of you might be thinking about redecorating.

19 SATURDAY ☿ *Moon Age Day 18 Moon Sign Cancer*

There are signs that prima donna tendencies are on display right now, something you need to work against as much as you can. You may not be very far from achieving a specific objective, though the last lap could seem to be the longest of all. Organise your time when it comes to social obligations today and tomorrow.

20 SUNDAY ☿ *Moon Age Day 19 Moon Sign Cancer*

You are really good at making the most positive sort of impression now and can thank the present position of Mars for at least part of this tendency. It presently occupies your solar third house, from where it also aids you in getting your message across, even to people who don't really want to listen.

21 MONDAY ☿ *Moon Age Day 20 Moon Sign Leo*

When it comes to furthering your ambitions you are clearly second to none, even though you might have to enlist the support of others on the way. Even if there are some unexpected happenings around this time, you should manage to deal with them relatively easily. There could be a new attachment on the way.

22 TUESDAY ☿ *Moon Age Day 21 Moon Sign Leo*

There isn't much doubt about your ability to turn on the charm right now, and it's worth making the most out of every potential situation while the general trends are so good. There are some jobs in which you seem to take three steps forward and two back, but at least you can make some sort of progress.

23 WEDNESDAY ☿ *Moon Age Day 22 Moon Sign Leo*

Self-confidence in professional matters is clearly the way forward and you may not get anywhere at all if you fail to show those around you that you know what you are talking about. In social and family situations you are probably putting everyone ahead of yourself, which isn't exactly unusual for Pisces.

24 THURSDAY ☿ *Moon Age Day 23 Moon Sign Virgo*

You now have to put up with the penultimate lunar low of the year, though for a host of astrological reasons you might fail to even notice its presence now. The fact is that potentially you have great momentum and can shoot through difficult moments without realising. You may have to watch out for the odd wide-boy, because not everyone is trustworthy.

25 FRIDAY ☿ *Moon Age Day 24 Moon Sign Virgo*

Slack progress could annoy you, though there is a good chance that you don't lose too much momentum, or else you are not really seeking any. Some Pisces people will already be slowing down ahead of the weekend, and there isn't much doubt about your desire to enjoy yourself, maybe even before work is out of the way.

26 SATURDAY ☿ *Moon Age Day 25 Moon Sign Libra*

Potential trouble can be sidestepped now if you refuse to take impetuous decisions. Mars is in a very useful place for you in many respects, but it is inclined to make you shoot from the hip at the moment. Stop and count to ten in any situation that you don't really understand or which isn't easily explained by someone else.

27 SUNDAY ☿ *Moon Age Day 26 Moon Sign Libra*

Close companions may now prompt you to think quite deeply about the importance you have placed upon relationships of late. It is possible that you may decide to spend some of your social hours with people you don't see very often. This would be a good day for communication of all kinds.

28 MONDAY ☿ *Moon Age Day 27 Moon Sign Libra*

Socially speaking it's time to pay attention and to get into the spirit of whatever is on offer. The way things are these days it might be Christmas parties that demand your attention, though it is equally likely to be some other sort of celebration. Whatever the invitation, you have scope to enjoy the diversion it offers.

29 TUESDAY ☿ *Moon Age Day 28 Moon Sign Scorpio*

New life could well be breathed into situations you thought were over and done with. There are some very definite confidences around and you will be expected to keep these. If friends are particularly demanding of your time, that may not leave quite as many hours as you might have wished for practical matters.

30 WEDNESDAY ☿ *Moon Age Day 29 Moon Sign Scorpio*

There may be a number of advantages for you in assuming a high profile in connection with your professional life. It doesn't matter how lowly you consider your position at work to be, you now have the ability to make it really count. For some Pisces subjects, there are new responsibilities on offer.

♓ December 2005

1 THURSDAY ☿ *Moon Age Day 0 Moon Sign Sagittarius*

You can make an extremely powerful impression on those further up the tree than you are and will want to do everything you can to be noticed at the moment. There is much to be gained by getting yourself noticed, even if to do so goes against the Piscean grain in one way or another. This would be a great time to take a trip.

2 FRIDAY ☿ *Moon Age Day 1 Moon Sign Sagittarius*

Long-term ambitions and major aims are likely to be within easier reach at this stage. Your future is now more definitely in your own hands than seems to have been the case for a while. The end of a working week may also enable you to make a specific decision that has been pending for ages. Friends should prove helpful now.

3 SATURDAY ☿ *Moon Age Day 2 Moon Sign Capricorn*

You might prove to be far too impetuous regarding the decisions you are making today and do need to think carefully about most matters. Even if you don't feel you have the confidence of family members, in all probability they will back you when it really counts. Beware of getting involved in pointless rows.

4 SUNDAY *Moon Age Day 3 Moon Sign Capricorn*

Teamwork issues can be quite rewarding now, though maybe not at work on a Sunday. You might already have your thinking cap on as far as Christmas is concerned, and may decide to get together with loved ones and friends to organise things well in advance. Youngsters could be demanding but charming at present.

5 MONDAY *Moon Age Day 4 Moon Sign Aquarius*

Major plans and schemes should now be well underway and though the Moon in your twelfth house could prove to be a minor frustration at times today, in the main you should know what you want from life and a have a pretty good idea how you can go about getting it. Rules and regulations could prove tedious today.

6 TUESDAY *Moon Age Day 5 Moon Sign Aquarius*

This would be a good time to take a short break and to mull over your present successes. Of course you may not be able to see everything in its true light just at the moment, but where it matters the most you can begin to see definite light at the end of the tunnel. If friends demand your time, you should help if you can.

7 WEDNESDAY *Moon Age Day 6 Moon Sign Pisces*

This is the best time of the month to get on with jobs you know are going to benefit you in the end. The lunar high enables you to bring out your dynamic personality and it is unlikely that anyone would argue with you when they see how determined you are. If you have been looking for advancement, this is the time to really push.

8 THURSDAY *Moon Age Day 7 Moon Sign Pisces*

You can take advantage of a winning streak and can really afford to push your luck more than you would normally care to do. It isn't only the lunar high that is on your side at the moment.The planet Mars helps you to make sure that whatever you say goes right to the mark, whilst Venus is very supportive of your romantic efforts.

9 FRIDAY *Moon Age Day 8 Moon Sign Aries*

The quickening pace around you in everyday life now shows at every turn and you might barely have time to breathe right now. Don't leave travel plans to chance, but make sure that all details are sorted well in advance. This might be a journey you intend to take this week, or perhaps even as late as Christmas or New Year.

10 SATURDAY *Moon Age Day 9 Moon Sign Aries*

Property and financial interests are now very well highlighted and will continue to be so for much of the month. You have scope to beome much more involved with money than might normally be the case, even if the necessities of the holiday season are sometimes going to get in your way. Make sure that today is a period of smiles.

11 SUNDAY *Moon Age Day 10 Moon Sign Aries*

A boost to all social matters comes along, assisting you to get yourself into a Christmas frame of mind already. All is happiness around you and if you have been a little restricted by the negative attitude of friends or family members, this sort of situation is now likely to be disappearing.

12 MONDAY *Moon Age Day 11 Moon Sign Taurus*

Matters continue in a generally progressive vein where professional issues are concerned and there isn't much doubt that you can make a positive impression whatever you decide to do. You could have slightly more difficulty in a personal sense, particularly if your partner is in an awkward frame of mind.

13 TUESDAY *Moon Age Day 12 Moon Sign Taurus*

Mental inspiration is available via travel and social discussions. It seems that others find you extremely entertaining to have around and they could be making you feel like a celebrity at the moment. Confidences come in thick and fast, some of them from directions you certainly would not have expected.

14 WEDNESDAY *Moon Age Day 13 Moon Sign Taurus*

The Moon is now in your solar fourth house and this offers you a particularly good insight into the thinking of family members and even close friends. There is no doubt that you are potentially very intuitive where your partner is concerned too. Creatively, you instinctively know what looks and feels right at present.

15 THURSDAY *Moon Age Day 14 Moon Sign Gemini*

Some people might describe you as being too assertive at present, but if they do it's probably only because they are used to getting their own way. All that is happening is that you know what you want from life and are presently willing to say so. A day to avoid getting into pointless discussions about things that don't matter.

16 FRIDAY *Moon Age Day 15 Moon Sign Gemini*

Right now you can make the most of high points in love and romantic affairs, not to mention a definite boost to your ego that comes from a number of different directions. You can afford to believe in yourself, and whilst this is the case you shouldn't be short of ideas or ways in which you can make them work out as you would wish.

17 SATURDAY *Moon Age Day 16 Moon Sign Cancer*

You can capitalise on new opportunities and needn't be stuck when it comes to expressing your opinions, no matter who is on the receiving end. Although you might not have too much professional influence on a Saturday, there could well be ideas coming into your mind at the moment that you can act upon next week.

18 SUNDAY *Moon Age Day 17 Moon Sign Cancer*

This can be an especially rewarding day for many Pisces subjects, a situation that is assisted by a cocktail of positive planetary positions. You might be able to confirm one or two suspicions regarding someone you haven't trusted for a while, but in the main you should find others to be reliable and helpful.

19 MONDAY *Moon Age Day 18 Moon Sign Leo*

Trends encourage a definite urge in you to work hard and to get what you want from life. Not everyone is in the same frame of mind as you are, and there isn't much doubt that people's general holiday spirit may be getting in your way at a time when you are in gear practically. Some Piscean patience is called for.

20 TUESDAY *Moon Age Day 19 Moon Sign Leo*

Venus is now in your solar twelfth house and this allows you to reassess the effect you have on those around you. This is likely to be a generally positive process, but you are inclined to doubt yourself on occasions and the fact does show. Your best approach is to stay as positive as you can about all issues that arise today.

21 WEDNESDAY *Moon Age Day 20 Moon Sign Virgo*

Your powers of persuasion are potentially very good, which is strange at the time of the lunar low. The attitude of those around you might not seem very positive, and you do have obstacles to overcome today and tomorrow. At least this period of less than positive trends will be out of the way before Christmas arrives.

22 THURSDAY *Moon Age Day 21 Moon Sign Virgo*

There are possible delays around at the moment and little you can do about the situation. Even if you are doing everything you can to get ahead, the world at large might seem determined to throw obstacles in your path. Why not relax for today and wait for better trends to arrive?

23 FRIDAY *Moon Age Day 22 Moon Sign Virgo*

This is the third day of the lunar low, but might turn out not to be too potent. Now is the time to do enjoyable things and be certain that you are fully in tune with jobs that are waiting in the wings. You can enlist the support of those around you, especially good friends, who should be more than willing to put themselves out on your behalf.

24 SATURDAY *Moon Age Day 23 Moon Sign Libra*

Christmas Eve allows you to achieve an increase in general progress, followed by a lull that comes later in the day. Routines will be tedious if you let them, though it shouldn't be long before the excitement of the day takes over. Family members can be the source of much joy and you should be looking forward to tomorrow.

25 SUNDAY *Moon Age Day 24 Moon Sign Libra*

Current influences assist you to stay involved socially and to make sure this is not simply a family-motivated Christmas Day. You show a very definite urge to impress people and you may also desire travel at some stage today. There is a degree of restlessness that you would be wise to address in one way or another.

26 MONDAY *Moon Age Day 25 Moon Sign Scorpio*

It could become quite clear that a change in attitude is necessary when it comes to personal attachments. Maybe you partner is behaving in a slightly odd way and it's up to you to discover why this might be. Getting ahead in any practical sense may not be difficult, and this could be somewhat frustrating.

27 TUESDAY *Moon Age Day 26 Moon Sign Scorpio*

Variety is clearly the spice of life and you can make the most of more and more energy, even if Christmas itself puts a damper on the sort of progress you want to make. If you are torn between personal enjoyment and the ability to make a real impression on life, you will have to exercise some true Piscean patience.

28 WEDNESDAY *Moon Age Day 27 Moon Sign Sagittarius*

Mentally speaking you remain potentially restless and might decide to ring the changes to avoid becoming frustrated. You could join forces with those around you who are feeling equally dynamic in order to make the best impression you can on the world at large. Finances could begin to look stronger than you imagined.

29 THURSDAY *Moon Age Day 28 Moon Sign Sagittarius*

You can make this a fairly brisk time socially and you may well discover some of the recent frustrations now disappearing. Confidence should still be strong but you are willing to suspend some actions until next week. As a result there is more time available simply to enjoy yourself in the company of family and friends.

30 FRIDAY *Moon Age Day 0 Moon Sign Capricorn*

This is a time during which the results of past practical efforts may well make themselves felt. Don't get too tied up with details because it is clearly the overall picture that is important at present. A job you have been involved with for quite some time could be nearly over.

31 SATURDAY *Moon Age Day 1 Moon Sign Capricorn*

At the very end of the year your love life might prove to be slightly problematic. Although this reminds you that you have to show that extra bit of concern and love, it shouldn't be a lasting situation. With a recognition of the needs of those around you, it is possible to have everything fully on course for a splendid evening.

PISCES:
2006 DIARY PAGES

PISCES: 2006 IN BRIEF

The start of the year should find you anxious to get going again after a prolonged lay-off and you won't be backward at coming forward when it comes to making an impression on life. At work you should be moving ahead well during both January and February, but you might have to contend with people who show some jealousy on more than one occasion. Finances should be strong after you get over the shock of what Christmas did to your bank account!

With the arrival of the spring, March and April bring a generally happy frame of mind and a desire to push the bounds of the credible. You have more to say for yourself and the quieter side of Pisces is definitely taking a holiday. Love matches work out well, and for those with existing attachments, you have the chance to create a perfect environment for your lover. As throughout most of this year, intuition counts for a great deal.

Although you will begin May with a good deal of optimism, not everything will seem to be going your way as the month unfolds. There are quiet spells and times when you think your plans are failing but this won't turn out to be the case. It is very important to keep an open mind so that when June begins, you will be in the right place and the correct frame of mind to make the best of any eventuality. June also finds you in the mood for travel, so a hastily arranged holiday isn't unlikely.

With the high summer you won't have quite as much time to address the practical aspects of life as you might wish, but that is because you are enjoying yourself so much. There are new social possibilities throughout July and August, together with a continued desire for travel that is hard to ignore. August might bring some extra cash, probably as a result of surprising circumstances.

September is one of the happiest months of the year all round for Pisces. You will be raring to go, keen to make a good impression and luckier than might sometimes be the case. Although the month of October is quieter, it carries a good deal of confidence for you and sees you advancing on most fronts.

Don't give so much of yourself to others during November that you forget about your own needs. This is a trait that is strong for Pisceans and at this time you might have to be just a little selfish if you want to achieve your objectives. It will take you a little while during December to get into the Christmas spirit but when you do there is no holding you back. Nostalgia and excitement alternate as Christmas Day approaches, and the holidays should be memorable.

January 2006

1 SUNDAY *Moon Age Day 2 Moon Sign Aquarius*

A quieter day is possible, with plenty available to keep you busy but a need for some solitude. You have what it takes to make a good impression but might decide to keep your sights limited to people you already know. You can use today to sort out your ideas not only for the new week that lies ahead but also for a whole new year!

2 MONDAY *Moon Age Day 3 Moon Sign Aquarius*

The emphasis now shifts to social fun and you should have little or no trouble putting yourself in precisely the right company at just the right time. There are quieter moments on offer too, because the Moon is entering your solar twelfth house, but in the main you can afford to seek out a good time, most likely with friends.

3 TUESDAY *Moon Age Day 4 Moon Sign Aquarius*

Beware of taking situations for granted today. You need to think things through and probably won't be in the best frame of mind for doing anything particularly outrageous. In the main you may decide to stick to what you know, and might also opt to fall in line with the plans and opinions of those around you.

4 WEDNESDAY *Moon Age Day 5 Moon Sign Pisces*

Confidence has potential to be on the increase. This is the time of the month that the Moon occupies your own zodiac sign, a period known as the lunar high. You have what it takes to make positive decisions and to fight for your right to please yourself. Romance could also be on the cards under present influences.

5 THURSDAY *Moon Age Day 6 Moon Sign Pisces*

It's time to see what Lady Luck can do for you. Be willing to take a chance today, because to do so is likely to lead to greater success. You have scope to convince others to follow your lead, and though the position of leader of the pack isn't one that Pisces would normally choose, you could well do so now.

6 FRIDAY *Moon Age Day 7 Moon Sign Aries*

A gradual shift to a better financial position seems possible, starting today. You can be wise in your judgements and shouldn't be taking unnecessary chances. At the same time you know a bargain when you see one and should be in a good position to maximise any cash that is available.

7 SATURDAY *Moon Age Day 8 Moon Sign Aries*

This is not a time to speculate too much when it comes to important decisions. Although you might be good with cash at the moment, you may not be quite so lucky when it comes to sorting out relationships or the more practical aspects of your life. There may be people around whose advice you are now quite willing to take.

8 SUNDAY *Moon Age Day 9 Moon Sign Taurus*

During the present time you are inclined to look for convivial surroundings and an easy-going atmosphere. You probably won't want to be sorting out the arguments of others and nor would you presently be willing to dump your own ideas at the whim of friends. Taken all in all, Pisces can be awkward now, but understandably so.

9 MONDAY *Moon Age Day 10 Moon Sign Taurus*

You can take advantage of a great deal happening in friendship at the beginning of a new working week, so much in fact that you may not have as much time to concentrate on the practical matters of life as you might wish. Your best response is not to try to do everything at once, and to leave some of the decisions to others.

10 TUESDAY *Moon Age Day 11 Moon Sign Gemini*

The Moon is now in your solar fourth house, a position that encourages a homely frame of mind. You may well be happy to stay in amongst your family members and to do all you can to please your partner. Even if not everyone is on your side at the moment, any awkward people you encounter probably don't really matter to your life.

11 WEDNESDAY *Moon Age Day 12 Moon Sign Gemini*

Whilst your mind tends to be working overtime at the moment, it may be all you can do to keep up physically. It is possible that you might tire more easily than normal, since you don't have quite the planetary support to move mountains. There are ways round everything, for example, allowing your friends to take some of the strain.

12 THURSDAY *Moon Age Day 13 Moon Sign Gemini*

Your ego is presently reflected in the way you are able to deal with relationships, especially romantic ones. For once you can believe in yourself fully and when you are in this frame of mind you appear even more attractive than usual. There are some slight financial gains to be made, but outright gambling is probably unwise.

13 FRIDAY *Moon Age Day 14 Moon Sign Cancer*

Mars is now in your solar third house, suggesting you may be rather more hot tempered than is usually the case for the zodiac sign of Pisces. This fact might surprise others, particularly if you are usually quite mild in your attitude. It doesn't do people any harm to have their preconceptions shattered once in a while.

14 SATURDAY *Moon Age Day 15 Moon Sign Cancer*

Now is the time to take advantage of social invitations, which makes for a crackerjack of a weekend for many Pisces subjects. There are times when you needn't wait to be asked but can make the running yourself. Someone could be very surprised when they see you pushing yourself forward in this way.

15 SUNDAY *Moon Age Day 16 Moon Sign Leo*

Better work prospects around now offer the opportunity to move closer towards personal targets, though of course this trend is less evident if Sunday is a day of rest for you. By all means plan for tomorrow and in the meantime if an interesting personal or social offer comes along, put on your best clothes and have a good time.

16 MONDAY *Moon Age Day 17 Moon Sign Leo*

You have scope to keep up a varied social life this week, and there is just a possibility that other responsibilities, such as work for example, might get in the way of you doing so. Look towards a particular objective, because every small step you take in the right direction helps to lead you to your ultimate goal.

17 TUESDAY *Moon Age Day 18 Moon Sign Virgo*

Don't make life difficult for yourself by being too emotional. The Moon is in your opposite zodiac sign, that part of the month known as the lunar low. You may not have quite the level of energy you would wish, and you could be slightly grumpier than usual. It is still important to focus your mind carefully.

18 WEDNESDAY *Moon Age Day 19 Moon Sign Virgo*

This is not the time to be tempting fate with risky ventures. At the same time you could have just a little trouble in expressing yourself in the way you would wish. Instead of trying to push ahead today, why not take time out to think about life and to watch others accomplishing things?

19 THURSDAY *Moon Age Day 20 Moon Sign Virgo*

As the lunar low begins to move away, you can ensure your social life starts to take a turn for the better. You can strike up new and important friendships, whilst old attachments take on a different sort of feel. Where romance is concerned, you could be in the right frame of mind to sweep someone off their feet.

20 FRIDAY *Moon Age Day 21 Moon Sign Libra*

A great deal of enthusiasm can be put into communication and social interactions today. You have what it takes to make yourself the centre of attraction and that can be of particular help to you in a professional sense. This is the time to dust off a few of your more grandiose ideas and to introduce them to the world.

21 SATURDAY *Moon Age Day 22 Moon Sign Libra*

It's possible that not everyone you meet at the moment is to be trusted, and you need to be careful not to place too much reliance on what you are being told. If you use your intuition, which is always your best ally, you are less likely to go wrong. You can afford to devote some of your time to family matters later in the day.

22 SUNDAY *Moon Age Day 23 Moon Sign Scorpio*

The present position of the Moon temporarily offers a boost to all aspects related to travel. As a result you might choose to get out of the house today and to go somewhere you find particularly interesting. Even if the weather is not very good, your desire for fresh fields and pastures new is probably strong.

23 MONDAY *Moon Age Day 24 Moon Sign Scorpio*

Concentrating on the job at hand might not be very easy. Mercury is in your solar twelfth house, a planetary position that can distract you quite a lot. At the same time there is no doubt that your intuition is especially strong, and you have the ability to look past what people are saying, straight into the heart of what they really mean.

24 TUESDAY *Moon Age Day 25 Moon Sign Scorpio*

This is a wonderful time for friendships and for getting people on your side. You can allow the naturally charming side of your nature to shine out like a beacon, so that practically everyone wants to be your friend. It is difficult to dislike Pisceans, and the way you are behaving at the moment it is almost impossible!

25 WEDNESDAY *Moon Age Day 26 Moon Sign Sagittarius*

Projecting your thoughts and wishes could be easier now than at any time for the last few months. If there are certain things you want to do that require the co-operation of others, you can use the sheer force of your magnetic personality to get the help you need. Don't be shy when in the company of strangers.

26 THURSDAY *Moon Age Day 27 Moon Sign Sagittarius*

If you are uncertain today about your goals and objectives, taking some time out would be no bad thing. Pisces always needs quiet interludes and a good deal of meditation. Today works better if you take life one step at a time and if you avoid getting involved in situations you either don't understand or simply dislike.

27 FRIDAY *Moon Age Day 28 Moon Sign Capricorn*

This is potentially the best time of the month to get out and meet new people. The present position of Venus in your solar chart means that your friendliness is well accented. Expressing yourself might also be simpler than is sometimes the case for such a complex individual as you.

28 SATURDAY *Moon Age Day 29 Moon Sign Capricorn*

The influences are favourable for social ambitions this weekend, and all group activities are especially well highlighted under present planetary trends. You are able to offer significant help and support to those who need it. Even if you don't know the people concerned, you have what it takes to lend a hand.

29 SUNDAY *Moon Age Day 0 Moon Sign Aquarius*

Compassion is your middle name, and particularly so today. By helping others, you invariably do yourself some good too, though of course that is not why you offer assistance. Modest and unassuming, you have the power to create a groundswell of affection coming at you from many of the people you meet today.

30 MONDAY *Moon Age Day 1 Moon Sign Aquarius*

This is not the best day of the month for clear-headed planning. The fact is that with the Moon in your solar twelfth house, you could become quite muddled. Your best approach is to avoid taking major decisions now, and allow others to make most of the running. You may well decide to stay close to home.

31 TUESDAY *Moon Age Day 2 Moon Sign Pisces*

The lunar high is with you again, allowing you to blow away all the dust in your brain on a wind of change and enthusiasm. With everything to play for, you can end January on the best note possible. You know what you want from life and what is more important, you are probably sure how to go about getting it.

February
2006

1 WEDNESDAY *Moon Age Day 3 Moon Sign Pisces*

This is an excellent time for putting new ideas into practice and for enlisting the support of people who are higher up the tree than you are. All ambitions tend to crowd in whilst you are in such a dynamic frame of mind, and there isn't much doubt about your commitment to anything that takes your fancy.

2 THURSDAY *Moon Age Day 4 Moon Sign Aries*

Trends suggest you may now have a quite unworldly angle on personal matters, which is characterised by selflessness and high ideals. That's fine, but the world won't always match up to your expectations of it. You can't help being the sort of person you are, but your natural sensitivity can sometimes lead to disappointment.

3 FRIDAY *Moon Age Day 5 Moon Sign Aries*

You tend to take a slightly more passive role in life today, especially in contrast to the situation earlier in the week. You should be willing to go with the flow under all but the most important circumstances, and you are also able to adapt your nature to suit those of the people with whom you interact.

4 SATURDAY *Moon Age Day 6 Moon Sign Taurus*

Communications at this time may well involve tension or ego on the part of others. Adapting yourself to this state of affairs shouldn't be difficult, but it might become tiring having to play a defensive role. The answer is simple – take yourself away from the offending people for an hour or two and do something that pleases you.

5 SUNDAY *Moon Age Day 7 Moon Sign Taurus*

You need to keep a strong element of variety in your life around now and needn't be too willing to stick to the same old Sunday routines. Not only can you please yourself by bringing a little change into your day, but you can ensure others are happy too. Not everyone you meet is going to be pleasant, but don't worry – that's life!

6 MONDAY *Moon Age Day 8 Moon Sign Gemini*

The potential for a much improved social life gets better and better. Venus can really help you at the moment and allows you to make that special impression that makes all the difference. Almost nobody will be immune to your charms at present and you can afford to seek out some interesting people.

7 TUESDAY *Moon Age Day 9 Moon Sign Gemini*

This may prove to be a very busy period at home and a time during which you are able to offer a good deal of support to loved ones. As far as the practicalities of life are concerned, you manage to address these with very little trouble. Getting colleagues onside might well bring one or two small problems.

8 WEDNESDAY *Moon Age Day 10 Moon Sign Gemini*

You might be inclined to let others have a very powerful effect on you as far as your personal life is concerned. It is possible that you are listening to too much gossip, or else someone is deliberately trying to mislead you. The important thing is to decide for yourself, based on evidence that is in front of your eyes.

9 THURSDAY *Moon Age Day 11 Moon Sign Cancer*

Even if the emotional influences surrounding you at the moment are not in any way heavy, you could still be too sensitive in some ways. Try to keep it light and breezy today and mix as freely as you can with the sort of people who fire your imagination and your sense of fun.

10 FRIDAY *Moon Age Day 12 Moon Sign Cancer*

Trends encourage you down the path of original thinking today and that's no bad thing. In some ways you might also be turning detective, particularly if there are any little mysteries around that you are keen to solve. Pisces can show its usual sensitivity when you are dealing with people who have problems in their lives.

11 SATURDAY *Moon Age Day 13 Moon Sign Leo*

Where work is concerned it is possible that you will have to pace yourself today, and this doesn't simply apply to your professional life. When it comes to getting chores done around the house you may decide to take your time, but you can also sort things out much better if you enlist a little practical help.

12 SUNDAY *Moon Age Day 14 Moon Sign Leo*

You could feel rather uninspired or even confused under present planetary trends. It is important to realise that when you don't know something, you might find someone around who does. The time is right to rely on what others tell you and not to be frightened to ask one or two leading questions if it is necessary.

13 MONDAY *Moon Age Day 15 Moon Sign Leo*

Beware of unnecessary distractions at the beginning of this working week. Mars is presently in your solar third house, which can indicate possible confusion. Taken together with the slightly deteriorating position of the Moon in your solar chart, you may decide to opt for a fairly quiet time for the next couple of days.

14 TUESDAY *Moon Age Day 16 Moon Sign Virgo*

The lunar low may seem to sap your strength and prevent you from getting on quite as well as you might wish. Life could throw up challenges that look interesting, but this isn't the right time to be taking risks of any sort. Treat setbacks with a shrug of your shoulders and a smile because they should only be temporary.

15 WEDNESDAY *Moon Age Day 17 Moon Sign Virgo*

This is one of the times during the month when it might be far better to allow your partner or family members to take some of the decisions. If you are not seeing things quite as clearly as would normally be the case, you might blunder into problems without realising you are doing so.

16 THURSDAY *Moon Age Day 18 Moon Sign Libra*

There are signs that strong feelings have a large role to play between yourself and someone else – most probably at work. You can certainly afford to be a good deal more definite in a general sense and the social prospects are also better now. Don't get agitated if things don't always seem to go your way.

17 FRIDAY *Moon Age Day 19 Moon Sign Libra*

There shouldn't be too much need to put yourself out wholesale on behalf of others. It appears that you can't avoid being helpful, and in any case there may be individuals around at the moment who want to treat you. You have scope to improve your emotional responses and to make the most of original ideas.

18 SATURDAY *Moon Age Day 20 Moon Sign Libra*

You seem able to dominate your domestic surroundings at present, which is probably no bad thing now that the weekend has arrived. Any difficulties that might come into the lives of those you love can be dealt with efficiently and originally by your typical Piscean temperament. Your partner may well be in a very funny frame of mind.

19 SUNDAY *Moon Age Day 21 Moon Sign Scorpio*

The present position of the Moon allows you to bring out the gypsy in your soul. If you have a yearning for new horizons, you may well decide that this would be a good day on which to take a trip of some sort. It doesn't really matter how far you go because it is simply the change that is important.

20 MONDAY *Moon Age Day 22 Moon Sign Scorpio*

A period of significant optimism is now on offer. The Sun is entering your solar first house, where it remains for the next month or so. It should be much easier to make life work the way you would wish, whilst at the same time you will notice just how much more responsive you can persuade other people to be.

21 TUESDAY *Moon Age Day 23 Moon Sign Sagittarius*

Professionally speaking, working Pisces individuals could now be feeling rather more secure. Of course it isn't given to you to be over-confident, but you can gain assistance and reassurance from those you work with. When it comes to out-of-work activities, why not look for opportunties to try something new?

22 WEDNESDAY *Moon Age Day 24 Moon Sign Sagittarius*

There is great potential for new friendships to start at any time now. Pisces generally keeps its friends, often for life, but you do need new stimulus now and again, and that is what is on offer at present. Don't turn down the chance for an exciting encounter with someone you hold in high regard.

23 THURSDAY *Moon Age Day 25 Moon Sign Capricorn*

The Sun now enhances your leadership qualities and your ability to make your instructions to others concise and impossible to misunderstand. You might not always think of yourself as a leader, but your winning ways and warm personality make people quite happy to do what you think is best.

24 FRIDAY *Moon Age Day 26 Moon Sign Capricorn*

You should avoid trying to manipulate others at home, whilst at the same time keeping an eye on them. It's a fine line to walk, but if anyone can achieve it, you can. Beware of getting involved in power games, either at work or at home. You have your own way of getting to where you need to be and you are not a bulldozer!

25 SATURDAY *Moon Age Day 27 Moon Sign Aquarius*

Social relationships now have a much better foundation than might have been the case earlier in the month, offering scope for you to get on very well with those around you. The shyness that sometimes typifies your zodiac sign seems to be taking a holiday, and you can afford to be more 'up-front' than ever.

26 SUNDAY *Moon Age Day 28 Moon Sign Aquarius*

Plans become more important as the weekend brings more exciting trends along. You take genuine pleasure in anything new or unusual and tend to be more intrepid than might sometimes be the case. You may decide to seek out people who have a very unusual and refreshing view of life.

27 MONDAY *Moon Age Day 29 Moon Sign Pisces*

As the end of the month beckons, so you come to the most dynamic phase of February. The Moon is in your zodiac sign, and the Sun remains in your solar first house. It's all go and you will need all that renewed energy just to keep up with the possibilities. You needn't let anyone decide anything for you today.

28 TUESDAY *Moon Age Day 0 Moon Sign Pisces*

Have faith in yourself and in what you have decided to do. You can achieve almost anything you wish right now, not simply because you have energy, but because you can work things out so carefully. You can even afford to take a chance or two, whilst at the same time playing the percentage game like a professional.

March

2006

1 WEDNESDAY *Moon Age Day 1 Moon Sign Aries*

Just the right sort of influences are present today and they come courtesy of one of the best planetary line-ups for ages as far as you are concerned. Your intuition is especially strong and shouldn't let you down when it comes to making decisions. You can also use these trends to make improvements in your personal life.

2 THURSDAY ☿ *Moon Age Day 2 Moon Sign Aries*

You could find that you are encountering minor problems when it comes to people at home. Perhaps not everyone to whom you are related thinks you are the bee's knees at present, and this may be especially true in the case of younger people. Just use your usual Piscean patience and you can make everything come good.

3 FRIDAY ☿ *Moon Age Day 3 Moon Sign Taurus*

Even if there is turmoil in your life today, you can match it with your ability to deal with matters as and when they come along. Too much prior planning may be difficult, if not impossible, and you need to keep your eye on the ball. Personal attachments can be strengthened as the day unfolds.

4 SATURDAY ☿ *Moon Age Day 4 Moon Sign Taurus*

You have scope to make yourself very attractive to others at the moment, and they could be gathering round you for several different reasons. Most importantly, you seem to know what you are doing, which others may not. By the end of the day you may decide that a social outing is what you want – but plan it earlier if you can.

5 SUNDAY ☿ *Moon Age Day 5 Moon Sign Gemini*

You should still be confident and will probably be achieving a physical peak in terms of energy. With everything to play for, you can make this a Sunday to remember. When it comes to the influence you have over others, you seem to be on especially good form, so now is the time to ask for what you really want.

6 MONDAY ☿ *Moon Age Day 6 Moon Sign Gemini*

The main emphasis for today seems to be on family matters, and the way you deal with them is quite important. Younger people in particular could be giving you the odd problem, but yours is a very understanding zodiac sign and you can use that now. At work you should be able to make a good impression.

7 TUESDAY ☿ *Moon Age Day 7 Moon Sign Gemini*

Trends suggest that you may have romantic expectations of today and will want to sweep your partner or sweetheart off their feet in some way. In other contacts with the world at large you could be rather too sensitive for your own good, and may need to toughen up a little if you don't want to face a disappointment.

8 WEDNESDAY ☿ *Moon Age Day 8 Moon Sign Cancer*

The Sun remains in your solar first house, offering energy and confidence in the main. Although you have what it takes to get ahead, you can be held up because of your constant concern for others. By all means try to offload just a few of the responsibilities, especially those which are not yours in the first place.

9 THURSDAY ☿ *Moon Age Day 9 Moon Sign Cancer*

You should get a lot of fun today from the fact that you can widen your social circle considerably. It would be sensible to make sure you achieve an early start to the day. That way you can get chores out of the way early and leave time later for relaxing a little. Confidence seems to be on the increase generally.

10 FRIDAY ☿ *Moon Age Day 10 Moon Sign Leo*

Even if family needs once again take priority today, you can find time to mix with your friends, which is quite important at the moment. Be careful that you don't step on the toes of anyone who has real influence in your professional life. Your usual diplomatic approach to situations now works best.

11 SATURDAY ☿ *Moon Age Day 11 Moon Sign Leo*

You may not get your own way as much today as you would wish, and might have to forego certain pleasures that you usually take for granted. Routines can be a bit of a bore and it is worth putting extra energy into jobs now so that they don't come back to haunt you later. Stopgap measures won't do.

12 SUNDAY ☿ *Moon Age Day 12 Moon Sign Leo*

A potentially better day, and one that can lead to big ideas. Try to get some adventure into your life and leave aside some of the less important tasks today in favour of enjoying yourself. Everyone is entitled to have some time to themselves and today is ripe for fun and games. Why not persuade friends to join in?

13 MONDAY ☿ *Moon Age Day 13 Moon Sign Virgo*

There are some setbacks possible, influenced in the main by the arrival of the lunar low. Your best approach is to show a bit of patience and wait for things to look better. It isn't as if anything major should go wrong, in fact you might come to realise that when you are worrying, you are doing so about nothing.

14 TUESDAY ☿ *Moon Age Day 14 Moon Sign Virgo*

A fairly sluggish period is indicated, but there is room for that bit of individual effort that can make all the difference. By the evening you should find that some of your energy is returning, and even if you still don't want to push over any buses, you may decide to get out of the house in the company of friends.

15 WEDNESDAY ☿ *Moon Age Day 15 Moon Sign Libra*

Avoid being heavy-handed in your dealings with family members. It might be best to stay away from family issues for the moment, in favour of spending as much time as you can amongst friends. If not everyone to whom you are related is on the same wavelength as you are right now, that could be where the problems start.

16 THURSDAY ☿ *Moon Age Day 16 Moon Sign Libra*

Matters of love and affection are presently tempered by practical considerations. You probably have to respond to some of the more material matters that demand your attention, and that means having to shelve your personal feelings just a little. You should find time later in the day to redress the balance a little.

17 FRIDAY ☿ *Moon Age Day 17 Moon Sign Libra*

Your sense of self-determination has rarely looked better than it does at the moment. Most Pisceans can now afford to be very single-minded, and few people will argue with your point of view if they recognise the power you are generating. You shouldn't have to shout at anyone to get what you want at present – a simple look should do.

18 SATURDAY ☿ *Moon Age Day 18 Moon Sign Scorpio*

In discussions of any sort you are able to express yourself well. This doesn't mean you are browbeating anyone, simply that the magnetic quality of your personality is extremely strong. This would be a good period for travel or for indulging in any form of cultural matter that takes your fancy.

19 SUNDAY ☿ *Moon Age Day 19 Moon Sign Scorpio*

In current relationships it is a fact that your head has to rule your heart today. Venus is in your solar twelfth house so there are some limitations placed upon romance, but don't assume that personal attachments are everything. On the contrary, you can also get great fun out of being with your friends, especially in the evening.

20 MONDAY ☿ *Moon Age Day 20 Moon Sign Sagittarius*

As the Sun is about to leave your solar first house, you would be wise to take the final crucial step today towards an objective that is very important to you. You can get ahead quite easily, especially at work. It isn't out of the question that advancement of some sort will be within your reach before today is out.

21 TUESDAY ☿ *Moon Age Day 21 Moon Sign Sagittarius*

The Sun moves into your solar second house today, which could prove to be quite useful in terms of finances. Now is a good time to get new money flowing into your life, and there might be more of it about than you had been expecting. Great success is possible, but it requires an extra input of effort on your part.

22 WEDNESDAY ☿ *Moon Age Day 22 Moon Sign Sagittarius*

At work you should now strive to do your very best. Success is on offer just around every potential corner and there isn't much doubt that you are keen to get ahead at the moment. Although this area of your life is important, it shouldn't be allowed to get in the way of deeper and more personal aspects.

23 THURSDAY ☿ *Moon Age Day 23 Moon Sign Capricorn*

Trends assist you to win friends and influence people with very little effort at the moment. Pisces is at its influential best and you only have to speak to get what you want. This is fine but doesn't answer the more personal questions you are asking yourself at present. It might be time for a heart-to-heart with someone who is very important to you.

24 FRIDAY ☿ *Moon Age Day 24 Moon Sign Capricorn*

Whilst you are at work today it is best to give yourself fully to any new situations and fresh starts that are showing themselves. However, you would be wise to compartment your day and should be willing to leave work behind once the evening arrives. You can afford to put down anything that stops you from simply relaxing.

25 SATURDAY ☿ *Moon Age Day 25 Moon Sign Aquarius*

With Mercury in your solar first house your mental powers are highlighted. Solving problems might be easy, though getting others to keep up with your way of thinking might be slightly more difficult. You seem to need to explain yourself time and again, which could be slightly wearing to other people.

26 SUNDAY *Moon Age Day 26 Moon Sign Aquarius*

You could be in for a slightly quieter period whilst the Moon passes through your solar twelfth house. As a result you might be more reflective today and less likely to excel in the way you have of late. This needn't be too much of a problem on a Sunday, when you can enjoy the chance to be quiet.

27 MONDAY *Moon Age Day 27 Moon Sign Pisces*

Certain of the life choices you make now could well have great implications later on, though this needn't prevent you from taking chances today. The lunar high sees you raring to go and anxious to make the very best sort of impression when it counts the most. A day to ditch pointless routines and go for gold, no matter what you are doing!

28 TUESDAY *Moon Age Day 28 Moon Sign Pisces*

You need to be in the running for a good time and should not allow little distractions to get in the way. Getting on with a dozen different things at the same time shouldn't be too much of a problem, and you have what it takes to make the best possible impression on the world as a whole.

29 WEDNESDAY *Moon Age Day 0 Moon Sign Aries*

You can make the best use of financial advantages around this time. You can afford to trust your intuition when dealing with others and to offer the sort of advice that Pisceans find easy to give. Your concern for others is one of the reasons why you can now attract so much attention.

30 THURSDAY *Moon Age Day 1 Moon Sign Aries*

Venus is still in your solar twelfth house and this could prove to be something of a setback. This is not the best of times to be making new plans and it is important to consolidate your position before you move forward in any way. In particular, beware of taking chances with solid personal relationships.

31 FRIDAY *Moon Age Day 2 Moon Sign Taurus*

Original ideas and insights today can be used to advance your plans no end and you need to listen carefully to that little voice inside your head. You can get useful feedback from colleagues and friends, whilst at the same time responding to that very strong intuition. Almost everything is in the balance today.

April

2006

1 SATURDAY *Moon Age Day 3 Moon Sign Taurus*

It's the start of a new month, and you have scope to put the pursuit of money high on your agenda as April gets started. You would be wise to keep a careful eye on your personal budget and might have to take family members to task if you think they are spending too freely. A day to use your diplomacy and avoid arguments.

2 SUNDAY *Moon Age Day 4 Moon Sign Gemini*

Emotions can be strong today and you can make this one of the best days of the month for personal attachments. Finding the right words to tell someone how important they are to you shouldn't be difficult and this is the sort of day during which you can make the most of some unexpected but exciting invitations.

3 MONDAY *Moon Age Day 5 Moon Sign Gemini*

You might have to re-evaluate your attitude towards something in the domestic arena, though home life generally should more than compensate for any lack of achievements in other areas of your life as this week gets started. Younger family members in particular can be a source of joy under present influences.

4 TUESDAY *Moon Age Day 6 Moon Sign Cancer*

Good financial prospects seem to prevail under present trends and even if you aren't exactly rolling in money at the moment, you have scope to come up with some good ideas for getting more cash. Not everyone is likely to be on your side at work, but you probably have more influence than you think.

5 WEDNESDAY *Moon Age Day 7 Moon Sign Cancer*

Take full advantage of all that is happening within your social and romantic life at this stage. There are some significant gains on offer and you should get on especially well with other Water-sign people. These are Cancerians, Scorpios and other Pisceans. The most casual of chats could help you to recognise some far-reaching implications.

6 THURSDAY *Moon Age Day 8 Moon Sign Cancer*

Even if domestic matters are now prone to a few disruptions, you needn't let these bother you unduly. The problem, if it can be called that, is influenced by the present position of the Moon. You should avoid getting bogged down by pointless discussions or changes in your routines that prove unhelpful.

7 FRIDAY *Moon Age Day 9 Moon Sign Leo*

This is a time during which you can make romantic matters look very lively. Venus has now moved into your solar first house, helping you to elicit a warm response from other people. It is possible that you will discover admirers you didn't know you had, thought the revelation could prove to be a little embarrassing.

8 SATURDAY *Moon Age Day 10 Moon Sign Leo*

You should feel happy to be useful today and can be of particular benefit to both family members and friends. You might not feel inclined to do a lot in the way of work, but there are advantages to relaxing at the moment. Social trends look especially good, particularly for the evening.

9 SUNDAY *Moon Age Day 11 Moon Sign Virgo*

This is hardly the best time of the month for taking risks of any sort, and you would be well advised to keep a fairly low profile if you can. Not everyone seems to agree with your point of view, and there is no point at all in falling out with anyone if you can avoid doing so. The lunar low has potential to sap your resolve.

10 MONDAY *Moon Age Day 12 Moon Sign Virgo*

Progress could be decidedly difficult, but you need to tell yourself that you cannot be pushing ahead all the time. Your best response is to take stock of some situations and clear the decks for actions you know are going to come soon. A day to get some rest and, if possible, to get involved in new hobbies or pastimes.

11 TUESDAY *Moon Age Day 13 Moon Sign Virgo*

Domestic matters may not be very smooth with Mars in your solar fourth house. There are signs that you could be a little touchy with relatives, whose responses to you might not be all that wonderful either. As a result you may decide to spend more time with friends and less hours at home.

12 WEDNESDAY *Moon Age Day 14 Moon Sign Libra*

You might have to deal with some fairly difficult emotional matters around now – at least before you get out to enjoy yourself. Matters associated with finance could also cause you a few problems, though there probably isn't any real reason why this should be the case. Perhaps you are just in an agitated frame of mind.

13 THURSDAY *Moon Age Day 15 Moon Sign Libra*

Any new ideas that you put to the test today could turn out to be far more advantageous than you might think. This has potential to be one of your better days as far as financial progress is concerned and you should also be able to avoid running into the buffers in personal matters. A good deal more optimism seems to be on offer.

14 FRIDAY *Moon Age Day 16 Moon Sign Scorpio*

A continuation of your optimistic frame of mind should help you to open all sorts of doors, though of course this doesn't necessarily mean you will walk into any of them. It's all a matter of self-belief, something that Pisces doesn't have in heaps. A day to grit your teeth and take a few chances – it could really pay off!

15 SATURDAY *Moon Age Day 17 Moon Sign Scorpio*

If you discover that most people want to be in your good books at present, this can be of great assistance across the weekend. Social encounters could turn out very pleasantly indeed, as can current issues associated with love. Why not make the weekend your own by being willing to take the lead?

16 SUNDAY *Moon Age Day 18 Moon Sign Sagittarius*

High spirits tend to prevail under present trends and you are able to get away with just about anything. A little cheek goes a long way and you are so charming to know that you can convince most of those you meet to offer their help. Whether you could have got by without it is a different matter altogether.

17 MONDAY *Moon Age Day 19 Moon Sign Sagittarius*

Even if career matters keep you very busy at the start of a new working week, you also need to find time to look after the interests of those you love. Your partner might be going through a few problems, whilst you can offer younger family members especially a great deal of your experience.

18 TUESDAY *Moon Age Day 20 Moon Sign Sagittarius*

If you decide to use today to improve your social life, you may not have very much spare time. It is important not to carry the need to please others to extremes. People like you the way you are and probably won't be any fonder of you just because you are trying to do everything for them.

19 WEDNESDAY *Moon Age Day 21 Moon Sign Capricorn*

This has potential to be a rather pleasant period, during which you are able to bring out the best in almost everyone you meet. Intuition is as strong as ever and you might find that you are exceptionally curious about the way life works. A little investigation seems to be on the cards and could yield some unusual results.

20 THURSDAY *Moon Age Day 22 Moon Sign Capricorn*

Mars has now moved into your solar fifth house, which is better for domestic matters and also offers you a greater amount of energy for creative pursuits. The only potentially unfortunate fact is that it might enlarge your ego a bit too. Maybe that's not a bad thing at all for a zodiac sign that is usually too modest.

21 FRIDAY *Moon Age Day 23 Moon Sign Aquarius*

It might be best to let the rest of the world go by for a day or two. With a twelfth-house Moon you tend to be very contemplative and not at all inclined to push yourself more than is necessary. This would be a good time to take a short trip, just as long as there were cultural and intellectual advantages to be had.

22 SATURDAY *Moon Age Day 24 Moon Sign Aquarius*

Romance looks good again, though you would be wise to approach it in a quiet way rather than ruffling any feathers by showing your affection for more than one person. You are able to stand and look at life as if it were a movie projected just for you, a fact that allows you a unique and useful perspective.

23 SUNDAY *Moon Age Day 25 Moon Sign Pisces*

Communication matters have an effervescent quality and you will be able to make a powerful impact on the world at large. The lunar high coincides with a Sunday, so although that might prevent you from using all that energy at work, you can make the most of it by doing as much as you can to enliven your social life.

24 MONDAY *Moon Age Day 26 Moon Sign Pisces*

You can keep your spirits up today, and there is no better way to start a new week than with the Moon in your own zodiac sign. You needn't take no for an answer if you are certain of your position, and you can afford to take a few calculated risks in order to get exactly what you want from life.

25 TUESDAY *Moon Age Day 27 Moon Sign Aries*

You can continue to use good luck to help you towards your objectives, even though the Moon has now moved out of your zodiac sign. Those higher up the career tree can now be the source of significant support and should listen carefully to your ideas. What is even better is that your accustomed shyness seems to have taken a holiday.

26 WEDNESDAY *Moon Age Day 28 Moon Sign Aries*

A phase emphasising creative powers comes courtesy of the ever-strengthening position of Mars in your solar chart. There is virtually nothing that is beyond your present capabilities, just as long as you believe in yourself. On the way you might have to persuade someone else that you know what you are doing.

27 THURSDAY *Moon Age Day 0 Moon Sign Taurus*

You can elicit positive responses from most people today and that is partly because of your own present attitude to life. Meetings with strangers could turn out to be very surprising indeed and might offer you new incentives you hadn't even thought about. Stand by to make this one of the most eventful periods of the month.

28 FRIDAY *Moon Age Day 1 Moon Sign Taurus*

You can now use influences from relatively unexpected directions to help you along the path to success. Life can be quite strange at times for the average Piscean and today offers the chance to meet people who will have a profound bearing on your thoughts for the future. You ought to recognise them instinctively.

29 SATURDAY *Moon Age Day 2 Moon Sign Gemini*

This would be an ideal time during which to put new ideas to the test. Getting your own way in important negotiations should not be difficult, especially if they include other family members. The romantic side of Pisces is quite clearly on display and you are able to strengthen attachments all round.

30 SUNDAY *Moon Age Day 3 Moon Sign Gemini*

Your love life continues to be a source of potential joy and is made all the better by the arrival of a Sunday on which you shouldn't have to do too much in a concrete sense. You can recognise compromise in the attitude of your partner or sweetheart, and you know just the right words to make people melt.

May 2006

1 MONDAY *Moon Age Day 4 Moon Sign Gemini*

Whilst nostalgic matters could take on an agreeable aspect at the beginning of this month, you can also make the most of excitement in your home life. Career issues could be less fortunate, particularly if you are not using the necessary time and effort required to keep things fully on course.

2 TUESDAY *Moon Age Day 5 Moon Sign Cancer*

This may be one of the high spots of the month when it comes to getting the best from romance and leisure. Having fun is where it's at for the moment, and you probably won't want to be too tied down with responsibilities of any sort. If the attitude of a friend proves to be difficult to understand, why not ask a few leading questions?

3 WEDNESDAY *Moon Age Day 6 Moon Sign Cancer*

You should now be able to express yourself very clearly and you won't have the least difficulty in getting your message across the way you intend. The Sun is now in your solar third house, which has to be good for co-operative ventures of any sort and even if you are happy in a group, you tend to lead it much of the time.

4 THURSDAY *Moon Age Day 7 Moon Sign Leo*

A major boost to career prospects is now possible with a combination of solar and lunar positions in your solar chart. This is definitely the right time during May to show your capabilities to those who have influence. Decision making is much easier than usual and there is no jumping around from foot to foot, as is often the case for Pisces.

5 FRIDAY *Moon Age Day 8 Moon Sign Leo*

You would be wise to get tedious tasks out of the way early in the day, leaving yourself with the time to do what you want later. You should already be planning for what could be an excellent weekend but you will need to let others know your ideas early. By the evening you should be contemplating ways to please those you care for.

6 SATURDAY *Moon Age Day 9 Moon Sign Virgo*

This has potential to be one of your better days as far as finances are concerned, despite the lunar low, and you should be doing everything you can to please the people who occupy your thoughts. New activities could appeal, and there is a definite desire to get out and about. You may consider that you have been stuck indoors too much of late.

7 SUNDAY *Moon Age Day 10 Moon Sign Virgo*

Today's trends suggest that you may not be completely in charge of practical matters, and may decide to defer to the opinions of people who seem to know better. All the same, don't take anything for granted because things are not always what they seem. A good dose of intuition helps you to make the right choices.

8 MONDAY *Moon Age Day 11 Moon Sign Virgo*

This would not be the best day of the month to tempt fate. There could be unexpected changes coming about in your daily life and perhaps you would be best off leaving major decisions until tomorrow. Even if the lunar low restricts you this month, you needn't allow it to leave any real problems in its wake.

9 TUESDAY *Moon Age Day 12 Moon Sign Libra*

Your mental skills are well accented around this time and it shouldn't be at all difficult to work out how anyone is likely to react under given circumstances. A day to work according to your own mind and not to spend too much time thinking about what others would do. You are more than capable right now.

10 WEDNESDAY *Moon Age Day 13 Moon Sign Libra*

There might be challenges to your ability to keep life on an even keel right now, and that won't be too comfortable. You might get the impression that one or two of the people with whom you associate, especially at work, are simply playing silly games. That's fine, but you don't have to join in.

11 THURSDAY *Moon Age Day 14 Moon Sign Scorpio*

In terms of cash you can make the most of a period that is slightly luckier than of late. Venus is in your solar second house and will offer better fortune generally, though not perhaps in a particularly big way. There are advantages to putting yourself at the front of almost any queue at this stage of the week.

12 FRIDAY *Moon Age Day 15 Moon Sign Scorpio*

Intellectual matters can now prove to be most rewarding, offering you scope to be chasing new ideas for most of today. The things that are going on out there in the wider world should be of particular interest and there isn't much doubt about your ability to change successfully with different circumstances.

13 SATURDAY *Moon Age Day 16 Moon Sign Scorpio*

There could be the odd power struggle as far as your personal life is concerned, though not if you refuse to join in. The attitude of friends might also be somewhat strange at this time and you may not find it very easy to get people on side. This weekend demands just a little thought on your part.

14 SUNDAY *Moon Age Day 17 Moon Sign Sagittarius*

Influences could come along today that you can use to point you in the right direction when it comes to career and professional developments. That doesn't necessarily mean you are doing anything about them right now, particularly if you are mainly committed to more social aspects on this May Sunday.

15 MONDAY *Moon Age Day 18 Moon Sign Sagittarius*

Why not find out what is going on in the world by asking a few sensible questions? There are gains to be made simply from being in the right place at the best time, and your intuition should tell you where and when to act. As far as your career is concerned, you are in a position to gain assistance from unusual directions.

16 TUESDAY *Moon Age Day 19 Moon Sign Capricorn*

Though you probably should avoid impulse buying for the moment, there are bargains to be had if you look around carefully. You could also be on the receiving end of unexpected gifts from friends or loved ones. Financial deals can be turned in your favour with just a little extra thought on your part.

17 WEDNESDAY *Moon Age Day 20 Moon Sign Capricorn*

New encounters could prove to be quite inspiring around now and you need to turn your mind outward, rather than sitting and thinking about things in your own little corner. Even if you are inclined to be quite introspective at the moment, you will probably only find the answers you seek out in the wider world.

18 THURSDAY *Moon Age Day 21 Moon Sign Capricorn*

Beware of believing everything you hear today because not everyone will prove to be equally reliable. There are misleading influences around and it is possible you could spend quite some time walking down a path that leads to nothing but a dead end. Once again you need to call your intuition into play.

19 FRIDAY *Moon Age Day 22 Moon Sign Aquarius*

Trends encourage a very strong urge for freedom within your mind. Actually doing exactly what you want may not be too easy, because the Moon is in your solar twelfth house. Minor frustrations could be the result, because at the same time the planet Mars has the power to urge you on.

20 SATURDAY *Moon Age Day 23 Moon Sign Aquarius*

There are new initiatives on offer. Even if you can see them and know exactly how you ought to react, until the lunar high comes along tomorrow you would be better off planning, rather than actually doing anything concrete. People you don't see too often may be making a return visit to your life during the weekend.

21 SUNDAY *Moon Age Day 24 Moon Sign Pisces*

You have what it takes to make the most of social and personal advantages around now, and the lunar high assists you in almost every sphere of your life. Although it might be difficult to push ahead professionally on a Sunday, you can use today's influences to make the best possible impression on the world.

22 MONDAY *Moon Age Day 25 Moon Sign Pisces*

Progress has potential to be generally good and you have a strong pioneering spirit at the beginning of this week that is sure to help you on your way. You can get Lady Luck on your side, and although taking chances is not something you do very often, you can afford to be chancing your arm now.

23 TUESDAY *Moon Age Day 26 Moon Sign Aries*

Domestic matters could prove highly satisfying today, even if you are not making quite the practical progress you had hoped for. Romance is also on the cards and you are able to make a good impression on someone coming new into your life. Established relationships can now be given some sort of boost.

24 WEDNESDAY *Moon Age Day 27 Moon Sign Aries*

Trends now encourage you to acquire any particular items you've had in mind, be they for business or pleasure. Maybe you have been waiting for something to arrive in the post or else there has been a delay or some sort. For whatever reason, this might end up feeling slightly like your birthday.

25 THURSDAY *Moon Age Day 28 Moon Sign Taurus*

A positive element is evident today, no matter what you decide to do. It could be that you can persuade people who have proved to be somewhat awkward in the recent past to take a more considered attitude. On the other hand, it is possible that your persuasive powers prove to be extremely useful with family members.

26 FRIDAY *Moon Age Day 29 Moon Sign Taurus*

You can capitalise on a new positive phase as far as domestic matters generally are concerned, thanks to the position of Mercury in your solar fourth house. Shared ideals and interests should be quite fulfilling and you are able to reach a consensus with your partner that doesn't seem to have been present of late.

27 SATURDAY *Moon Age Day 0 Moon Sign Gemini*

In a domestic sense it appears that situations are still looking good, though if life lacks a certain degree of sparkle you may decide to move your mind and body out of the house. Excitement is possible,but you may have to work a little to find it. Why not enlist the support of friends who think in a similar way to you?

28 SUNDAY *Moon Age Day 1 Moon Sign Gemini*

Hasty purchases and expensive investments are definitely to be avoided right now. Your best approach is to settle for the simple things in life and not to push for items you don't really need and probably do not even want. Buyer's remorse could well be the result if you spend money unnecessarily this Sunday.

29 MONDAY *Moon Age Day 2 Moon Sign Cancer*

A far more personally enlivening period is now on offer. You have a chance to show the world just who you are. Meanwhile personal creativity could well be going off the scale. Romance and leisure activities receive a definite boost at the start of a week that ought to suit you in many different ways.

30 TUESDAY *Moon Age Day 3 Moon Sign Cancer*

Venus is now in your solar third house. This is a light-hearted influence that has potential to bring out the best in you. It shouldn't be difficult for you to persuade others to join in your present happy frame of mind and to make sure there are plenty of laughs as a result. There will be a few miseries about too – but that's life.

31 WEDNESDAY *Moon Age Day 4 Moon Sign Leo*

A strongly supportive influence from more than one quarter is what you can make use of today. The planets are still looking particularly strong for you and the Sun occupies your solar fourth house. A certain concern for those to whom you are related is possible for the next couple of weeks, though probably not necessary.

June 2006

1 THURSDAY *Moon Age Day 5 Moon Sign Leo*

Even if you are now quite ready to put yourself under the spotlight, your present forthright approach to life might prove to be too much for one or two individuals. You might need to modify your stance, according to the person you are dealing with. This is not a difficult process for the Piscean, even if it can prove somewhat confusing.

2 FRIDAY *Moon Age Day 6 Moon Sign Leo*

Trends assist you to be happiest when you are out there in the social mainstream. The weekend might start early for some Pisces subjects, particularly if you deliberately choose to spend more time doing what pleases you. Avoid getting involved in discussions that could easily turn into totally pointless arguments.

3 SATURDAY *Moon Age Day 7 Moon Sign Virgo*

Keeping a fairly low profile is quite sensible for today. The lunar low could take away some of the driving force that has been present in your nature. This needn't be a miserable day, but it could make greater demands on you. It might be better to let other people take some of the strain with domestic chores.

4 SUNDAY *Moon Age Day 8 Moon Sign Virgo*

Forget the feeling that the grass looks greener on the other side of the fence. It isn't. There may be some fairly unstable situations around as far as your life generally is concerned and you need to be quite circumspect. Don't be too quick to jump to conclusions about your love life.

5 MONDAY *Moon Age Day 9 Moon Sign Libra*

The current state of relationships in your life could well put a definite smile on your face. The Sun remains in your solar fourth house, which is good for all family matters, and you should find that you can reach a consensus with anyone who has been quite awkward of late. The time is right to launch some new ideas.

6 TUESDAY *Moon Age Day 10 Moon Sign Libra*

Places of leisure and entertainment could hold a special appeal for you around now. There may well be some surprises on offer, and a few of them are especially heart-warming. If friends have specific needs of you under present planetary trends, as usual you should be pleased to help them out.

7 WEDNESDAY *Moon Age Day 11 Moon Sign Libra*

You would wise to avoid minor conflicts with co-workers. These are not only unnecessary but get in the way of the sort of progress you should be making. Not everyone may be on the same wavelength as you at the moment, no matter how hard you try to make it so. Some small financial gains could be possible later in the day.

8 THURSDAY *Moon Age Day 12 Moon Sign Scorpio*

Present trends encourage a desire to live for the moment. This way of thinking can have some beneficial effects. For example, when it comes to journeys planned at the last moment you are likely to be right in your element. Meanwhile, you can attract help from people further up the career tree than you are.

9 FRIDAY *Moon Age Day 13 Moon Sign Scorpio*

Your home life could bring a tendency towards laziness and for once you may be happy to let others take some of the strain. It is important all the same to keep track of everything that is happening around you because there is a good chance of making some last-minute decisions that will benefit you significantly.

10 SATURDAY *Moon Age Day 14 Moon Sign Sagittarius*

This has potential to be a smooth period when it comes to professional progress, though of course the trend is a little wasted if you don't work at the weekend. Forward planning is also possible right now, though you can also afford to spend some time doing whatever takes your fancy, in the company of people who make you laugh.

11 SUNDAY *Moon Age Day 15 Moon Sign Sagittarius*

Romantic involvements are positively highlighted on this June Sunday. Spend some time with the person who means the most to you and you won't regret it. A day to seek out intelligent conversation and avoid noisy or irksome people. You might decide the time is right to take a short journey to somewhere particularly interesting.

12 MONDAY *Moon Age Day 16 Moon Sign Capricorn*

Today you have scope to enjoy the lighter side of life and may not be taking anything very seriously. You are a natural joker at the moment and can bring significant pleasure into the lives of other people on the way. Confidence remains generally high, perhaps inclining you to be more talkative than usual.

13 TUESDAY *Moon Age Day 17 Moon Sign Capricorn*

The Sun remains in your solar fourth house, making this an ideal time to get on well with people who are familiar to you. The distant past seems to offer a few rewards under present trends and you have everything necessary to make this an eventful and quite useful sort of day as long as you don't get too nostalgic.

14 WEDNESDAY *Moon Age Day 18 Moon Sign Capricorn*

There might be a slightly edgy atmosphere at work, something you would be wise to work against throughout most of today. It is not likely to be you who is causing the problems and they probably won't have much of a bearing on your life if you choose to spend at least some time on your own.

15 THURSDAY *Moon Age Day 19 Moon Sign Aquarius*

Mercury's position in your solar chart allows you to stand out more. This could mean you are being watched, something that might not be entirely comfortable all the time. The more extroverted side of your nature is beginning to show though, and you shouldn't worry too much if people are singling you out.

16 FRIDAY *Moon Age Day 20 Moon Sign Aquarius*

You may now decide to get involved in deeper, emotional matters, and you should also be making the most of domestic concerns and nostalgic situations. The Moon is in your solar twelfth house so there is likely to be quite a wistful side to your nature, though you can change this situation quickly by tomorrow.

17 SATURDAY *Moon Age Day 21 Moon Sign Pisces*

Stand by for the lunar high, which could manifest itself in a number of different ways this month. Any competition can be outdone as you stride easily towards your chosen objectives. An important deal could be clinched under these trends and you are about as dynamic and certain as Pisces can be!

18 SUNDAY *Moon Age Day 22 Moon Sign Pisces*

Mental and physical strength could now be at a peak and this is the part of the month during which you can afford to take your life fully into your own hands. You probably won't mind taking the odd chance and may even be leading the field in some way. In terms of conversation, you can talk to anyone at the moment.

19 MONDAY *Moon Age Day 23 Moon Sign Aries*

Trends now indicate that places of entertainment are a must at the start of this week. It isn't out of the question that you have chosen this time to take a break, in which case you can travel wherever takes your fancy. Even if you are stuck with the usual routines, you can find ways to alter them and to make life more interesting.

20 TUESDAY *Moon Age Day 24 Moon Sign Aries*

In a domestic sense you have scope to fill your life with contentment, though the Sun will soon change its position in your chart so you need to make the most of the homely trends. Professionally speaking, life might seem less interesting, which is why you need to use this time to please yourself in other ways.

21 WEDNESDAY *Moon Age Day 25 Moon Sign Taurus*

You have what it takes to move mountains, though only at your own speed. Don't be rushed at present, and be willing to take your time in getting where you want to be. Pisces needs extra stimulus now, particularly in a romantic sense, and you may decide to ring the changes with regard to friendship.

22 THURSDAY *Moon Age Day 26 Moon Sign Taurus*

Material and practical issues should prove to be the number one in your life now that Mars occupies your solar sixth house. If you are a little touchy at times, people will forgive you, but the real problem comes in forgiving yourself. Pisces can be the most pleasant of all the zodiac signs, but remorse is its middle name.

23 FRIDAY *Moon Age Day 27 Moon Sign Gemini*

Attention is now focused on your own ego, which is potentially stronger than it has been for quite some time. You can derive great pleasure from entertaining others, and shouldn't be in the least concerned if the spotlight is upon you. Pisces needs to shine sometimes and it looks as though this is such a period.

24 SATURDAY *Moon Age Day 28 Moon Sign Gemini*

You really should be able to enjoy home comforts this weekend and can make great gains just from being amongst the people you care for the most. If you decide to take a trip of any sort, it is most likely to be in the company of family members, and the regard you have for younger people is enhanced under present trends.

25 SUNDAY *Moon Age Day 29 Moon Sign Cancer*

You have scope to make the most of whatever is happening in love relationships at present. Romantic encounters could come thick and fast for those Pisceans who have been looking for love, whilst if you are in a settled attachment, you will find ways to pep it up and to bring more excitement to bear.

26 MONDAY *Moon Age Day 0 Moon Sign Cancer*

You have potential to keep up quite an impressive front socially, even if that means that some of the responsibilities of life are slightly shelved for the moment. There could be an easing of tension with regard to a long-standing row, though of course this may not be anything for which you are personally responsible.

27 TUESDAY *Moon Age Day 1 Moon Sign Cancer*

Trends indicate that you might have to struggle somewhat today to keep work matters on track and that you would do well to accept the proffered advice and help of colleagues. If you insist on going it alone, you will work twice as hard and might still not achieve your objectives. Too much pride is definitely not a good thing at the moment.

28 WEDNESDAY *Moon Age Day 2 Moon Sign Leo*

Right now practical aims and objectives should prove much easier and you may even decide that you don't want to be bothered with details. As a direct contrast to yesterday you can afford to be relaxed and easy-going. The attitude of a friend might prove to be rather surprising at some stage.

29 THURSDAY *Moon Age Day 3 Moon Sign Leo*

Being in the know professionally can make all the difference to you today, and it's important to keep asking the right questions. The attitude of family members might be difficult to understand but once again you need to ask the right questions. With plenty to play for in the financial stakes, you can make efforts to become better off.

30 FRIDAY *Moon Age Day 4 Moon Sign Virgo*

Vitality could well be in fairly short supply, so you would be wise to keep your expectations rather modest. The lunar low has potential to sap some of your strength and at the same time you could find that you are subject to the will of those around you. Not a good day for gambling or taking risks of any sort.

July 2006

1 SATURDAY *Moon Age Day 5 Moon Sign Virgo*

If morale is somewhat low at present, your best response is to turn down heavy responsibilities and leave room for possible errors. You might decide to stay close to home today and may not be too keen to push the bounds of the credible. This is a very good day for thinking ahead and for planning instead of doing too much.

2 SUNDAY *Moon Age Day 6 Moon Sign Virgo*

Things won't necessarily go according to plan, but you can improve your situation as the day goes on. If you need to recharge your batteries, you can do so wonderfully by just being in the company of people you hold dear. An atmospheric time with regard to romance could be on offer by the evening.

3 MONDAY *Moon Age Day 7 Moon Sign Libra*

Love and romance are likely to be foremost in your mind at present and they continue to be so for a few days to come. It pays to extend your social life too by going out and finding new contacts. Freedom is important whilst the Sun occupies your solar fifth house, where it will be for the next two weeks and more.

4 TUESDAY *Moon Age Day 8 Moon Sign Libra*

You shouldn't expect smooth, superficial relationships at present. There are deeper issues that have to be faced today and that can throw a spanner in the works now and again. A day to keep your patience, express yourself fully and leave the rest to the sort of person you naturally are. At work you might be able to make significant progress.

5 WEDNESDAY ☿ *Moon Age Day 9 Moon Sign Scorpio*

Life offers excitement for many Piscean subjects now. There could well be sudden changes of direction and a desire to do things simply for the thrill. Trends encourage your spirit to be unfettered at the moment and when Pisces is in this frame of mind, anything at all is possible. You can persuade friends to be especially co-operative.

6 THURSDAY ☿ *Moon Age Day 10 Moon Sign Scorpio*

The signs are that an issue related to your private life could be fulfilling and enjoyable. You may be able to put yourself in the company of a friend or a relative you haven't seen recently, which could also have important implications. It's all go for Pisces at the moment, and the only real problem is keeping up with the pace.

7 FRIDAY ☿ *Moon Age Day 11 Moon Sign Scorpio*

Romance can seem larger than life itself. Pisceans may well be in an over-nostalgic mood for today, and that can bring its own little problems. You need to retain a degree of realism but the present position of the Moon might make that rather difficult. In a more practical sense there could be new options on offer at work.

8 SATURDAY ☿ *Moon Age Day 12 Moon Sign Sagittarius*

Professionally speaking this could be the time to bring something to a satisfactory conclusion – that is if you work at the weekend. Otherwise, what you might have on your mind is fun, and you won't want to be diverted from a particular plan you just know is going to suit everyone. Maybe you should think again.

9 SUNDAY ☿ *Moon Age Day 13 Moon Sign Sagittarius*

Bigger and better things can be made to happen now. Mars has moved in your solar chart and its influence stirs things up no end. Avoid conflict, especially if the people with whom you can't see eye-to-eye are so obviously wrong. There probably won't be too much time for pointless details at present.

10 MONDAY ☿ *Moon Age Day 14 Moon Sign Capricorn*

Today could turn out to be quite an exceptional period and one during which your best option is to get away from your usual routines in order to meet new people. The greater the stimulus that you can bring into your life at the moment, the better you will respond. Ordinary situations could seem quite boring!

11 TUESDAY ☿ *Moon Age Day 15 Moon Sign Capricorn*

As your seek to express your identity more and more, so it might seem that other people are trying in some way to hold you back. Even if they are doing nothing of the sort, they could be trying to warn you against making mistakes. In the end the choice is yours, but you do need to sit and think things through carefully.

12 WEDNESDAY ☿ *Moon Age Day 16 Moon Sign Aquarius*

You can afford to trust your intuition right now and there could be good insights into the personal dilemmas your friends are going through. Handing out advice is easy for Pisces at the best of times, but especially so under present trends. Why not save time later in the day to do something that really takes your fancy?

13 THURSDAY ☿ *Moon Age Day 17 Moon Sign Aquarius*

A more exuberant time at work is now possible, though you may lack a little earthy realism that could help you more than your present dreams. You would be wise to listen carefully to what someone with either greater age or experience is saying, especially if they appear to know something important that you don't.

14 FRIDAY ☿ *Moon Age Day 18 Moon Sign Pisces*

Along comes the lunar high, and together with existing planetary trends it enables you to increase your persuasive powers no end. Personal partnerships can be improved too and it seems as though you have the magic formula when it comes to getting on with just about anyone you come across today.

15 SATURDAY ☿ *Moon Age Day 19 Moon Sign Pisces*

Stand by for a phase during which you can make good use of a great deal of charisma and personal attractiveness. There could be new opportunities for romance, and the lunar high continues to support you in your efforts to get ahead generally. With everything to play for, this is the time to let your light shine.

16 SUNDAY ☿ *Moon Age Day 20 Moon Sign Aries*

Mars brings you the ability to get down to the root issues of any professional matter. You are unlikely to allow anything to stand in your way and woe betide anyone who tries to cross you at the moment. Comfort and security may be far from your mind under present trends and you can afford to go for gold, no matter what.

17 MONDAY ☿ *Moon Age Day 21 Moon Sign Aries*

The time is right to back your hunches when it comes to financial transactions, and not to be put off by setbacks. There could be some good luck around later in the day and it might be a mistake to sort out too much early on. Confidence to do the right thing is still present, though one or two people could prove awkward at the moment.

18 TUESDAY ☿ *Moon Age Day 22 Moon Sign Taurus*

The main emphasis is on communication and trends encourage a strong desire to improve your social life in a number of different ways. The quiet aspect of Pisces appears to be taking a holiday because you are so keen to make everyone and his dog listen to what you have to say.

19 WEDNESDAY ☿ *Moon Age Day 23 Moon Sign Taurus*

The potential for new love interest is formidable. This is a period during which you can make good use of your powers of attraction and a magnetism that others find difficult to avoid. The only slightly negative side of this is that you might be attracting the wrong sort of attention – which could lead to a little embarrassment all round.

20 THURSDAY ☿ *Moon Age Day 24 Moon Sign Taurus*

This has potential to be a quieter and less demanding sort of day, which is probably no bad thing after such a hectic period. If home life and general domesticity appeal to you, you may well decide to spend every moment you can in the company of those you care about the most. Younger people can offer their own special joy.

21 FRIDAY ☿ *Moon Age Day 25 Moon Sign Gemini*

Getting an early start on work projects would be no bad thing. Any excess of energy can be used to ensure that much can be accomplished, though nobody ought to get in the way of progress and you need to keep your eye on your ultimate objectives. Life can be like an emotional seesaw at present and getting enough breaks could be difficult.

22 SATURDAY ☿ *Moon Age Day 26 Moon Sign Gemini*

Venus is now in your solar fifth house, bringing stronger indications of something new happening, either romantically or socially. Either way, you can make this a particularly interesting sort of weekend, and can take advantage of new opportunities. You are still burning up masses of nervous energy so use it positively.

23 SUNDAY ☿ *Moon Age Day 27 Moon Sign Cancer*

You would be wise to impose some order on your working life, particularly if many details right now seem nebulous and even impossible. Self-discipline seems to be the way forward. Concentrate on one thing at once and don't be inclined to dissipate your energies by having to go back and put right mistakes all the time.

24 MONDAY ☿ *Moon Age Day 28 Moon Sign Cancer*

You may decide you want to please yourself at the moment, and that can be something of a problem at a time when the rest of the world seems to be demanding your attention. Maybe you need to split the day carefully – into those periods during which you are available, and others where you get the chance to do what suits you.

25 TUESDAY ☿ *Moon Age Day 0 Moon Sign Leo*

Trends suggest an expansive element at work, and you are able to co-operate fully with colleagues. Pisces subjects who are between jobs at the moment should concentrate a good deal of their energy into looking around because there may well be options on offer. This would not be the best day to gamble with finances.

26 WEDNESDAY ☿ *Moon Age Day 1 Moon Sign Leo*

Even if there is much excitability to be found in your life around this time, the challenge now comes in dealing with personal relationships. You may be confronted by people who seem determined to be awkward, or who fail to see what you consider to be a really sensible point of view.

27 THURSDAY ☿ *Moon Age Day 2 Moon Sign Virgo*

As the lunar low arrives, you might be frustrated by the lack of potential assistance you can attract from other people. If patience is running low, you need to try and keep life as simple as possible. Routines might seem tedious and yet you don't seem to have the incentive to break out of them. Try to stay calm if you can.

28 FRIDAY ☿ *Moon Age Day 3 Moon Sign Virgo*

Energy could still be lacking, but if that worries you, bear in mind that the lunar low only lasts for a couple of days, and rather than being concerned that you don't seem to be getting ahead, think in terms of forward planning. Knocking your head against a brick wall isn't likely to help at all under present trends.

29 SATURDAY ☿ *Moon Age Day 4 Moon Sign Virgo*

There could be a few personal disappointments to be faced today, though in the fullness of time these won't seem so bad, and it's simply a case of realising that you are looking on the black side. Let situations take their own course and allow others to make the running, at least for now.

30 SUNDAY *Moon Age Day 5 Moon Sign Libra*

You shouldn't take anything for granted now at a personal level. You may not be everyone's cup of tea today, but you need to be realistic and to avoid reactions that are out of proportion with reality. Even if spending a little time on your own seems attractive today, you might be better off finding some enjoyment with friends.

31 MONDAY *Moon Age Day 6 Moon Sign Libra*

Venus remains in your solar fifth house and is one of the major influences when it comes to attracting newcomers into your life. This is particularly true for Pisces people who are looking for romance that might lead to something long term. Friends generally could seem to be more approachable than they have been recently.

August 2006

1 TUESDAY *Moon Age Day 7 Moon Sign Scorpio*

Recent efforts should now begin to show positive results. You can gain more control over your working environment and can attract assistance from unexpected directions. You can enlist valuable support from a number of different people and should be quite keen to put in that extra effort that will make all the difference.

2 WEDNESDAY *Moon Age Day 8 Moon Sign Scorpio*

A day to open yourself up to the unusual. This should assist you to move into the social spotlight as you continue to broaden your horizons. From an emotional point of view you are now less vulnerable that might sometimes be the case, and can talk openly about the way your mind is presently working.

3 THURSDAY *Moon Age Day 9 Moon Sign Scorpio*

If you allow yourself to be too assertive today, a friendship or even a deeper sort of relationships can offer problems further down the line. As a rule you are diplomatic and charming, qualities that you really do need to display at the moment. Conforming can be difficult, but is quite important under present trends.

4 FRIDAY *Moon Age Day 10 Moon Sign Sagittarius*

Now you can improve your lot by being in touch with people who inspire you. There are many possibilities that present themselves right now and in terms of your professional life you should be showing a greater amount of initiative. Hunches are worth following, because you have the ability to follow them through.

5 SATURDAY *Moon Age Day 11 Moon Sign Sagittarius*

Every effort should be made to leave doors open, especially when it comes to new relationships that are just developing. Even if you are still in the right frame of mind to take the initiative, in all probability this won't be necessary right now. In many spheres of your life the first and most simple observation will be the best one.

6 SUNDAY *Moon Age Day 12 Moon Sign Capricorn*

Looking after your own life is now a must and you probably won't take kindly to others interfering in your daily routines. In reality you might be best off relaxing a little. After all, the summer is really here now and you could gain a great deal by getting out into the fresh air with your partner or like-minded friends.

7 MONDAY *Moon Age Day 13 Moon Sign Capricorn*

Benefits and support come from teamwork issues, and friends may help to put your personal life into a better context. This is definitely a day on which you should co-operate and during which you can get a great deal done. There are signs that you may be coming near to the end of a specific task that has been on your mind.

8 TUESDAY *Moon Age Day 14 Moon Sign Aquarius*

You can expect the unexpected as far as your love life is concerned around this time. You may not seem to be getting your own way, but in the end you can bring people round to your specific point of view. Entertaining might be fun, and you have scope to do your best to enjoy what the summer has to offer.

9 WEDNESDAY *Moon Age Day 15 Moon Sign Aquarius*

You may now run into some unavoidable setbacks and could be quieter than you have been recently. The Moon in your solar twelfth house is the culprit, but any difficulties shouldn't last long. The attitude of friends might be somewhat awkward to accommodate with the way your own mind is working around now.

10 THURSDAY *Moon Age Day 16 Moon Sign Aquarius*

Before today is out you can take advantage of a general upward trend in your life, but this may not make itself felt until the evening. In the meantime trends encourage you to remain circumspect and not to push your ideas forward, even if you are sure in your own mind that you know what you are doing.

11 FRIDAY *Moon Age Day 17 Moon Sign Pisces*

By pulling strings at work it should now be possible to progress quickly and to get what you want from life in most ways. The lunar high gives you the ability to chance your arm, with every likelihood of success. You can persuade people to listen to what you are saying and trust your judgement automatically.

12 SATURDAY *Moon Age Day 18 Moon Sign Pisces*

There is an enhancement to relationships brought about by the present position of the Moon. This is the time to tell others exactly how you feel about them and a period during which you can afford to be firing on all cylinders. Don't wait to be asked, because you have to take the initiative as much as possible now.

13 SUNDAY *Moon Age Day 19 Moon Sign Aries*

There is a strong focus on luxury and the good things in life coming along for this Sunday. Getting out with friends or relatives would be no bad thing, because you perform better in groups as far as social trends are concerned. You tend to act very much on impulse right now but that can work well in the short term.

14 MONDAY *Moon Age Day 20 Moon Sign Aries*

This is a time of physical efficiency during which you can afford to burn up masses of energy and do yourself some good on the way. Others might find it difficult to maintain the sort of pace you are setting and could be surprised by your attitudes and actions around now.

15 TUESDAY *Moon Age Day 21 Moon Sign Taurus*

You can capitalise on strong support when you make choices today, especially at work. You can convince colleagues to fall in line with your opinions, and it is clear that your mind is focused. When you are not at work, intellectual pursuits of one sort or another are most likely to appeal to you.

16 WEDNESDAY *Moon Age Day 22 Moon Sign Taurus*

You should now be able to get many of your goals on target and can achieve beneficial results from most of your present efforts. Don't be sold short by anyone who has a vested interest in putting you down. Now is the time to stick up for what you believe to be true, even in the face of criticism.

17 THURSDAY *Moon Age Day 23 Moon Sign Gemini*

Even if intimate relationships now seem settled and cheerful, there could be one or two slight difficulties with family members or friends. The problem could be that you find it temporarily difficult to get on side with those who seem determined to throw a spanner in the works. Your usual patience is the key.

18 FRIDAY *Moon Age Day 24 Moon Sign Gemini*

A calmer time on the domestic scene is now possible, and probably a better understanding with friends. You may well decide to do something simple at home, particularly if you aren't anxious to get ahead at the moment. Some Pisces individuals could already be planning for the weekend.

19 SATURDAY *Moon Age Day 25 Moon Sign Cancer*

Payback can arise through taking the initiative in matters of the heart and you might also achieve an objective that might have looked a long way off. Beware of getting tied down with petty rules and regulations this weekend. Your best approach is to find a clear horizon during which you can do more or less whatever pleases you.

20 SUNDAY *Moon Age Day 26 Moon Sign Cancer*

It looks as though there is plenty to be done in a practical sense, and finding the space necessary to do what you want might be difficult. You tend to go from one job to the next though you can make these enjoyable if you plan ahead a little. Friends might be happy to join in, turning chores into pleasure.

21 MONDAY *Moon Age Day 27 Moon Sign Leo*

Mercury is now in your solar sixth house and this offers a period during which you can sustain and enhance all practical matters. You are certainly on the ball as far as work is concerned and if you have been looking for advancement, your time may well be coming. Why not listen to the considered opinion of friends?

22 TUESDAY *Moon Age Day 28 Moon Sign Leo*

Another strong focus on detail enables you to get all manner of things sorted out today. You are able to look specifically into the very heart of matters and this gives you extra power to alter and influence as necessary. There may now be less of a reliance on the opinions of others, no matter how well intentioned they are.

23 WEDNESDAY *Moon Age Day 0 Moon Sign Leo*

It is important to see situations from the position of others, and recent trends make this less likely for the moment. It is true that you have a great ability to get things right on your own, but you don't want those you care about to feel left out in the cold. At least give the impression that you are taking their opinions on board.

24 THURSDAY *Moon Age Day 1 Moon Sign Virgo*

A desire to escape responsibility could be the temporary response to the lunar low. As a direct contrast to recent days, you may now be more willing than ever to let those around you take the lead. This is a form of seesawing that they might find difficult to understand. Your kind nature usually wins out in the end though.

25 FRIDAY *Moon Age Day 2 Moon Sign Virgo*

Your capabilities may not be up to the mark today, or at least that is the way you could feel. Don't take on more than is reasonable and give yourself the time you need to rest. There may well be people in your immediate vicinity who have some important and possibly even slightly shocking revelations to impart.

26 SATURDAY *Moon Age Day 3 Moon Sign Libra*

The Sun has now moved into your solar seventh house. This is a more favourable influence with regard to personal relationships. Even if there is some good advice to be had, you need to listen carefully because something that is being said might be deliberately intended to deceive.

27 SUNDAY *Moon Age Day 4 Moon Sign Libra*

Pressure from relationships is now possible, and you would be wise not to react too strongly if it appears that someone is trying to goad you. Getting your own way shouldn't be difficult if you employ a little psychology. There are some unusual trends around at the moment and that means a rather 'different' sort of day.

28 MONDAY *Moon Age Day 5 Moon Sign Libra*

Relationship matters may not feel too secure under present astrological trends but once again you should discover that if you use a careful approach you can still get what you want from most individuals. It is when others screw up that you have scope to come good, and there are gains to be made as a result of your unique efforts.

29 TUESDAY *Moon Age Day 6 Moon Sign Scorpio*

You can make the most of social prospects that are far more rewarding than might have been the case over the last few days. Don't be too keen to take on new challenges, at least until tomorrow. Someone you see very rarely could be making an appearance in your life, and they offer bright and enticing incentives.

30 WEDNESDAY *Moon Age Day 7 Moon Sign Scorpio*

Long-distance travel is a possibility for some Pisces subjects at this time, but just about any sort of journey tends to suit you under present trends. Sticking to routines might seem a bore and you need new stimulus in your life if you really want to enjoy the day. Even casual conversations can offer information that is invaluable.

31 THURSDAY *Moon Age Day 8 Moon Sign Sagittarius*

There are signs that work and practical matters could occupy your mind a good deal today. There is a strong atmosphere of co-operation about and you can enjoy yourself when with people whose minds work along the same track as yours. Confidence to push yourself forward shouldn't be lacking, either now or approaching the weekend.

September 2006

1 FRIDAY *Moon Age Day 9 Moon Sign Sagittarius*

A new month starts with encouragement to show a high profile and a determination to get your own way. There are strong incentives where career matters are concerned, but even these pale into insignificance when set against what is on offer socially and romantically. This could be an altogether rewarding day.

2 SATURDAY *Moon Age Day 10 Moon Sign Capricorn*

The greater your social interests today, the more you have scope to enjoy everything that is on offer. Joint ventures are well starred, whether these are associated with work or leisure. Confidence to say and do the right thing is still present, and trends assist you to meet a stream of interesting and stimulating people.

3 SUNDAY *Moon Age Day 11 Moon Sign Capricorn*

A continued high regarding social interest is forecast for today. You probably won't want to get bogged down with tasks you hate and would be wise to leave certain matters until another day. You are probably coming quite close to the end of a specific phase in your life, but this is no time to be rushing your fences.

4 MONDAY *Moon Age Day 12 Moon Sign Capricorn*

Some of your most successful hours of the month can be achieved today as you work alongside others. There is the possibility for a sort of 'oneness' that might have been missing in working relationships recently. Away from the professional scene, you can afford to accommodate the wishes of family members.

5 TUESDAY *Moon Age Day 13 Moon Sign Aquarius*

Time spent in solitude is certainly not wasted around now. Pisces people need a little isolation from time to time in order to get their heads straight. You could be thinking through all sorts of situations, but in the main you need to meditate. Why not take yourself off to a park or somewhere beautiful in the country?

6 WEDNESDAY *Moon Age Day 14 Moon Sign Aquarius*

Try to avoid useless conflicts in relationships or at work. You are probably still not really in the mood to throw yourself fully into any situation that means aggression or confusion. There are ways around any situation if you look carefully, and today does offer plenty in the way of personal happiness, even if practical situations are difficult.

7 THURSDAY *Moon Age Day 15 Moon Sign Pisces*

Things change rapidly this month, and today is no exception. From being potentially isolated and introspective, the lunar high could be like being fired out of a cannon. All your enthusiasm comes together to allow forward progress in a number of different ways. Friends might offer some very important practical assistance.

8 FRIDAY *Moon Age Day 16 Moon Sign Pisces*

This would be an excellent time to take a leading role and to show people what you are made of. There's nothing quiet about Pisces today, and you have what it takes to share your unique ideas with anyone who will listen. You can also afford to push your luck more than has been the case so far this month.

9 SATURDAY *Moon Age Day 17 Moon Sign Aries*

Work-wise and financially, your power to attract just the right circumstances remains particularly strong. The same positive trends surround your personal life and it is possible that romance flourishes at the moment. Conventions might not seem so appealing, and there is little doubt that you are now doing your own thing.

10 SUNDAY *Moon Age Day 18 Moon Sign Aries*

Trends suggest you might be up against a few challenges when it comes to keeping yourself organised today. It's late in the year for a springclean, but that is what elements of your life actually need. Don't burden yourself with too many obligations because you need the time to straighten out whatever is bothering you.

11 MONDAY *Moon Age Day 19 Moon Sign Taurus*

Watch out for new information that comes along that is related to a particular personal plan that might have been on your mind for a while. This is a time during which you can get your ideas across to others in a very effective way. The responses you get from them should prove positive and inspiring.

12 TUESDAY *Moon Age Day 20 Moon Sign Taurus*

You can enjoy an improved social and romantic period whilst the Sun remains in your solar seventh house. The odd, the unusual and the downright weird might have a particular fascination for you under present trends, so don't be surprised if at least a few people look at you askance around this time.

13 WEDNESDAY *Moon Age Day 21 Moon Sign Gemini*

You might be just a little too sensitive to what others think about you now. This temporary trend is brought about by the position of the Moon, which also inclines you to be rather too worried about any form of competition. Just keep telling yourself that you are equal to the task and all should be well.

14 THURSDAY *Moon Age Day 22 Moon Sign Gemini*

There seems to be plenty of potential for good times in all relationships now. Making new friends shouldn't be at all difficult and you can make yourself flavour of the month as far as most people are concerned. Your natural shyness won't be an obstacle under present trends and you practically shine in social situations.

15 FRIDAY *Moon Age Day 23 Moon Sign Cancer*

This is a time for renewal and a period during which you can dump anything that hasn't been working the way you would have wished. If this seems a little cavalier and perhaps even brutal, just think about what will happen if you keep working on projects that don't have a hope of working out the way you would wish.

16 SATURDAY *Moon Age Day 24 Moon Sign Cancer*

Creative self-expression is an important factor in your life around this time. Exciting social and romantic opportunities exist for the weekend, though you will have to make the most of them and shouldn't hold back when it comes to seizing the moment. The fulfilment of a particular wish could be high on your agenda.

17 SUNDAY *Moon Age Day 25 Moon Sign Cancer*

Your feelings may well be stimulated by the chance meetings that come along. Intuition is particularly strong right now and you probably won't want to dwell too much on logic and common sense. There are times when it is important for Pisces to do what simply seems right, and today is such an interlude.

18 MONDAY *Moon Age Day 26 Moon Sign Leo*

You might try to bring a bit more subtlety to certain situations today, though lacking this particular skill is not generally a problem for your birth sign. There is just a possibility that you are not fully taking into account the strength of feeling coming from others. You can blame the position of Mars for this slight hiccup.

19 TUESDAY *Moon Age Day 27 Moon Sign Leo*

Almost everything powerful in your solar chart today is about being efficient. You would be wise to deal with matters one at a time and in the order of their importance. If you try to complete all tasks at the same time you are likely to get yourself in a frightful muddle. You can attract assistance if you decide you need it.

20 WEDNESDAY *Moon Age Day 28 Moon Sign Virgo*

There is likely to be a degree of uncertainty around for the next few days. This comes from the position of the Moon in your opposite zodiac sign. Instead of getting on with anything new, your best response is to deal with situations that are nearly resolved and clear the decks for actions that come towards the end of the week.

21 THURSDAY *Moon Age Day 29 Moon Sign Virgo*

Get as much rest as you can today and avoid being stressed by taking on more than is necessary. You could be a little short-tempered and probably won't have the amount of patience that usually typifies your nature. Your imagination remains strong, a fact that can prove to be of tremendous use in all sorts of ways.

22 FRIDAY *Moon Age Day 0 Moon Sign Virgo*

Even if you are still not on top form, you can improve things as the day goes on. Take situations one at a time and don't be worried about having to seek a little assistance, especially in a professional sense. You can be very diplomatic and can make others feel that by helping you they are doing something worthwhile.

23 SATURDAY *Moon Age Day 1 Moon Sign Libra*

A joint financial issue can be addressed today. You have what it takes to be much more positive than has been the case since the beginning of the week and can even afford to take the odd chance. This should not be a weekend that is simply about getting on, but rather a time during which you can find some personal enjoyment.

24 SUNDAY *Moon Age Day 2 Moon Sign Libra*

Do exercise some caution when you are dealing with people you know to be a little touchy. It isn't anything you are doing that throws a spanner in the works, but there are probably difficulties associated with close attachments. It might be better to spend more time with friends today and less with relatives.

25 MONDAY *Moon Age Day 3 Moon Sign Scorpio*

You can make sure your social life is on a roll at the beginning of this week, and the only real difficulty is likely to be in trying to get everything done that represents practical necessities. One or two jobs might have to be shelved because you are far keener to enjoy your interactions with others than you are to be working.

26 TUESDAY *Moon Age Day 4 Moon Sign Scorpio*

The time has come to put a great deal of effort into establishing your own security. Wherever any setbacks arise you need to remain positive because it is possible you are not showing enough confidence in yourself under present trends. Friends can be especially warm and loving – and in some cases stifling!

27 WEDNESDAY *Moon Age Day 5 Moon Sign Sagittarius*

Trends suggest that today you seek freedom of movement and probably won't take kindly to any situation that finds you being restrained or kept in the same place for too long. It's a sort of mental claustrophobia that sometimes overtakes the Piscean mind. Do anything you have to in order to feel you have sufficient mental space.

28 THURSDAY *Moon Age Day 6 Moon Sign Sagittarius*

You may well have good, practical ideas for professional advancement, but putting them into action could prove just a little problematic now. You need to be very discriminating and even a little ruthless if you really want to get on well. You can afford to tell yourself that you deserve to be listened to because in the main it's true.

29 FRIDAY *Moon Age Day 7 Moon Sign Sagittarius*

Now you can overcome any problems that have been lurking in the corners of your life for the last few weeks. Your ability to see ahead clearly has rarely been better and you will be able to use both practical common sense and your strong intuitive qualities in order to end the working week on a high note.

30 SATURDAY *Moon Age Day 8 Moon Sign Capricorn*

There are good social trends for the weekend. An excellent opportunity exists to form new friendships and to strengthen personal and romantic ties. What you probably won't want to do much today is finish off jobs in and around your home, especially ones that are without personal interest for you.

October

2006

1 SUNDAY *Moon Age Day 9 Moon Sign Capricorn*

This is another good time to plan and organise joint projects and to find new ways to have fun. Any sort of sporting activity looks especially rewarding under present trends and you could be much more competitive than would usually be the case. You would be wise to stay away from family arguments that you didn't have any part in creating.

2 MONDAY *Moon Age Day 10 Moon Sign Aquarius*

Everyday progress may be upset if emotional issues come along to shake your equilibrium. How you react to these is entirely up to you but there isn't much point in allowing them to rule your day. If you must worry about anything, your best approach is to set yourself a time limit for agitation and then get on with other things.

3 TUESDAY *Moon Age Day 11 Moon Sign Aquarius*

You tend to be rather too idealistic for your own good around this time, which isn't untypical for the zodiac sign of Pisces. A good dose of realism is called for, together with the recognition that you can actually get life to go your way if you remain sensible. Why not ask for the advice of someone older or wiser?

4 WEDNESDAY *Moon Age Day 12 Moon Sign Pisces*

The lunar high offers a potentially lucky time and a period during which things could even fall into place of their own accord. You can gain support from those who are higher up the ladder than you are and can use it to make the most of a get-up-and-go interlude that offers new incentives throughout the day.

5 THURSDAY *Moon Age Day 13 Moon Sign Pisces*

The green light is showing and there is no reason at all why you shouldn't be getting on very well in most spheres of your life. There is a natural tendency to take up the baton and run with it. If those around you recognise this fact, they should be more than happy to follow your lead in most matters.

6 FRIDAY *Moon Age Day 14 Moon Sign Pisces*

You have what it takes to ensure that relationship encounters are light-hearted and to alter the rather entrenched ideas of others. Pisces is at its brightest and best just now and there are new incentives to follow. Not everyone you meet will seem to be on your side but you also have strong persuasive powers under present astrological trends.

7 SATURDAY *Moon Age Day 15 Moon Sign Aries*

You should now be able to build upon recent successes and the weekend, though sometimes making great demands on you, is one that you will find to be useful and in some way different. Beware of getting bogged down by details, especially in social matters. You can easily get to where you want to go, though you have to flexible.

8 SUNDAY *Moon Age Day 16 Moon Sign Aries*

It could be a case of one step forward and two back in some situations today. It might be best to avoid a clash of wills and to stick to your own convictions fairly quietly for the moment. Arrangements may have to be altered and you might get rather annoyed if others don't come up with the goods they have promised.

9 MONDAY *Moon Age Day 17 Moon Sign Taurus*

Mental energies are highlighted today and you can get yourself in the right frame of mind to tackle any issues that might have intimidated you in the past. Nothing is missed as you push forward on all fronts and show the world that you are capable of being a go-getter. You might need to be a little circumspect in romantic matters.

10 TUESDAY *Moon Age Day 18 Moon Sign Taurus*

Although you enter a potentially quieter period today, you still have what it takes to be discriminating and shouldn't easily be fooled by anyone. With the Moon now in your solar fourth house you may well decide to find more time for home-based matters and talking more to family members who need your advice.

11 WEDNESDAY *Moon Age Day 19 Moon Sign Gemini*

This would be an excellent day for bringing almost any sort of matter to a head, but you need to be slightly careful how you go about doing it. Trends suggest you may lack some of your usual tact and might not be half as understanding as people expect you to be. Try to show a little sympathy to anyone who fouls up.

12 THURSDAY *Moon Age Day 20 Moon Sign Gemini*

You need to take stock of what is turning out harmoniously for you and perhaps concentrate on those matters. It might seem as though you are a long way from achieving a particular objective, but if you take advantage of a helping hand, this can make all the difference. Slow and steady wins races now.

13 FRIDAY *Moon Age Day 21 Moon Sign Cancer*

Relationships issues could be subject to intense emotional moments. Your best approach is to keep a sense of proportion and try to be steady in your reactions. What you don't need at the moment is other people telling you how you should react under any given circumstance. Even here, you need to be careful not to fire off at them.

14 SATURDAY *Moon Age Day 22 Moon Sign Cancer*

A period of higher spirits is on offer, enhancing your sense of adventure. Little Mercury allows you to bring a dose of excitement into your life for the weekend and so you may be a lot chattier than has been the case so far this week. A day to ring the changes where possible and to stay away from things that bore you intensely.

15 SUNDAY *Moon Age Day 23 Moon Sign Leo*

Pressures that exist around you generally leave you unfazed. You have what it takes to rise above situations that normally pressure you and you tend to smile a great deal today. When Pisces is optimistic, almost anything becomes possible and you shouldn't have any trouble attracting a good deal of positive attention.

16 MONDAY *Moon Age Day 24 Moon Sign Leo*

This is as good a time as any to really enjoy intimate relationships. The position of the planet Venus is ideal for telling the one you love the most just how important they are to you and the reaction you can attract could be very positive. Some Pisceans will be choosing this time to take a well-earned break or even a holiday.

17 TUESDAY *Moon Age Day 25 Moon Sign Virgo*

Daily issues might now look less positive as the lunar low bears down on you. All the same, you have plenty of supporting planets around and that could mean that apart from a slight tendency to look on the black side, you needn't let the lunar low affect your life during October. Don't slow down where major efforts are concerned.

18 WEDNESDAY *Moon Age Day 26 Moon Sign Virgo*

They say a change is as good as a rest and that certainly seems to be the case as far as you are concerned. There is no sense in trying to keep track of everything that is going on around you and it would be advantageous to allow others to take some of the strain in matters that are not of supreme importance.

19 THURSDAY *Moon Age Day 27 Moon Sign Virgo*

Even if you are still feeling somewhat lacking in enterprise and initiative, this temporary trend weakens as today grows older. Now is the time to look at a particular work-related issue in greater detail and if you can use today to do some sort of research, so much the better. A more confident phase is just around the corner.

20 FRIDAY *Moon Age Day 28 Moon Sign Libra*

Personal ambitions may be slightly less focused than you might wish, but that needn't matter if you can take a broad overview of life. You would be wise to concentrate on what you know you can do well at work, but by the time the evening comes along, you should have scope to try something new.

21 SATURDAY *Moon Age Day 0 Moon Sign Libra*

Beware of taking on any more duties than you have to. You are going to work at your best when you know what is expected of you and whilst moving on at your own pace. Any form of supervision probably won't be appreciated because you prefer to do things in your own way. Nevertheless you can remain generally tactful.

22 SUNDAY *Moon Age Day 1 Moon Sign Scorpio*

Once again a bout of sheer optimism is available to you. This is a bit of a roller coaster of a month when it comes to your attitude to life and that might make it somewhat difficult for others to follow your attitude. You might even shock one or two people today with your determination to be cheerful.

23 MONDAY *Moon Age Day 2 Moon Sign Scorpio*

The Sun has now moved into your solar ninth house, where it remains for the next month or so. This brings a good time for expanding social interests and a period during which you are encouraged to meet as many new faces as you can. For the moment you have scope to make a personal attachment more secure.

24 TUESDAY *Moon Age Day 3 Moon Sign Scorpio*

The time is right to make up your mind about proposed career changes, and if you cannot do so, to look to the advice of people who know the situation and also know you. In the end you have to choose for yourself but the different perspective that can be brought to bear by friends could still be very useful.

25 WEDNESDAY *Moon Age Day 4 Moon Sign Sagittarius*

Though you need to push your own ideas forward under present trends, you should still be prepared to listen to what others think. This is probably one of the very few days of the year on which you could be accused of being selfish, but the accusation is only slightly true. You do have the right to self-choice.

26 THURSDAY *Moon Age Day 5 Moon Sign Sagittarius*

You should now be entering a more mentally fulfilling interlude and the sense of 'movement' in your life is likely to be very welcome. You needn't hold fast to what you know, but can show yourself willing to change when necessary. A definite breeze of opportunity seems to be blowing through your life.

27 FRIDAY *Moon Age Day 6 Moon Sign Capricorn*

There may be a slight sense of restlessness, which is brought about by the very same planetary trends that show promise of new times ahead. If you find yourself jumping about from foot to foot, why not look to do something new and even revolutionary? You might shock some people, but that's no bad thing either.

28 SATURDAY ☿ *Moon Age Day 7 Moon Sign Capricorn*

Trends suggest that a friend might have some inspiring news. Even if this doesn't have a bearing on your life you should be pleased for them. There are excellent trends around that say 'have a chat with someone you like'. You don't actually have to achieve anything at all today, because life seems to be arranging itself pretty effectively.

29 SUNDAY ☿ *Moon Age Day 8 Moon Sign Aquarius*

Much is positively highlighted in the world of communication. Meetings offer scope for significant rewards and you need to continue to do all you can to broaden your horizons generally. Routines are definitely for the birds and you can bring a fresh and inspiring quality to almost everything you do.

30 MONDAY ☿ *Moon Age Day 9 Moon Sign Aquarius*

At the start of a new week you have what it takes to remain generally optimistic and to look forward to tasks that normally cause you to be nervous. Pisces is really firing on all cylinders, even if you can't be quite as voluble as you will be by Wednesday. A twelfth-house Moon could hold you back just slightly.

31 TUESDAY ☿ *Moon Age Day 10 Moon Sign Aquarius*

When it comes to discussions and debate a more relaxed atmosphere is now possible. There may have been times during October when you were tense and didn't communicate quite as well as you might. Those times are now over and you can commit yourself fully to co-operation and to seeing the other person's point of view.

November
2006

1 WEDNESDAY ☿ *Moon Age Day 11 Moon Sign Pisces*

A new month coincides with the lunar high and assist you to start November in a very positive frame of mind. A very influential figure may well enter your life at this time and you can show yourself to be generally good at changing with circumstances. You can afford to push your luck much more under prevailing trends.

2 THURSDAY ☿ *Moon Age Day 12 Moon Sign Pisces*

There is every reason to believe that you can get life to go your way at the moment. Most circumstances seem to be working to your distinct advantage but a lot of this is down to your own positive attitude. Creative potential is especially good and you have what it takes to turn heads in a personal sense.

3 FRIDAY ☿ *Moon Age Day 13 Moon Sign Aries*

Positive trends are still in operation as far as work is concerned and those amongst you who have recently started a new job can use these to get into the groove. With everything to play for in romance too, this should be one of the most positive phases you have encountered for some time.

4 SATURDAY ☿ *Moon Age Day 14 Moon Sign Aries*

Exchanges of ideas that come along today could prove to be quite inspiring. You should make the most of any excitement that is on offer around now, probably brought about by chance meetings or new associations. Sporting Pisces types should really be going for gold under present planetary trends.

5 SUNDAY ☿ *Moon Age Day 15 Moon Sign Taurus*

Trends encourage a strong urge for freedom and the pursuit of unusual adventures. Travel is positively in the spotlight and you may not be content to stay in the same place all the time. With an exciting time possible, you might have trouble keeping up with home-based chores and may decide to rely on the good offices of others.

6 MONDAY ☿ *Moon Age Day 16 Moon Sign Taurus*

This is a period during which it ought to be possible for you to attend to many different things at the same time. You have what it takes to show the best of your nature to the world at large, and very little should faze you. You can also ensure that significant attention is being paid to your opinions around now.

7 TUESDAY ☿ *Moon Age Day 17 Moon Sign Gemini*

There are signs that the advice of a loved one could prove to be very important. You are probably far better off listening today rather than being the one who is handing out the homilies. Routines could feel fairly comfortable and you may decide to settle for second-best on occasions, rather than having to push yourself.

8 WEDNESDAY ☿ *Moon Age Day 18 Moon Sign Gemini*

Venus offers a potentially rewarding period during which you are fully in contact with the world beyond your door. You can tap into more energy than was available yesterday, and part of this comes about because other people seem to trust your judgement so much. This would be a good day for a journey.

9 THURSDAY ☿ *Moon Age Day 19 Moon Sign Cancer*

A discussion could be the cause of some irritation, which is why it might be best not to get too involved today if you can avoid doing so. A day to stick to what you know and to keep to your own little corner if you feel in any way threatened. Venus is still supporting you, and personal attachments are well starred.

10 FRIDAY ☿ *Moon Age Day 20 Moon Sign Cancer*

A varied and interesting life now beckons again and some of the slightly negative trends of the last few days seem to be disappearing. You have the ability to function extremely well in company and can find exactly the right words to influence those around you, particularly at work. The evening offers you scope to enjoy a total change.

11 SATURDAY ☿ *Moon Age Day 21 Moon Sign Leo*

There are some excellent influences around when it comes to looking and planning ahead. With plenty of positive feedback available and a desire to break the bounds of the credible, you can make this a rewarding and stimulating interlude. The opinions of friends could vary wildly now.

12 SUNDAY ☿ *Moon Age Day 22 Moon Sign Leo*

Discussions to do with travel can be the cause of irritation, especially if others are not on the same wavelength as you are. You need to be rather more assertive than of late if you don't want to be left at the back of any particular queue. The closer you get to finishing a specific task, the more awkward it might seem to be.

13 MONDAY ☿ *Moon Age Day 23 Moon Sign Virgo*

It is towards your social life that trends encourage you to turn your mind, and travel arrangements could be your second-best area just at the moment. There's no harm in standing still for a while. All Pisces people need interludes during which they can meditate and plan for the future. The lunar low offers just such a time.

14 TUESDAY ☿ *Moon Age Day 24 Moon Sign Virgo*

Plans of action are not favoured as the lunar low continues. You may not be on top form and could seem to be walking through treacle, especially where your professional life is concerned. This is nothing but a short interlude, and so there is no need to react adversely to present happenings.

15 WEDNESDAY ☿ *Moon Age Day 25 Moon Sign Virgo*

Certain issues at the moment are like fruit – you can't force them on but have to wait until they are ripe. Trying to rush will only lead to mistakes, whereas if you are patient, you can make sure that what you want will come your way. You would be wise to keep an open mind about travel plans for the future, but don't commit yourself yet.

16 THURSDAY ☿ *Moon Age Day 26 Moon Sign Libra*

It is possible that emotional relationships and issues between yourself and your partner can seem more trouble than they are worth at first today. You need to keep life simple and you haven't really got the time or the inclination to be involved in disputes at work either. A day to stick to your corner, at least until later.

17 FRIDAY ☿ *Moon Age Day 27 Moon Sign Libra*

Venus is now in your solar tenth house and that could prove to be of significant help at work. Things may not have been going exactly the way you would have wished of late and incentives have been lacking. Now, with a combination of input from others together with your own new ideas, you can get things back on track.

18 SATURDAY ☿ *Moon Age Day 28 Moon Sign Scorpio*

You can make this a time of versatility and mental dexterity. Having several interests on the go at the same time could be rewarding, and there isn't any doubt about your ability to turn heads in social and romantic situations. Just be careful you don't inspire a little unnecessary jealousy in someone else.

19 SUNDAY *Moon Age Day 29 Moon Sign Scorpio*

This is a time during which you need to think expansively and to work to the best of your abilities. Although this might not be particularly relevant in a working sense today, you do have the ability to get things sorted out for the week ahead, because the positive trends surrounding you now will be around for a few days.

20 MONDAY *Moon Age Day 0 Moon Sign Scorpio*

It might be quite easy for others to take exception to your views today but that is hardly your fault. You can't please all of the people all of the time, and there's no real point in trying to do so. If you stick to your guns and remain confident, you can persuade those who are important to follow your reasoning.

21 TUESDAY *Moon Age Day 1 Moon Sign Sagittarius*

You would do well to follow innovative ideas that have potential to be quite profitable in the fullness of time. The best guide at the moment is your own intuition, which is especially strong. The area of life most worthy of concentration is work, but that doesn't mean you can't have a good time later.

22 WEDNESDAY *Moon Age Day 2 Moon Sign Sagittarius*

Planetary influences now suggest that certain meaningful ambitions are within your reach. You have what it takes to get higher-ups to offer a helping hand perhaps even new incentives and responsibilities. It is up to you to prove that you are equal to the task. This could also be a good time romantically.

23 THURSDAY *Moon Age Day 3 Moon Sign Capricorn*

This is likely to be one of those days during which you have scope to shine like the morning star. Just about everything possible comes together in an astrological sense to offer some of the best incentives of the month. In particular you can make sure that you are being looked at by others with a combination of admiration and awe.

24 FRIDAY *Moon Age Day 4 Moon Sign Capricorn*

Group, teamwork and all social matters can be made to work well for you now. If you are determined to keep life varied and interesting, you can get plenty of help to do so. Chances are that you will do equally well at work or in social situations. You might have to be just a little careful not to give someone the wrong romantic impression.

25 SATURDAY *Moon Age Day 5 Moon Sign Aquarius*

Remember that you can't please everyone and you shouldn't go far wrong today. There is just a chance that someone thinks you are too confident for your own good, perhaps with regard to a single issue. Try to explain yourself, but not for too long. At the end of the day you need your energy to prove your opinions.

26 SUNDAY *Moon Age Day 6 Moon Sign Aquarius*

If efficiency is not as pronounced as you would wish today, thank the position of the Moon in your solar twelfth house. This would not be the best time to try and move people who are determined to be stubborn. Save your resources for situations that are already starting to go the way you would wish.

27 MONDAY *Moon Age Day 7 Moon Sign Aquarius*

You may be on to a winner where career matters are concerned. For some days now the Sun has been in your solar tenth house and from this position it brings new incentives and an ability to cut through any red tape that has got in your way recently. An open attitude is best in most situations under present influences.

28 TUESDAY *Moon Age Day 8 Moon Sign Pisces*

The lunar high arrives and should bring with it the chance to make this one of the more fortunate periods during November. You can be especially intuitive now and very resourceful. This is a time during which you really do have to believe in yourself, because when it is obvious that you do, you can convince everyone else to fall in line.

29 WEDNESDAY *Moon Age Day 9 Moon Sign Pisces*

A day to take advantage of the very promising influences that stand around you now. You can be bright, easy-going, adventurous and very good to know. What more could the world ask? Most important of all you need to believe in yourself because there is very little that lies beyond your capabilities now.

30 THURSDAY *Moon Age Day 10 Moon Sign Aries*

The opportunities for monetary advancement are especially good at the moment. You can afford to chance your arm a little more and once again you need to rely on your intuition to offer the best incentives. When it comes to your personal life it looks as though you can turn this into a varied but quite stimulating time.

December

2006

1 FRIDAY *Moon Age Day 11 Moon Sign Aries*

Trends encourage you to be assertive and even quite outspoken around now. The present position of Mars in your solar chart calls upon you to let people know the way you feel about almost everything and this can prove shocking to them if it's not what they expect from you. Still, it doesn't do any harm to shake things up now and again!

2 SATURDAY *Moon Age Day 12 Moon Sign Taurus*

If you would prefer to be on the move this weekend, you may decide to involve yourself in a variety of different interests. All the same, there might be one special goal that is worth pursuing and you need to keep this close to the forefront of your mind. Chance meetings could have far-reaching implications.

3 SUNDAY *Moon Age Day 13 Moon Sign Taurus*

This could prove to be a rather fortunate day in a professional sense, though this won't be of any use unless you work during the weekend. On a social level you have scope to mix with new friends, or maybe to take a new look at old contacts. There might not be any financial rewards today but the personal ones look good.

4 MONDAY *Moon Age Day 14 Moon Sign Gemini*

Though there might be a few let-downs to contend with today, in the main you can make the day run fairly smoothly. You can probably rely pretty much on the good offices of friends and might also discover something to your advantage at work. It's really a case of keeping your eyes open to get the best from today.

5 TUESDAY *Moon Age Day 15 Moon Sign Gemini*

You are entering a forward-looking and progressive little phase that lasts between now and the end of the week. At the moment you are most responsive to the position of the Sun in your solar chart and there are good potentials to reap rewards of one sort or another. A day to keep up a sensible pace with any subject matter that puzzles you.

6 WEDNESDAY *Moon Age Day 16 Moon Sign Cancer*

It is now possible for you to elicit the very best of responses from loved ones. Domestic matters could be on your mind but that needn't prevent you from making generally good progress in practical matters too. Keep an eye open for the chance to pursue a little adventure.

7 THURSDAY *Moon Age Day 17 Moon Sign Cancer*

Where professional details are concerned you should be very much on the ball. You needn't wait to be asked today but can afford to take what you need from life as your right. This up-front behaviour on your part might be a bit of a puzzle to some of those you mix with, but it never does any harm to upset the applecart just a little.

8 FRIDAY *Moon Age Day 18 Moon Sign Cancer*

This ought to be a very favourable day for all practical matters, but beware of leaving current projects until it's too late. You need to be flexible at the moment and to respond to situations as and when necessary. Romance could be available later and you can plan now for a generally good weekend ahead.

9 SATURDAY *Moon Age Day 19 Moon Sign Leo*

Trends assist you to benefit greatly today from discussions, and you need to stay generally well informed about the world. If not everyone is giving you the credit due for your successes in the recent past, that might be because they are slightly envious. Your oldest and best friends should come up trumps every time.

10 SUNDAY *Moon Age Day 20 Moon Sign Leo*

Now is the time to look for someone who is more than willing to put themselves out on your behalf, just when their opinions are worth a lot. Attitude is all-important if you are facing issues over which you have little experience, together with a willingness to be flexible.

11 MONDAY *Moon Age Day 21 Moon Sign Virgo*

Don't expect too many miracles today. With the lunar low around it might be just about all you can manage to maintain the forward motion in your life. If your plans are modest and you keep yourself to yourself, you can best ensure that the Moon does very little to shake your equilibrium.

12 TUESDAY *Moon Age Day 22 Moon Sign Virgo*

Your power to influence life in any remarkable way remains limited. It would be best to find your own little corner today and to do what pleases you. If you have any major plans it would be sensible to put these on hold, at least until tomorrow. If Pisces is in a quiet frame of mind, that could be very difficult to alter.

13 WEDNESDAY *Moon Age Day 23 Moon Sign Libra*

It would be all too easy today to get caught up in disagreements regarding the various rights and wrongs of situations. You need to ask yourself if, at the end of the day, anything will be changed as a result of these differences of opinion. Better by far to maintain your cheerful attitude and to refuse to be drawn.

14 THURSDAY *Moon Age Day 24 Moon Sign Libra*

The Moon is now in your solar eighth house, a planetary position that is said to be good for solving personal problems. Perhaps someone close is more likely to listen to your opinions now, or it could simply be that they recognise your own attitude as being constructive. Younger family members might also need your attention.

15 FRIDAY *Moon Age Day 25 Moon Sign Libra*

It may have slipped your mind somewhat across the last week, but Christmas is just around the corner. In amongst what could be a very busy life, you need to get those festive details sorted out. What probably isn't happening too much this year is the deeply nostalgic frame of mind that often turns up for Pisces at this time.

16 SATURDAY *Moon Age Day 26 Moon Sign Scorpio*

There could well be a sense of restlessness in the air, so perhaps some mental stimulation would help you to feel good about life generally. Don't wait for this to come along, but find it yourself in your everyday life. You have what it takes to convince others to follow your lead, so don't sit around but remain active.

17 SUNDAY *Moon Age Day 27 Moon Sign Scorpio*

Social matters look particularly favourable and you can make this a very happy sort of Sunday, unless of course you have to work. Professional trends are not quite so well starred and it could be that too much is being demanded of you. If you can spend time with family and friends, it is probably with them that you can find the most fun.

18 MONDAY *Moon Age Day 28 Moon Sign Sagittarius*

Dealings with professional contacts can bring some significant success, but you do need to be patient because situations may not mature too quickly with Christmas in view. Even if you are very definitely in a mood to push on with practical matters, the world around you could seem to be already giving itself up to celebrations.

19 TUESDAY *Moon Age Day 29 Moon Sign Sagittarius*

It is what you know that helps you to get ahead now. You need to rely on your own knowledge, together with a big helping of intuition, in order to make the right moves. It doesn't matter what others tell you because in the end you can afford to approach life in your own way. Be diplomatic by all means, but plough your own furrow.

20 WEDNESDAY *Moon Age Day 0 Moon Sign Sagittarius*

Mars remains in your solar tenth house and from this position it can continue to offer a boost to professional matters in particular. You have scope to get on with things, but there could be hold-ups caused by situations beyond your own control. The result might be a little frustration that needs to be dealt with carefully.

21 THURSDAY *Moon Age Day 1 Moon Sign Capricorn*

A great period business-wise and probably less restricted than yesterday because Mercury has now also moved into your tenth house. You should find it easier to explain yourself, and what is even better is that people are probably listening to you. There are still some restrictions possible, but these relate to the time of year.

22 FRIDAY *Moon Age Day 2 Moon Sign Capricorn*

Trends indicate that what is happening in your social life now becomes more important and more rewarding. It could be that you have decided that to make any serious ground professionally, with Christmas so close, is something of a waste of time. If friends have suggestions to make, you might find them hard to refuse.

23 SATURDAY *Moon Age Day 3 Moon Sign Aquarius*

The Moon is now in your solar twelfth house and that brings a slight tendency to daydream. This is where the real nostalgia at the heart of the Pisces nature begins to make itself felt. Your mind is inclined to go back to Christmases from the past. That's fine, as long as you don't convince yourself that things were better then.

24 SUNDAY *Moon Age Day 4 Moon Sign Aquarius*

Your social life enables you to bring out the best in yourself, but you could still be just a little introspective and not quite as inclined to let your hair down as will be the case by tomorrow. You might decide to settle for a quiet evening, maybe with your partner or the family, but that can bring its own form of joy.

25 MONDAY *Moon Age Day 5 Moon Sign Pisces*

The lunar high coincides with the Christmas period for you this year, and that can help you to make this a very happy time. You should have sufficient energy to keep up with the needs of your family and can be the life and soul of any party that is taking place around you. In most situations you can automatically lead today.

26 TUESDAY *Moon Age Day 6 Moon Sign Pisces*

You have scope to remain on a general high and to attract others with your sparkling personality and natural warmth. There should be few frustrations in your life around this time and you might also be fairly lucky. Don't worry about keeping a sense of proportion. You don't need one today!

27 WEDNESDAY *Moon Age Day 7 Moon Sign Aries*

You can afford to maintain the very friendly approach that others find attractive. It doesn't matter who you mix with at this time because you are very adaptable. Attitude is very important if you are facing new situations, which could easily be the case under present trends. There are signs that family members could be slightly overbearing.

28 THURSDAY *Moon Age Day 8 Moon Sign Aries*

Teamwork activities are your most favoured area under present planetary trends, though if you know how to enjoy yourself, social possibilities are the best for today. Don't worry about arranging things too carefully because it is likely to be the sudden and last-minute gatherings and functions that are the most exciting.

29 FRIDAY *Moon Age Day 9 Moon Sign Taurus*

The ordinary daily comings and goings of life may well have a particular appeal, particularly if you are slightly tired of having a good time. You need a sense of normality in your life and have what it takes to tackle all manner of domestic chores with great cheerfulness. Beware of counting too much on people who are unknown to you.

30 SATURDAY *Moon Age Day 10 Moon Sign Taurus*

An added lift to friendship is now possible, thanks to the position of Venus in your solar chart. 'The more, the merrier' is likely to be your adage and you can settle down to celebrations much more readily than might have been the case yesterday. Make the most of romance that could come knocking on your door any time now.

31 SUNDAY *Moon Age Day 11 Moon Sign Taurus*

Personal and family life seem to be the most rewarding areas for the last day of the year. You could well be taking a journey down memory lane, but there is nothing strange about this for Pisces, particularly at this time of year. Stand by to enjoy yourself in the evening by all means, but keep the festivities within sensible bounds.

RISING SIGNS FOR PISCES

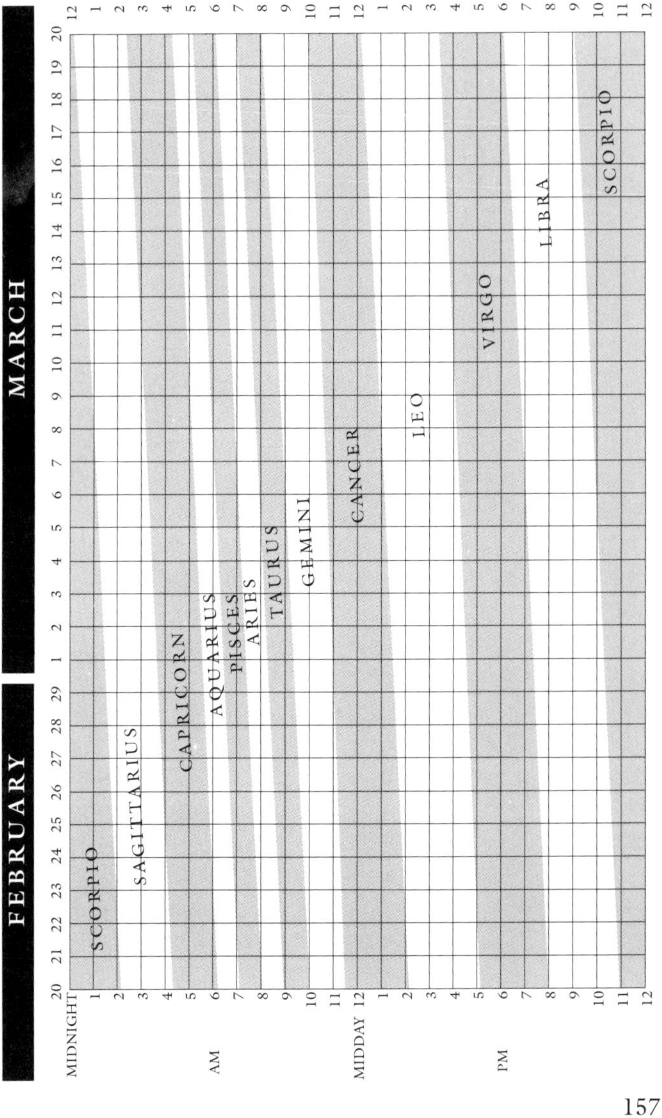

THE ZODIAC, PLANETS AND CORRESPONDENCES

The Earth revolves around the Sun once every calendar year, so when viewed from Earth the Sun appears in a different part of the sky as the year progresses. In astrology, these parts of the sky are divided into the signs of the zodiac and this means that the signs are organised in a circle. The circle begins with Aries and ends with Pisces.

Taking the zodiac sign as a starting point, astrologers then work with all the positions of planets, stars and many other factors to calculate horoscopes and birth charts and tell us what the stars have in store for us.

The table below shows the planets and Elements for each of the signs of the zodiac. Each sign belongs to one of the four Elements: Fire, Air, Earth or Water. Fire signs are creative and enthusiastic; Air signs are mentally active and thoughtful; Earth signs are constructive and practical; Water signs are emotional and have strong feelings.

It also shows the metals and gemstones associated with, or corresponding with, each sign. The correspondence is made when a metal or stone possesses properties that are held in common with a particular sign of the zodiac.

Finally, the table shows the opposite of each star sign – this is the opposite sign in the astrological circle.

Placed	Sign	Symbol	Element	Planet	Metal	Stone	Opposite
1	Aries	Ram	Fire	Mars	Iron	Bloodstone	Libra
2	Taurus	Bull	Earth	Venus	Copper	Sapphire	Scorpio
3	Gemini	Twins	Air	Mercury	Mercury	Tiger's Eye	Sagittarius
4	Cancer	Crab	Water	Moon	Silver	Pearl	Capricorn
5	Leo	Lion	Fire	Sun	Gold	Ruby	Aquarius
6	Virgo	Maiden	Earth	Mercury	Mercury	Sardonyx	Pisces
7	Libra	Scales	Air	Venus	Copper	Sapphire	Aries
8	Scorpio	Scorpion	Water	Pluto	Plutonium	Jasper	Taurus
9	Sagittarius	Archer	Fire	Jupiter	Tin	Topaz	Gemini
10	Capricorn	Goat	Earth	Saturn	Lead	Black Onyx	Cancer
11	Aquarius	Waterbearer	Air	Uranus	Uranium	Amethyst	Leo
12	Pisces	Fishes	Water	Neptune	Tin	Moonstone	Virgo